Anton A. Grässle
Quantensprung

# Quantensprung

Durch Veränderungsmanagement
zur Unternehmensidentität

von

Anton A. Grässle

C. H. Beck'sche Verlagsbuchhandlung
München 1993

Die Deutsche Bibliothek – CIP-Einheitsaufnahme
*Grässle, Anton A.:*
Quantensprung: Durch Veränderungsmanagement zur Unternehmensidentität /
von Anton A. Grässle – München: Beck, 1993

ISBN 3 406 37911 7

ISBN 3 406 37911 7

Satz: Herbert Kloos, München
Druck: C.H.Beck'sche Buchdruckerei Nördlingen
Gedruckt auf säurefreiem,
aus chlorfrei gebleichtem Zellstoff hergestelltem Papier.

# Vorwort

In der bisherigen Diskussion über Unternehmenskultur wurden im wesentlichen nur Symptome von kulturellen Ereignissen wie z. B. Rituale, Verhaltensweisen, Glaubenssysteme, Werte etc. dargestellt und reflektiert.

In meiner praktischen Beratungsarbeit habe ich dabei häufig Unverständnis über diese unklaren, abstrakten Phänome der Unternehmenskultur erlebt, was demzufolge meist auf den Rang rein akademischer Bedeutung und als in der Praxis letztendlich doch nicht handhabbar abgewertet wurde. Der Höhepunkt der Abwertung wurde erreicht, wenn der „Beweis geführt wurde", daß der Einfluß der mental-kulturellen Kräfte auf den Unternehmenserfolg, wenn überhaupt, doch nur eine minimale Bedeutung habe. Die beste Killerphrase hierbei: Da man die Bedeutung bzw. den Einfluß der Unternehmenskultur auf das Unternehmensergebnis nicht messen könne, sei dieser weiche Faktor eher suspekt und nicht beachtenswert und auf keinen Fall ein Top-Thema.

Dieses Buch entstand auf Anregungen und Drängen einiger unserer langjährigen Kunden, die die Vielzahl ihrer Mitarbeiter mit unseren neuen Ansätzen stimulieren und informieren wollen, um sie auf die neuen Führungsanforderungen der Zukunft vorzubereiten. Die dabei entstandene Erwartungshaltung an das Buch war ein wichtiger Energiespender für mich in einigen Phasen des Zweifels, ob der versprochene Nutzen auch erreichbar sein würde.

Vielen Dank dafür.

Da das Buch neben der normalen Alltagsarbeit geschrieben werden mußte, gilt mein besonderer Dank meinen Mitarbeitern: Mark Evers für seine kritische, ideenreiche redaktionelle Arbeit und Dr. Christoph Jedlicka für seine geduldige und sachliche Unterstützung.

Darüber hinaus bedanke ich mich bei meiner Lebensgefährtin Cornelia Müller-Nymphius, die mit Verständnis und Kritik meine Arbeit begleitet hat.

Ein herzlicher Dank gilt Robert Dilts, der mir als Sparringspartner viele Ideen herausgelockt hat und mich bei einigen Ansätzen zur Klarheit gezwungen hat.

München, August 1993

Anton A. Grässle

# Inhalt

Einführung .................................... 1

1. Einflußfaktoren auf den Unternehmenserfolg ........ 5
   1.1 Wandel der Umfeldbedingungen ........... 5
   1.2 Erfolgsfaktor Mensch .................. 13
2. Die existentielle Bedeutung von Persönlichkeit, Unternehmenskultur, Identität und Lebenssinn ............ 19
   2.1 Der Mensch als Gesellschaftswesen .......... 19
   2.2 Der menschliche Evolutionssprung und seine Implikationen ........................ 23
3. Wettbewerbsvorsprung durch mental-kulturelle Unternehmensidentität .................... 35
   3.1 Definition von mental-kultureller Unternehmensidentität ........................ 35
   3.2 Bedeutung der mental-kulturellen Unternehmensidentität für den Unternehmenserfolg ........ 41
4. Die Diagnoseinstrumente der mental-kulturellen Identität von Unternehmen ...................... 47
   4.1 Die Entwicklungsspirale der mental-kulturellen Identität von Unternehmen ................ 47
       4.1.1 Das Modell im Überblick .......... 47
       4.1.2 Beispiel für den Reifegrad der mental-kulturellen Identität eines Unternehmens ..... 54
       4.1.3 Psychologischer Hintergrund für die Dimensionen der mental-kulturellen Identität ... 60
           4.1.3.1 Vertrauen ................. 60
           4.1.3.2 Autonomie ................ 64
           4.1.3.3 Initiative ................. 69
           4.1.3.4 Leistung .................. 72
           4.1.3.5 Ich-Identität/Zusammenarbeit ........ 75
           4.1.3.6 Identifikation/Nähe .............. 80
           4.1.3.7 Innovation/Wachstum ............ 82
           4.1.3.8 Integrität/Zukunftsvorsorge ........ 84
   4.2 Die „systemischen Basiskulturen" ........... 85
       4.2.1 Das Modell der Ich-Zustände ........ 85
       4.2.2 Typologie der Basiskulturen ......... 87

| | | | |
|---|---|---|---|
| 4.3 | Das Unternehmens-Struktogramm | | 92 |
| | 4.3.1 | Das Modell | 92 |
| | 4.3.2 | Beispiel für ein Unternehmens-Struktogramm | 94 |
| 4.4 | Synthese der drei Diagnoseverfahren (MKI-Test, Systemische Basiskulturen, Unternehmens-Struktogramm) | | 97 |

5. Management von Veränderungsprozessen ......... 99

| | | | |
|---|---|---|---|
| 5.1 | Ein Modell für Veränderungsmanagement | | 99 |
| 5.2 | Konzeptionsphasen für Veränderungsprozesse | | 105 |
| 5.3 | Organisation des Veränderungsprozesses | | 108 |
| | 5.3.1 | Physiologisch bedingte Behinderungen der Lernfähigkeit | 108 |
| | 5.3.2 | Organisationsprinzip für Veränderungsprozesse | 110 |
| 5.4 | Gestaltungsebenen beim Veränderungsprozeß | | 113 |
| 5.5 | Wesentliche Managementfehler bei Veränderungsprozessen | | 121 |
| 5.6 | Veränderungen von Einstellungen und Bedingungen für persönliche Veränderungsprozesse | | 130 |
| 5.7 | Bedeutung von Visionen beim Veränderungsprozeß | | 133 |

6. Veränderungsmanagement bei Fusionen und Übernahmen . 147

| | | | |
|---|---|---|---|
| 6.1 | Die Synergiefalle | | 148 |
| 6.2 | Fusion bzw. Integration als herausragender Anspruch an die Führungskompetenz | | 149 |
| 6.3 | Fehler in der Fusionsarchitektur | | 149 |
| | 6.3.1 | Unverträgliche (konkurrierende) Konzeptionen in der strategischen bzw. visionären Ausrichtung | 149 |
| | 6.3.2 | Unterschiede in der Unternehmenskultur | 150 |
| | 6.3.3 | Unterschiedliches Alter der Unternehmen bzw. unterschiedliche Altersstruktur der Führungskräfte | 151 |
| | 6.3.4 | Geringe Kompatibilität der Kernkompetenzen | 151 |
| | 6.3.5 | Unterschiedliche Strukturen, Systeme und Verfahren | 151 |
| | 6.3.6 | Markt- und Wettbewerbspositionen der beiden Unternehmen vor der Fusion | 152 |
| | 6.3.7 | Marktskepsis bzw. Akzeptanz bei den Kunden | 153 |
| | 6.3.8 | Kartellrecht | 153 |

| | | | |
|---|---|---|---|
| 6.4 | Machtdynamik bei Fusionen | | 154 |
| | 6.4.1 | Fantasien über Gewinner/Verlierer nach der Fusion | 154 |
| | 6.4.2 | Konkurrierende Grundpositionen der beiden Organisationen | 154 |
| | 6.4.3 | Ungleichgewichtige Ressourcenverteilung nach der Fusion | 155 |
| | 6.4.4 | Machtinszenierungen der übernehmenden Organisation | 155 |
| 6.5 | Häufige Fehler im Prozeßmanagement bei Fusionen | | 156 |
| | 6.5.1 | Identitätsverlust der integrierten Organisationseinheit oder des übernommenen Unternehmens | 156 |
| | 6.5.2 | Bedeutungsverschiebung von Standorten | 157 |
| | 6.5.3 | Leader-Image des neuen Chefs | 157 |
| | 6.5.4 | Mangelnde Führungskompetenz bei Veränderungsprozessen | 158 |
| | 6.5.5 | Synergie-Illusionen wegen vorzeitiger Kündigung von Know-how-Trägern | 158 |
| | 6.5.6 | Fehlen von vertrauenssichernden Fusions-Ritualen | 158 |
| | 6.5.7 | Widerstände beim Betriebsrat | 159 |
| 6.6 | Die Erfolgsfaktoren der Integration | | 159 |
| 6.7 | Integrations-Grid für Fusionen | | 160 |

7. Neue Akzente in der Führung .................. 163

    7.1 Erneuerung der Führungsphilosophie .......... 163
    7.2 Erfolgsprinzip der Führung in der Zukunft ...... 166
    7.3 Phasenmodell der Dramaturgie der inneren Kündigung .................................. 170
    7.4 Zukünftige Anforderungen an das Management ... 179
    7.5 Der „Change Agent" und seine Führungsrollen in der lernenden Organisation ......................... 190
        7.5.1 Explorer (Forscher) .................. 190
        7.5.2 Designer (Systemgestalter) ........... 202
        7.5.3 Leader (Vorbild) .................... 206

8. Schlußgedanken und Perspektiven ................. 213

Statt eines Nachwortes ............................. 217

Literaturverzeichnis ................................ 219

## Einführung

**Wer nicht hören will, muß fühlen
oder
wer nicht lernen will, den überholt das Leben
oder der Wettbewerb.**

Der Veränderungsdruck, der heute vom Umfeld auf die Unternehmen in nie dagewesener Stärke und z.T. global wirkt, zeigt zwangsläufig Systemdefizite der betroffenen Unternehmen schonungslos auf. Die Eskalation, die in drei Stufen eintritt, soll durch folgende Haus-Methaper verdeutlicht werden:

1. Solange die Sonne scheint, bemerken wir die Löcher im Dach unseres Hauses nicht. Erkenntnis: Alles ist bestens, es gibt keinen Handlungsbedarf, es existiert kein Problem.

2. Bei leichtem Nieselregen entdecken wir die Wirkung der Löcher. Es gibt aber keinen Grund zur Panik, denn die Bedrohung ist gering und wir können in Ruhe und souveräner Manier die Löcher suchen und stopfen. Erkenntnis: Wir beherrschen alle Probleme, die Bedeutung des Problems hat sich als gering erwiesen. („Das haben wir ja gleich gewußt"!)

3. Bei plötzlichem und anhaltendem Unwetter jedoch ist die Neigung zu einer spektakulären Gruppendynamik fast sicher. Denn jetzt findet ein Härtetest für das ganze System Haus + Bewohner statt. Es treten alle wesentlichen baulichen, technischen und soziokulturellen Schwächen sprunghaft und in großem Ausmaß zutage (der Keller läuft voll Wasser, Telefon und Elektrik fallen aus etc.) und lassen eine Krise entstehen, da vorher Existenz und reale umfeld- und kontextabhängige Bedeutung des Problems (Qualität des Systems Haus + Bewohner) ignoriert wurden.

Es wird sich jetzt zeigen, wie gut abgestimmt die Haus-Führung mit der Gruppe der Bewohner die notwendigen Maßnahmen trifft und kooperativ realisiert. Dies wird entscheidend davon abhängen, inwieweit die Gruppe zusammenhält und schnell bereit ist, die Situation gemeinsam in den Griff zu bekommen. Bei einer Gruppenkultur, die von Mißtrauen, geringem gegenseitigen Respekt, starren Regeln, Eigensinn, Passivität, Denken in Schuld, verletzender Kritik etc. geprägt ist, wird dieses System „Haus + Bewohner" vermutlich keine große Überlebenschance haben. Jeder wird für sich allein versuchen, irgendwie zu überleben – im Notfall sogar auf Kosten der anderen.

Dieser Selektionsprozeß läuft derzeit in den führenden Industriegesellschaften mit rigoroser Konsequenz ab. Dabei hat Deutschland zwar ausgezeichnete Erfolgspotentiale, die aber erst zum Tragen kommen werden, wenn einige Hausaufgaben in unseren Unternehmen bzw. Hochschulen gemacht worden sind.

Zu bearbeitende Entwicklungspotentiale sind hierbei:
- **Geringes ganzheitliches Verständnis von Qualität,** das das Gesamtunternehmen umfaßt (z.B. ist das Thema Qualität meist auf der 2. oder 3. Führungsebene institutionalisiert, Qualitätsdenken endet bei der Erfüllung der ISO 9000 ff.).
- **Tendenz zur Passivität** ist bei der Masse der Mitarbeiter stärker als die Tendenz zur (sinnvollen) Aktivität. Dies ist nicht zu verwechseln mit Aktionismus, der ebenfalls eine Variante der Passivität ist. Die Tendenz zur Eigenverantwortung und Verantwortung auch für das interne und externe Umfeld ist spürbar dünn. Initiative der Mitarbeiter lohnt sich für diese aber auch meist nicht.
- **Die Lust auf Lernen und Leistung sowie auf das Engagement sinken.** Eigenverantwortliche Persönlichkeitsentwicklung fehlt häufig. Die institutionalisierte Ausbildung (Grund- bis Hochschulen) reagiert nicht auf die neuen Anforderungen (systemisches, fachübergreifendes Wissen und Denken, Kommunikation). Die Lernerfahrungen aus der Ausbildungszeit und dem Elternhaus und das vorhandene Lernklima behindern das Lernen, denn unsere Lernkultur ist auf Schwächen, Strafe, Kritik ausgerichtet und nicht auf Stärken und Spaß des Lernenden.
- Die **Irrationalität des Menschen** wird sowohl in der Managementlehre als auch in der Führung als wesentlicher Einfluß- und Gestaltungsfaktor vernachlässigt.
- Die **Kommunikationsfähigkeit ist erschreckend schwach.** Wo gibt es respektvolles, lernorientiertes, offenes und motivierendes Feedback (Lob und Kritik)?
Wo werden Konflikte als Entwicklungschance genutzt?
Wie oft werden Gewinner/Gewinner-Situationen angestrebt?
Wir schreiben lieber Aktennotizen, anstatt miteinander zu reden. Wir sprechen zwar miteinander in unzähligen Besprechungen, aber leider meist aneinander vorbei.
- Der **Drang zur Individualität und Autonomie** nimmt auf Kosten von Gruppen- und Teambedeutung weiter zu.
- Die **Nützlichkeit von Beziehungen** steht im Vordergrund und nicht das Interesse an Beziehungen als sinnerfüllende Partnerschaft.
- Der **Verwöhnungsgrad in unserer Gesellschaft ist gefährlich hoch** (entspre-

chend hoch ist das schlummernde Aggressionspotential). Unsere Wohlstands-Narkose zeigt sich nicht nur bei der Wiedervereinigung Deutschlands auf peinliche Art und Weise, sondern auch in der Einstellung vieler Führungskräfte.
- Es fehlen zunehmend Persönlichkeiten mit Vorbildcharakter in Wirtschaft und Politik auf allen Ebenen.
- Mit der Komplexität von Systemen umzugehen, wurde und wird immer noch nicht gelernt und gelehrt. Die meisten deutschen Universitäten und Hochschulen haben bisher ihre teilweise fossilen Lehrinhalte beibehalten und ignorieren die notwendige ganzheitliche Ausbildung.
- Die überragende Bedeutung des Materiellen (Haben-Werte) und die Vernachlässigung des mental-kulturellen Aspektes in Unternehmen (Sein-Werte) führt zwangsläufig immer häufiger und massiver zu Sinnkrisen.

Bei diesem Selektionsprozeß in unserem Wirtschaftssystem wird dasjenige Unternehmen gut überleben, dem es gelingt, die neuen Anforderungen an die ganzheitliche Führung des Systems Unternehmen in einem permanenten Lern- und Veränderungsprozeß jeden Tag aufs neue zu erfüllen.

Die Maxime der Zukunft muß lauten: Evolutionäre Veränderung ist der „Normal"-Zustand eines Unternehmens und nicht Stillstand mit phasenweisen schmerzvollen Anpassungs- und Aufholjagden: „Koste es was es wolle!"

Von entscheidender Bedeutung für den Prozeß der permanenten Veränderung ist der „Erfolgsfaktor Mensch". Weil dieser, um – seelisch – überleben zu können, Klarheit über seine Identität und den Sinn seines Daseins besitzen und kommunizieren muß (Kapitel 2), kann er sich rückhaltlos und in seiner gesamten Persönlichkeit nur in ein Unternehmen einbringen, dessen Kultur, Identität bzw. Mission und Vision für ihn deutlich und attraktiv sind (Kapitel 3).

Daher ist es für Unternehmen eminent wichtig zu wissen, in welcher Weise und wie stringent die mental-kulturelle Identität ausgeprägt ist (Kapitel 4). Denn diese ist die notwendige Bedingung für eine gewünschte Identifikation der Mitarbeiter (d.h. eins sein mit der Identität). Defizite dieser Identität bedingen die Notwendigkeit, den Prozeß der zielgerichteten mentalen und kulturellen Lern- und Veränderungsarbeit in allen Teilen und Ebenen des Unternehmens in Gang zu setzen und mit Kontinuität zu betreiben (Kapitel 5 bis 7). Dabei gilt für Individuen wie für Unternehmen: „Man lernt nie aus." Lernen ist ein permanenter Prozeß und die Energie für Veränderungsprozesse. Wenn die o.g. Aspekte professionell gestaltet und umfassend umgesetzt werden, bedeutet dies den Quantensprung in der Führung von Unternehmen.

Natürlich werden jetzt manche denken, das hilft uns bei der Erlösung aus der Strukturkrise der deutschen Wirtschaft auch nicht weiter!

Die Strukturkrise hat im wesentlichen auch zum Inhalt, daß von unseren Drittländerkunden und -lieferanten im arabischen Raum in Asien, in Osteuropa etc. immer mehr einfache Teile der Wertschöpfungskette unserer Traditionsbranchen wie Chemie, Anlagen- und Maschinenbau, Werkzeugmaschinenbau, Automobilbau, Stahl, übernommen werden. Die anspruchsvollen Technologien bleiben uns (noch).

Viele Unternehmen stehen dieser Entwicklung mehr oder weniger ideenlos gegenüber. Die Entwicklung war aber von der Tendenz her absehbar. Trotzdem wurden rechtzeitige Vorbereitungen auf den Strukturwandel verzögert. Ähnliche Versäumnisse könnten demnächst Banken, Versicherungen und Versorgungsunternehmen einholen.

Es fehlten und fehlen zum Teil immer noch selbstbewußte, ganzheitliche Zukunftskonzepte (Visionen), um die großen Potentiale (Bildung, Infrastruktur, Volksvermögen, Wissenschaften etc.), die ja vorhanden wären, auf neuen Feldern wirkungsvoll einzusetzen.

Notwendig dazu wären sicherlich andere politische Rahmenbedingungen, eine hohe Lern- und Veränderungsmentalität bei Führungskräften, eine Führungsqualität, die Lust auf Leistung und Innovationen fördert etc. Es geht darum, endlich die Riesenpotentiale, die in uns Menschen ruhen, zu nutzen.

Der Erfolg wird zwar nicht über Nacht möglich sein, wenn wir aber heute nicht damit beginnen, werden wir in Zukunft eine Rolle mit abnehmender Bedeutung spielen.

# 1. Einflußfaktoren auf den Unternehmenserfolg

## 1.1 Wandel der Umfeldbedingungen

Die Erzielung eines dauerhaften und angemessenen wirtschaftlichen Erfolges ist für viele Unternehmen zu einem der größten Probleme in unserer heutigen Zeit geworden. Durch den grundlegenden Wandel der Umfeldbedingungen, wie z.B. die Zunahme weltweiter internationaler Verflechtungen auf allen Gebieten und dem daraus resultierenden globalen Wettbewerb, hat sich die wirtschaftliche Situation für einige Unternehmen spürbar verschlechtert. Je nach Branche und Stellung am Absatz- und Beschaffungsmarkt sind die Unternehmen oft dramatischen Entwicklungen ausgesetzt. Die Folgen sind bekannt: massive Rationalisierungen, Konkurse, Vergleiche und auffallend viele Unternehmenszusammenschlüsse.

Differenzieren läßt sich dabei zum einen nach Entwicklungen und Tendenzen aus globaler Sicht sowie nach Veränderungen in bestehenden, nationalen Systemen.

Weltweit, und speziell in den Staaten der Triade – USA, Europa und Japan – wird sich auch in Zukunft der Wettbewerb weiter verschärfen. Der technologische Wandel beschleunigt sich, und immer kürzere Produktlebenszyklen stellen härteste Anforderungen an die Innovationskraft der im globalen Markt operierenden Unternehmen. Der sich ständig ausweitende Einfluß der sogenannten Tiger-Staaten (Süd-Korea, Singapur, Malaysia und Taiwan) und Chinas auf dem Weltmarkt wird dieses Problem zusätzlich noch drastisch verstärken.

Als ein Beispiel von vielen wäre hier der harte Verdrängungswettbewerb in der Halbleiterindustrie zu nennen. Dort können nur diejenigen Unternehmen bestehen, die nicht nur technologisch äußerst schnell innovativ sind, sondern ihre Innovationen auch blitzschnell in Form von marktgerechten Produkten anbieten können. An diesem Beispiel wird deutlich, daß Zeit neben Kreativität immer mehr zur entscheidenden Determinante für den Unternehmenserfolg wird. Andernfalls kommt es nicht selten vor, daß die technische Entwicklung dem Markt hinterherhinkt und die Unternehmen nicht einmal mehr ihre Aufwendungen für Forschung und Entwicklung hereinholen können. Verluste sind dann die unweigerliche Konsequenz.

Eine wesentliche Gefahr liegt im großen Gefälle zwischen der Nord- und Südhalbkugel dieser Welt.

## 1. Einflußfaktoren auf den Unternehmenserfolg

Abb. 1: Bedürfnispyramide von Maslow

Die Maslowsche Bedürfnispyramide ermöglicht hier interessante Hypothesen über eine wahrscheinliche Entwicklungsdynamik sowohl der Nord- als auch der Südhalbkugel.

Die **fünf Bereiche der Bedürfnispyramide** sind:

1. Bedürfnis nach Selbstverwirklichung
2. Ich-Bedürfnisse (nach Selbstachtung und Anerkennung)
3. soziale Bedürfnisse (nach Kontakt und mitmenschlicher Zuwendung)
4. Sicherheitsbedürfnisse
5. physiologische Grundbedürfnisse.

Eine Grundthese ist Voraussetzung für die folgenden Überlegungen:

**Alle Menschen haben einen inneren Antrieb, die Befriedigung dieser fünf Bedürfnisbereiche zu erreichen.**

Auffallend ist, daß die Länder mit höchstem Demokratieverständnis die Bedürfnisbereiche 1 und 2 prägnant hervorheben (s. USA und Deutschland).

Japan erlebt jetzt ganz aktuell, daß der Drang zur Individualität (Selbstverwirklichung), die Jahrtausende tabu war, den Zwang zur Demokratie

## 1.1 Wandel der Umfeldbedingungen

Abb. 2: Neue Systembedingungen Welt/Europa

| Zunahme weltweiter internationaler Verflechtungen auf allen Gebieten | Weltweite Konfliktpotentiale (arm/reich, Nord/Süd) und Bevölkerungswachstum steigen exponentiell | Die Triade-Konflikte (USA-EG-Japan) werden zunehmen | Umweltzerstörung wird fortgesetzt; Konsequenzen sind absehbar |
|---|---|---|---|
| Entwicklungsstaus in vielen Völkern entladen sich mit Gewalt | Einfluß von EG-Behörden und "Entmachtung" von nationalstaatlichen Behörden nehmen zu | Autonomiebestrebungen einzelner Volksgruppen. Zerfall der Sowjetunion zur GUS | Islamisierung in der Dritten Welt nimmt zu |

zur Folge hat und damit das gesamte Gesellschafts- und Wirtschaftssystem in Entwicklungsturbulenzen führen kann.

In der alten BRD waren die Grund- und Sicherheitsbedürfnisse weitgehend befriedigt. Die sozialen und Ich-Bedürfnisse („68er Generation") wurden intensiv kultiviert, bis die Wiedervereinigung kam und schnell Sicherheits- und Grundbedürfnisse brisant werden ließ. Der Teil unserer Bevölkerung, der Angst hat, die Befriedigungsqualität der Bedürfnisbereiche 1 bis 3 einzubüßen, wird lamentieren oder sich dagegen wehren. Eine Spaltung der Gesellschaft ist deshalb latent möglich, wenn diesem politisch weiter nicht Rechnung getragen wird.

In der Dritten Welt geht es in erster Linie für die Masse der Menschen um die Befriedigung der Grund- und Sicherheitsbedürfnisse. Nur die feudal orientierte Führungsschicht genießt schon die Bedürfnisbereiche 1 bis 3.

Man könnte nun den Eindruck gewinnen, daß wir in Deutschland durch die Kultivierung der oberen Bedürfnisbereiche eine Kostenstruktur in den Unternehmen bekommen haben (Löhne/Gehälter, soziales Netz, Ökologie-, Energiekosten), die uns in der internationalen Wettbewerbsfähigkeit stark behindert. Das ist durchaus richtig. Ein Fehlschluß wäre es allerdings meines Erachtens zu glauben, daß ein Verzicht auf die hohe Ausprägung der Bedürfnisbereiche 1 bis 3 (als Errungenschaft unserer Gesellschaft) unsere Wettbewerbsfähigkeit sofort wiederherstellen könnte. Denn dies widerspräche dem Evolutionsgesetz der permanenten Zunahme an Bewußtsein (Geist) in der Entwicklung des Menschen bzw. der Menschheit.

Wenn die Entwicklung des Geistes **der** Entwicklungspfad des Menschen ist, müssen wir versuchen, aus unseren Errungenschaften andere Ideen- und Leistungspotentiale zu schöpfen, um unser Leben, unsere Unternehmen, die Gesellschaft und letztlich die Welt qualitativ zu entwickeln.

Im Süden geht es also ums Überleben, im Norden kultivieren wir ein Zivilisationsniveau, das aus Sicht des Südens wahrscheinlich schon jenseits jeder Angemessenheit liegt. Die Aufholjagd des Südens wird viele traditionelle Branchen des Nordens (Low-Tech) massiv treffen.

Gesättigte Märkte und Überkapazitäten lassen in vielen Bereichen Unternehmen die Grenzen des quantitativen Wachstums erkennen. Gefordert sind immer mehr neue Anstrengungen in Forschung und Entwicklung einerseits und in das Marketing der Produkte andererseits. Das Innovationspotential und die Schnelligkeit werden zu den entscheidenden materiellen Zukunftsfaktoren. Der „Global Market" stellt die Unternehmen vor schwerwiegende Entscheidungen. Kapazitätserweiterungen sind mit großen finanziellen Risiken verbunden, und Fehlschläge können den Fortbestand des Unternehmens schnell existentiell gefährden.

Dies belegen auch die jüngsten politischen Entwicklungen. Im westlichen Europa sind die Bestrebungen für eine einheitliche europäische Gemeinschaft auf politischer Ebene mit Nachdruck in vollem Gange. Selbst die einzelnen nationalen Währungen der Mitgliedsländer sollen im Zuge dieses Prozesses durch eine einheitliche europäische Währung ersetzt werden. Der zunehmende Einfluß von EG-Behörden führt sukzessive zur „Entmachtung" der nationalstaatlichen Behörden.

*Abb. 3:* Neue Systembedingungen Wirtschaft/Unternehmen

| Planbarkeit und Zielsicherheit nehmen ab, Zielkorridore/Visionen sind entscheidend | "Innovationskraft" und "Zeit" als entscheidende Erfolgsgrößen im Markt | Lernfähigkeit der Unternehmen entscheidet über die langfristige Existenz |
|---|---|---|
| Lebenszyklus bei vielen Produkten wird immer kürzer und somit die Amortisationszeit von Investitionen | Komplexität der Aufgabenstellungen/Problemstellungen nimmt zu, aber wird zu wenig beherrscht | Technologischer Wandel nimmt zu und führt zur Selektion im Markt |
| Konzentrationsentwicklung von Unternehmen in einzelnen Branchen nimmt zu | Veränderungsprozesse bei Menschen und Unternehmen stehen im Mittelpunkt | Qualität wird immer noch nicht auf das Unternehmen als Ganzes fokussiert |

## 1.1 Wandel der Umfeldbedingungen

Abb. 4: Neue Systembedingungen Gesellschaft/BRD

| | | |
|---|---|---|
| Wertewandel der Gesellschaft verändert Arbeits- und Freizeitverhalten, Lebensvorstellungen an sich | Höchstes Wohlstandsniveau seit Existenz der BRD, aber Tendenz zur 2-Klassengesellschaft | Integration Ost/West führt zur Krise in Deutschland, es fehlt die Vision Deutschland |
| Umwelt-Belastungen, Verkehrsinfarkt, Waldsterben nehmen zu, Umweltkosten steigen | Institution Kirche verliert als SINN-Gebungsfaktor und Glaubwürdigkeit an Bedeutung (Bodenpersonal versagt) | Politiker / Parteien verlieren weiter an Akzeptanz. Partei-Soldaten sind der Führungskader |
| Ausbildungsdefizit an Hochschulen (technokratisch / analytisch, statt ganzheitlich und auch psychologisch) | Ballungsgebiete wachsen stetig und entwickeln sich zur kritischen Masse | Zahl der Arbeitslosen wird zum sozialen Sprengstoff |
| Rationales Menschenbild des Machbaren stößt an Grenzen und löst Aversion aus | Es fehlt das Selbstbewußtsein, die Führungsrolle in der EG zu übernehmen | Drastische Zuspitzung der Asylproblematik (zunehmende Zahl von Wirtschaftsflüchtlingen) |
| Organisiertes Verbrechen nimmt zu | Es fehlen Konzepte für eine Gesellschaft mit hohem Anteil alter Menschen | Verschuldungsniveau von Staat und Gemeinden nimmt deutlich zu |

Im Widerspruch zu den eben geschilderten Entwicklungen stehen die Autonomiebestrebungen einzelner Volksgruppen, die – das zeigt sich am Beispiel des ehemaligen Vielvölkerstaates Jugoslawien am deutlichsten – mit einer kaum vorstellbaren Vehemenz und emotionaler Beteiligung voranschreiten. Kaum jemand hätte noch vor wenigen Jahren den Zusammenbruch der Sowjetunion oder die Auflösung der ehemaligen DDR im Zuge dieser Entwicklung für möglich gehalten und in wirtschaftliche Überlegungen miteinbezogen.

In Teilen der Gesellschaft hat sich im letzten Jahrzehnt ein neues Bewußtsein für Krisen und Probleme herausgebildet. Bisher gültige Basiswerte unserer Wirtschafts- und Gesellschaftsordnung, wie z.B. materieller Wohlstand und Fortschritt, werden heute kritisch hinterfragt. Die andauernde Forderung nach quantitativem Wachstum wird zunehmend in Frage gestellt, und demzufolge gerät auch das Leistungsprinzip überhaupt in den Blickpunkt ideologischer, wirtschaftlicher und politischer Diskussion.

# 1. Einflußfaktoren auf den Unternehmenserfolg

Die Abbildungen 3 und 4 geben einen Überblick über einige wichtige neue kritische Systembedingungen für die Gesellschaft als Ganzes und für das Individuum in der Bundesrepublik.

Es bleibt festzuhalten, daß eine immer komplexere und turbulentere Umwelt die Leistungsanforderungen an die Unternehmen und damit an ihre Mitarbeiter ständig weiter wachsen läßt.

Die zentrale Frage ist nun, wie Unternehmen unter solchen Herausforderungen des Umfelds überhaupt ihre Wettbewerbsfähigkeit erhalten und darüber hinaus Wettbewerbsvorteile erzielen können? Welche Konsequenzen resultieren daraus für die Unternehmensführung?

Herausragende und auf Dauer ausgerichtete Leistungen sind in Zukunft nur von den Unternehmen zu erzielen, die zumindest auf den Wandel schnell und adäquat reagieren und den Forderungen nach hohem Wissens- und Technologiestandard genügen. Noch besser wäre sicherlich, die Kundenbedürfnisse der Zukunft zu antizipieren. Im frühzeitigen Erkennen der Bedürfnisse und Erfordernisse des Umfelds, deren schnelle marktgerechte Umsetzung in System-Produkte und Leistungen sowie großer Flexibilität und Kreativität liegen zukünftig die Schlagkraft und Stärke der Unternehmen.

Darüber hinaus werden nur diejenigen am Wettbewerb erfolgreich teilnehmen, die ihre gesamten Geschäftsprozesse (Wertschöpfungskette, von der Technologie über die Leistungserstellung bis hin zu Marketing und Vertrieb) integriert haben und zeitoptimal beherrschen sowie Synergieeffekte zwischen den Bereichen effizient zu nutzen verstehen.

Bislang aber ist das Erzielen und Sichern der Wettbewerbsfähigkeit hauptsächlich und vorwiegend unter **quantitativen** Aspekten (sogenann-

*Abb. 5:* Neue Systembedingungen Individuum

| Existentielle Unabhängigkeit vieler Menschen von der Berufstätigkeit/ sozialer Absturz vieler Menschen | Halbwertzeit des Wissens wird immer kürzer, Lernen und Persönlichkeitsentwicklung werden entscheidend | Der Lebenssinn und die Lebensqualität werden zu Kernfragen |
|---|---|---|
| Innere Kündigung bei ca. 35 % der Mitarbeiter zeigt die Akzeptanzkrise | Hierarchische Strukturen und autoritäre Institutionen verlieren an Akzeptanz | Verunsicherung und Ängste nehmen zu |

*Abb. 6:* Qualitative Aspekte

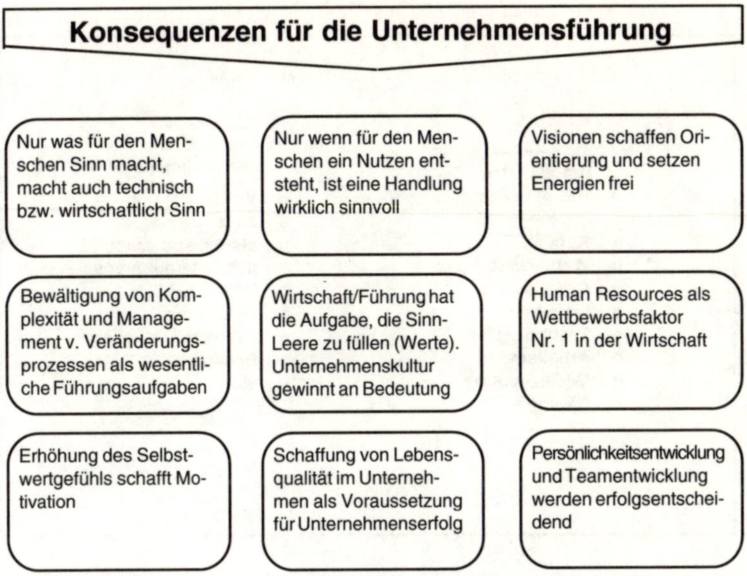

## Konsequenzen für die Unternehmensführung

- Nur was für den Menschen Sinn macht, macht auch technisch bzw. wirtschaftlich Sinn
- Nur wenn für den Menschen ein Nutzen entsteht, ist eine Handlung wirklich sinnvoll
- Visionen schaffen Orientierung und setzen Energien frei

- Bewältigung von Komplexität und Management v. Veränderungsprozessen als wesentliche Führungsaufgaben
- Wirtschaft/Führung hat die Aufgabe, die Sinn-Leere zu füllen (Werte). Unternehmenskultur gewinnt an Bedeutung
- Human Resources als Wettbewerbsfaktor Nr. 1 in der Wirtschaft

- Erhöhung des Selbstwertgefühls schafft Motivation
- Schaffung von Lebensqualität im Unternehmen als Voraussetzung für Unternehmenserfolg
- Persönlichkeitsentwicklung und Teamentwicklung werden erfolgsentscheidend

ten harten Faktoren) gesehen worden, wobei das klassische Management-Instrumentarium, wie z.B. Unternehmensplanung, Marketing und Controlling, als Mittel zum Erfolg angesehen wurde.

Dies reicht jedoch heute nicht mehr aus, um die frühzeitige und schnelle Anpassung an die veränderten Umfeldbedingungen zu gewährleisten. Denn Erfolg ist keine stetige und sichere Größe. Erfolg ist ebenso nicht nur von äußeren Bedingungen abhängig und durch quantitative Faktoren allein gestaltbar, sondern wird in hohem Maße vom Engagement und von der Leistungsfähigkeit aller Mitarbeiter im Unternehmen bestimmt. Davon hängt es ab, inwieweit sich die Organisation auch von innen heraus auf die neuen Systembedingungen einstellen will und kann. (Unter Organisation verstehe ich hier die Summe aller Mitarbeiter, die durch vernetzte Beziehungen sachlich und persönlich miteinander mehr oder weniger verbunden sind.)

Es ist unzweifelhaft, daß zunehmend **qualitative** Faktoren, wie z.B. Einstellungen, Identifikation, Führung etc., d.h. Einflußfaktoren der mental-kulturellen Identität, für den Unternehmenserfolg in entscheidendem Maße verantwortlich sind. Verschiedene Studien belegen eindeutig, daß Unternehmen, in denen die Identifikation der Mitarbeiter überdurchschnittlich hoch ist, erfolgreicher am Markt tätig sind als andere Unternehmen.

Einer der entscheidenden Erfolgsfaktoren der Zukunft wird sein, inwie-

# 1. Einflußfaktoren auf den Unternehmenserfolg

*Abb. 7:* Synchronisation des externen Wandels mit interner Dynamik und Evolution

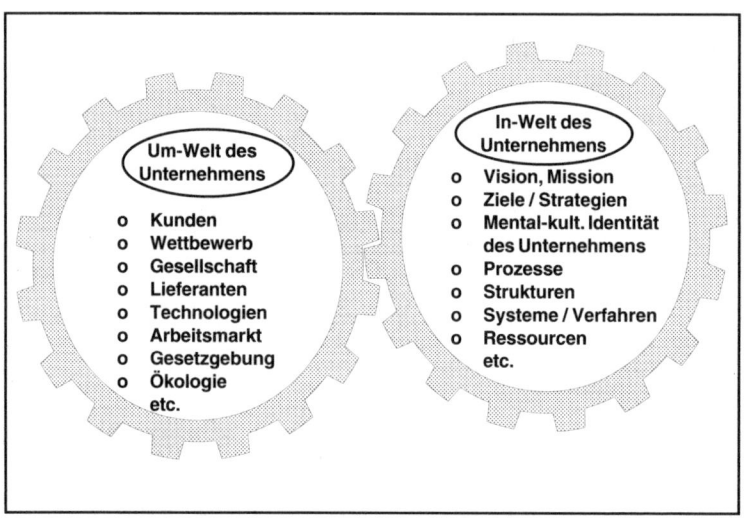

weit es gelingt, Veränderungen der Um-Welt des Unternehmens intern (In-Welt) zu antizipieren, sensibel wahrzunehmen, zu reflektieren, zu bewerten und schnell und flexibel die wichtigsten Anpassungsmaßnahmen zur Wirkung zu bringen. Dabei kommt der Gestaltung der mental-kulturellen Unternehmensidentität eine zentrale Bedeutung zu.

Die meisten Unternehmen haben inzwischen erkannt, daß die beste Strategie allein noch kein Garant für den Erfolg ist. Dieser Entwicklung trägt auch die moderne Unternehmensführung Rechnung. An die Stelle des linearen Denkens treten vermehrt die Berücksichtigung qualitativer Wirkfaktoren und ein Verständnis für ganzheitliches, prozeßorientiertes Denken.

Leider ist die Bedeutung der Human Resources und der Unternehmenskultur bis heute meist nur in Hochglanzbroschüren oder in der Literatur herausgestellt. Da die Ansätze häufig nur akademisch behandelt werden, fehlt bis heute ein konsequenter und bewußter Transfer in die Praxis.

Im Zuge von Total Quality Management (TQM), Lean-Management-Überlegungen oder Reorganisationen/Fusionen erleben die Unternehmen hautnah, welche Bedeutung die „Denke" der Mitarbeiter und damit die mental-kulturellen Ausprägungen (Hindernisse) bei den geplanten Veränderungen haben.

Abb. 8: Entwicklung der strategischen Unternehmensführung

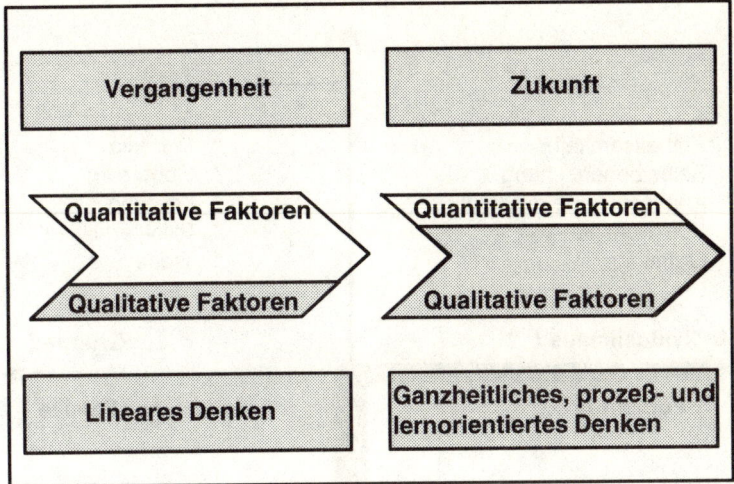

## 1.2 Erfolgsfaktor Mensch

Ein weiteres, paradox erscheinendes Phänomen ist zu beobachten: Jene Umfeldbedingungen, welche die Leistungsanforderungen an die Mitarbeiter erhöht haben, ließen gleichzeitig die Leistungsbereitschaft der Mitarbeiter abnehmen.

Wie äußert sich die abnehmende Leistungsbereitschaft in den Unternehmen?

Die sichtbaren Symptome reichen von geringem Engagement, zu geringer Qualität über hohe Fehlzeiten bis hin zu einer hohen Fluktuation. In der Bundesrepublik wird jährlich gut ein Viertel aller bestehenden Arbeitsplätze neu besetzt. Fluktuation ist teuer. Als „Richtgröße" für die Kosten des Arbeitsplatzwechsels eines Angestellten nimmt man im allgemeinen ein Jahresgehalt an, bei Führungskräften betragen die Kosten bis zu drei Jahresgehältern, vorausgesetzt, daß es überhaupt gelingt, gleichwertigen Ersatz zu bekommen. Die Tatsache, daß mit den ausscheidenden Mitarbeitern wertvolles Know-how verlorengeht, läßt sich nur näherungsweise quantifizieren.

Mitarbeiter orientieren sich zunehmend stärker in Richtung freizeitorientierter Schonhaltung und engagieren sich außerhalb ihres beruflichen Umfeldes, nämlich dann, wenn der Sinn der eigenen Tätigkeit nicht oder nur teilweise nachvollzogen werden kann.

Zu welchem freiwilligen Engagement Menschen bereit sind, wenn sie einen Sinn und eine Bedeutung in der Aufgabe sehen, zeigen die spekta-

# 1. Einflußfaktoren auf den Unternehmenserfolg

*Abb. 9:* Verschiebung der Werthaltungen

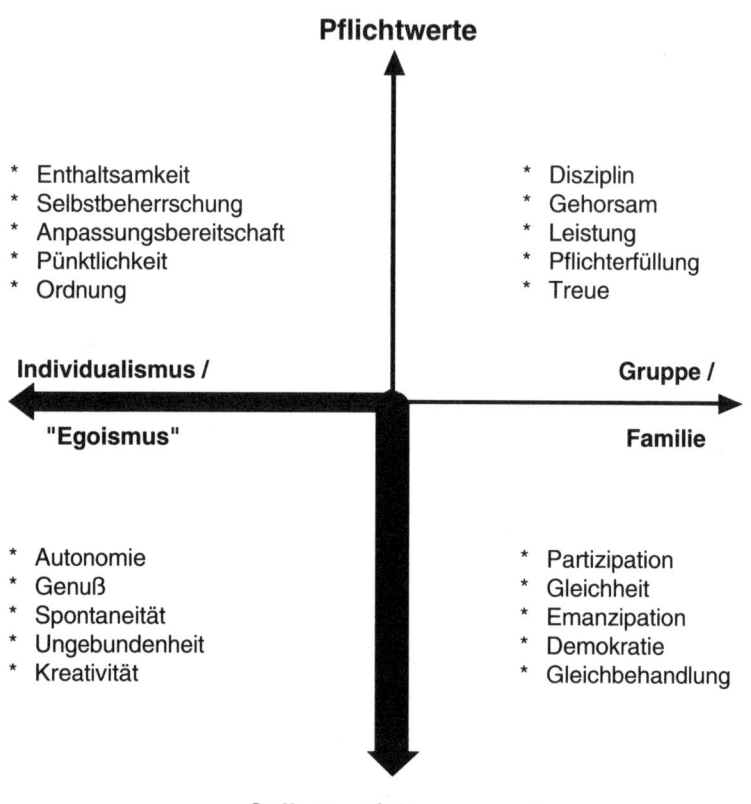

kulären Aktionen der Mitglieder der Umweltgruppe Greenpeace nur zu eindrucksvoll.

Will man die Komplexität des Themas „Leistung" richtig erfassen, ist es nützlich, sich zuerst einmal die Bedingungen zu verdeutlichen, unter denen heute Leistung erbracht wird. Es ist eine von Unternehmern häufig gehörte Klage, die Mitarbeiter seien weniger einsatzbereit, keiner hänge mehr so richtig sein Herz an die Arbeit und vieles mehr.

Die psychologische Forschung hat gezeigt, daß Menschen von ihrer Anlage her grundsätzlich sehr wohl bereit sind, Leistungen zu erbringen oder ein bestimmtes Leistungsverhalten zu zeigen. Deutlichen Änderungen allerdings sind die Bedingungen unterworfen, unter denen die Leistungserbringung erfolgt.

In vielen Unternehmen herrschen heute Strukturen und Denkweisen, die nicht mehr zeitgemäß sind. Der **Wertewandel** von den Pflicht- und

Akzeptanzwerten hin zu den Selbstentfaltungswerten wurde nicht oder nur unzureichend vollzogen. Die von Kirche und Militär vermittelten Wertordnungen wie Gehorsam, Anpassung und Pflichterfüllung sind heute dem Drang nach Freiheit und Individualismus gewichen.

In Deutschland wechseln rund 50% der Jungmanager bereits nach zwei Jahren den Arbeitsplatz, weil das unternehmerische Umfeld vielfach nicht den Vorstellungen der neuen Führungskräfte entspricht. Mehr denn je stehen Spaß an der Arbeit, ein gutes Betriebsklima, eine sinnvolle Tätigkeit, Freizeit und Familie in der Werteskala vor dem Einkommen bei den Mitarbeitern ganz oben. Hinzu kommt die Tatsache, daß der in den letzten Generationen geschaffene materielle Wohlstand es manchen Jungakademikern (dank Erbschaft) ermöglicht, auch ohne zu viel Arbeit angemessen zu leben.

Es wurde in der Vergangenheit allzusehr versäumt, sich mit den veränderten Wertvorstellungen der Mitarbeiter im erforderlichen Ausmaß auseinanderzusetzen. Werte wie Individualismus, Autonomie, Eigenverantwortung, Genuß, Spontaneität und Selbstverwirklichung gewinnen infolge des Wertewandels zunehmend an Bedeutung.

Allgemein lassen sich zwei Tendenzen sehr deutlich beobachten. Es findet eine Verschiebung statt:

1. **Von den Pflichtwerten zu den Selbstentfaltungswerten.**
2. **Von den gesellschaftsbezogenen Werten hin zu personenbezogenen Werten.**

Unternehmen haben mit einer gleich starken Wettbewerbsposition am Markt nur dann eine Chance, ihr Erfolgspotential systematisch zu erhöhen, wenn sie die qualitativen Erfolgsfaktoren gezielt gestalten und zu echten Stärken des Unternehmens ausbauen.

Es reicht nicht aus, an den Symptomen, etwa der hohen Fehlzeitenrate zu kurieren, wie es in der Vergangenheit üblich war und vielfach noch üblich ist. Der einzig gangbare Weg ist die Identifizierung der Ursachen und deren Behebung, um die Leistungsbereitschaft zu steigern und die „Lust auf Leistung" in den Unternehmen selbst zu schaffen.

Die neuen Werte lassen die Mitarbeiter vor allem nach dem **Sinn und Vertrauen** im Unternehmen suchen und stellen andere, erhöhte Anforderungen an die Qualität der Führung. Stimmen die unternehmensintern postulierten und von den Führungskräften vorgelebten Werte mit denen der Mitarbeiter nicht oder zum großen Teil nicht überein, sind Sinn- und Orientierungskrisen programmiert. Die zunehmenden Sinndefizite führen dazu, daß Mitarbeiter und Führungskräfte mit „innerer Kündigung", Fehlzeiten, geringem Engagement etc. im Unternehmen reagieren.

## 1. Einflußfaktoren auf den Unternehmenserfolg

*Abb. 10:* Kriterien von Hochschulabsolventen für die erste Anstellung

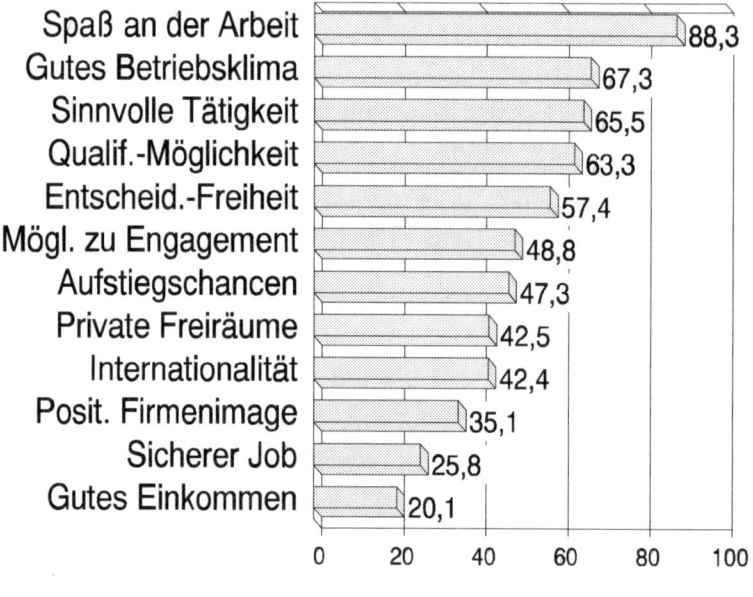

Nennung in %

Quelle: AIESEC Studie 1990, n = 9000 Stud.

Die Verschiebung der Werthaltungen läßt sich vor allem bei den Jungakademikern feststellen. Eine Studie der Studenteninitiative *AISEC* beispielsweise zeigt, daß Spaß an der Arbeit, ein gutes Betriebsklima und eine sinnvolle Tätigkeit als wesentlich wichtiger angesehen werden als die Sicherheit und Bezahlung der Tätigkeit.

Vergleicht man einmal die Wertesysteme von Individuen und Unternehmen, wird man feststellen, daß es Werte gibt, die übereinstimmen, aber auch solche, die entscheidend divergieren, da sie jeweils spezifische Forderungen und Bedürfnisse vertreten. Wird in einem Unternehmen beispielsweise trotz des Wertewandels in Richtung auf zunehmendes qualitatives Wachstum immer nur quantitatives Wachstum gefordert, werden sich mit Sicherheit nur wenige Mitarbeiter finden, die sich mit diesem Ziel identifizieren.

Kommen weiterhin ressourcenvernichtende Produktionsverfahren zum Einsatz, obwohl die Mitarbeiter für umweltverträglichere Technologien plädieren, wird das Management erhebliche Akzeptanzprobleme bekommen. Werden die Freizeitbedürfnisse und privaten Wünsche der Menschen im Unternehmen tabuisiert und ignoriert, werden diese Mitarbeiter sich früher oder später für ein Unternehmen entscheiden, das ihre Bedürfnisse würdigt und angemessen erfüllt.

Der Wille zur Leistung und die Leistungsbereitschaft hängen damit entscheidend davon ab, wie sehr sich die Mitarbeiter mit den Leitbildern, der Mission, der Vision, den Zielen und Strategien des Unternehmens identifizieren können und sich im Leistungsverhalten danach ausrichten. Dies wird wiederum in hohem Maße bestimmt von der Frage, inwieweit sie ihre Tätigkeit als sinnvoll erleben und ihre Werte im Unternehmen wiederfinden.

Die Frage danach, was Sinn macht, ist **die** zentrale Frage für die Orientierung im privaten und beruflichen Leben und somit bestimmend für den Erfolg. Sinnerfüllung ist wiederum nur möglich über die Verwirklichung der eigenen Werte.

Sinn in unserem Sinne ist das Ergebnis dessen, was für wertvoll und wichtig für das Selbstwertgefühl gehalten wird. Deshalb sind Werte das Steuerungssystem für Denken, Fühlen und Verhalten des Menschen. Verhalten ist das Ergebnis von Entscheidungen, und Entscheidungen basieren im Kern auf Werten.

Damit rücken Werte und ihre Bedeutung für Leistung, Motivation und Identifikation ins Zentrum der Betrachtung. Eine der entscheidenden Komponenten für den Unternehmenserfolg ist deshalb die **Identifikation** der Mitarbeiter und Führungskräfte mit dem Unternehmen. Das Nachdenken über den gesellschaftlichen Wertewandel mündet folgerichtig in der Erkenntnis, daß ein Teil der persönlichen Selbstverwirklichung und Werterfüllung am Arbeitsplatz selbst erfolgen muß. Im Unternehmen selbst muß eine Lebensqualität herrschen, die **„Lust auf Leistung"** ermöglicht und fördert. Dies kann jedoch nur geschehen, wenn die Sinnhaftigkeit der Arbeit durch Führungskräfte und durch das Unternehmen vermittelt und im täglichen Umgang miteinander erfahrbar wird.

Das ist nur dann möglich, wenn die individuellen Wertvorstellungen der Mitarbeiter von den Führungskräften wahrgenommen und respektiert werden. Das Unternehmen muß versuchen – soweit es wirtschaftlich zu vertreten ist – auf die Bedürfnisse der Mitarbeiter einzugehen, auch wenn sie nicht immer erfüllt werden können. In dem Maße, wie die Bedürfnisse der Mitarbeiter respektiert werden und Wertekonsens herbeigeführt wird, wird sich der Mitarbeiter stärker mit seiner ganzen Person in das Unternehmen einbringen, da die unternehmerischen Visionen, Perspektiven und Leitbilder durch gemeinsam getragene Werte identifikationsfähig werden.

Es ist eine zukünftige Qualifizierungsaufgabe für die Führungskräfte, Probleme und Konflikte bewältigen zu können, die durch unterschiedliche Wertesysteme von Individuen und Unternehmen hervorgerufen werden können. Die schöpferische Energie des Menschen kann sich nur dann voll entfalten, wenn es gelingt, die Kräfte auf ein gemeinsam respektiertes Wertesystem auszurichten und Identifikationsprobleme zu vermindern, die durch divergierende Werte entstehen.

Leider fehlt heute bei zahlreichen Führungskräften noch die Kompetenz, mit komplexen Systemen umgehen zu können, und die Bereitschaft, das Unternehmen als lernende, sich ständig wandelnde Organisation anzuerkennen und entwickeln zu helfen.

Erst wer sich für die eigene Persönlichkeitsentwicklung entscheidet und diese konsequent betreibt, wird für die Bedeutung der Systementwicklung des Unternehmens Engagement zeigen und hierin Sinn und Verantwortung erkennen.

## 2. Die existentielle Bedeutung von Persönlichkeit, Unternehmenskultur, Identität und Lebenssinn

Es gibt zwei Aspekte von erheblicher aktueller Bedeutung, die in der bisherigen Managementlehre unberücksichtigt geblieben sind:
1. Der Mensch ist ein Gesellschaftswesen.
2. Der Mensch in seiner sozio-biologischen Ausrichtung zeigt nicht nur eine Tendenz zum Leben und Überleben, sondern auch zur Destruktivität.

In einer systemischen, ganzheitlichen Managementlehre müssen m.E. diese zwei Aspekte reflektiert sein. Dadurch gewinnt das Phänomen Unternehmenskultur eine neue wesentliche Qualität. Die Prozeßdynamik im Unternehmen und die Bedeutung gesellschaftlicher Umfeldeinflüsse werden verständlicher.

### 2.1 Der Mensch als Gesellschaftswesen

Die physische Ausstattung des Menschen zwang ihn von jeher, sich in Gruppen organisieren zu müssen. So waren Versorgung, Verteidigung und Vermehrung, also die Sicherung des Überlebens, gewährleistet. Voraussetzung hierfür ist zwangsläufig eine geeignete Form von Kooperation und Kommunikation in der Gruppe.

Psychische Gesundheit bzw. Stabilität ist dabei eine Grundbedingung für eine fruchtbare Kooperation und Kommunikation.

Um psychisch gesund zu bleiben, braucht der Mensch **Denk- und Bezugsrahmen** für seine Orientierung. Dabei entsteht quasi eine innere, mentale Landkarte. Diese erlaubt es ihm, der wahrgenommenen, subjektiven Realität Deutungen und Bedeutungen zu geben und somit das Gefühl zu bekommen, die Realität zu begreifen. Ansonsten wäre ein Gefühl von Unsicherheit da, ein Empfinden, der chaotischen Wirklichkeit schutzlos ausgeliefert und damit verloren zu sein.

Diese Denk- und Bezugsrahmen bestimmen die Verarbeitung von Informationen und sind somit auch wiederum die Voraussetzungen für Kommunikation.

**Denkrahmen**

sind individuelle Wahrnehmungsfilter, also auch negative (Vorurteile) oder positive Glaubenssätze über sich selbst, die anderen, die Welt, die Arbeit, das Unternehmen etc.

Individuelle Denkrahmen (Glaubenssätze) sind meist gesellschaftsspezifisch ausgeprägt und bieten damit einen Rahmen für Gemeinsamkeit und vermeintliche Geborgenheit.

**Zum Beispiel:**
- Man gibt keine Widerworte
- Was Hänschen nicht lernt, lernt Hans nimmermehr
- Am deutschen Wesen soll die Welt genesen
- Wir Deutschen sind fleißiger als ...
- Haushalt ist Frauensache
- Ein Mädchen hat mit Puppen zu spielen
- Wenn Erwachsene reden, haben Kinder zu schweigen
- Vertraue keinem
- Mich versteht keiner
- Keiner mag mich
- Ich bin immer der Dumme
- Letztlich bin ich doch allein

Sie können diese Liste von negativ einschränkenden Denkrahmen aus Ihrem Erfahrungsschatz sicher weiter auffüllen.

Die verheerende Auswirkung auf die persönliche oder Gruppenentwicklung kennen wir zur Genüge: Im Sinne einer Self-fulfilling Prophecy inszenieren wir unsere Handlungen i.d.R. so, daß das Ergebnis unseres Tuns, und damit unsere Erfahrung, den Glaubenssatz bestätigt.

Natürlich gibt es auch positive Denkrahmen, die sehr entwicklungs- bzw. lernfördernd sind:

**Zum Beispiel:**
- Du wirst es schaffen
- Du bist liebenswert, so wie Du bist
- Die Menschenwürde ist unantastbar
- Man lernt ein Leben lang
- Nichts ist unmöglich, wenn Du es willst!

Wir wollen die positiven Denkrahmen hier aber nicht weiter vertiefen, da sie keine Limitierungen in der Persönlichkeitsentwicklung setzen.

**Bezugsrahmen**

können gesellschaftliche Kontexte, Rituale, Werte, Traditionen, ethnische Zugehörigkeit oder Charakter etc. sein. Diese Bezugsrahmen befähigen uns, unsere Energien in eine möglichst gemeinsame Richtung zu bündeln und zu kanalisieren, um auch das physische Überleben zu transzendieren.

Die Bedeutung des Charakters als Bezugsrahmen sei an dieser Stelle hervorgehoben und kurz beleuchtet:

## 2.1 Der Mensch als Gesellschaftswesen

Bei der Definition von „Charakter" folge ich einer Darstellung von *Erich Fromm* (1977):

„Der Charakter ist jene Form, in die menschliche Energie im Prozeß der Sozialisation (in der Bezogenheit zu anderen) und der Assimilierung (in der Art und Weise der Aneignung von Dingen) kanalisiert wird."

Ergebnis der Charakterentwicklung eines Menschen ist seine für ihn als typisch bezeichnete Wesensart als Gesamtheit aller geistig-seelischen Eigenschaften. Der Charakter ist im Prinzip der Ersatz für die vielen Instinkte, die der Mensch in seiner Entwicklung bis heute mehr oder weniger verloren hat. Wenn ein Mensch aber mangels Instinkt vor jeder Aktivität erst überlegen und bewußt entscheiden müßte, wie er etwas tun wird, wäre er viel zu langsam in seinen Reaktionen und damit im Überleben gefährdet.

Außerdem gäbe es keine Konsistenz und damit Berechenbarkeit in seinen Handlungen, die eine wesentliche Vertrauensbasis im sozialen Zusammenleben sind.

Handelt ein Mensch nach seinem Charakter, handelt er konsistent und quasi-automatisch. Neben der Bildung des individuellen Charakters spielt der Charakter einer Gruppe oder Gesellschaft für unsere späteren Überlegungen eine enorme Rolle.

Als Charakter einer Gruppe oder Gesellschaft verstehen wir den Kern der Charakterstruktur, der den meisten Mitgliedern der Gruppe oder Gesellschaft gemein ist. Er ist der Bodensatz an gemeinsamen Referenzerfahrungen und Lebensweisen aus der gemeinsamen Entwicklungsgeschichte.

Insofern gibt es nicht **den** Gesellschaftscharakter, sondern nur eine Vielfalt von Sub-Kulturen mit spezifischen Charakterausprägungen.

Diese unterschiedlichen Charakterausprägungen von Gruppen entstehen in der Wirtschaft z.B. durch unterschiedliche Ausbildungskontexte (**der Maschinenbauer, der Kaufmann, der Elektrotechniker, der Jurist, der Naturwissenschaftler** etc.) mit ihren unterschiedlichen Regeln, Ausdrücken, Denkweisen, Paradigmen etc., durch die Standorte der Universitäten/Hochschulen mit ihren kulturellen und sozialen Systemen (studentische Verbindungen, Studienfreundschaften, Image der Lehrer) etc.

Der Charakter einer Gruppe/Gesellschaft bietet dieser als geistig-seelischer, sozialer Bezugsrahmen Stabilität im Zusammenleben, solange die aktuellen menschlichen Bedürfnisse in diesem Charakterkontext eine Aussicht auf Befriedigung haben.

Wenn sich aber die technischen, ökonomischen, sozialen, gesellschaftlichen Rahmenbedingungen verändern und damit die Konsistenz der Charakterstruktur gefährdet wird, entsteht Sprengstoff. Die vorhandene Charakterstruktur wird zur Überlebensfrage des einzelnen, der Gruppe oder Gesellschaft.

## 2. Persönlichkeit, Unternehmenskultur, Identität und Lebenssinn

Beispielsweise wurde der traditionelle Dünkel bei Ärzten und Apothekern denjenigen zum Verhängnis, die ihren Charakter in Richtung Kundenorientierung nicht verändern wollten. Der traditionelle Charakter bei deutschen Ingenieuren, basierend auf der Ausbildungsphilosophie von Romantik und Idealismus, Technik zu konstruieren und zu bauen[*], hat zu schweren Wettbewerbsniederlagen geführt, weil zu spät die neue Charakteranforderung – nämlich Pragmatismus, ganzheitliches Qualitätsdenken (vom Auftrag bis zum Versand) und Kundenorientierung – adaptiert wurde.

Eine der anspruchsvollsten und erfolgsentscheidenden Aufgaben für Führungskräfte wird deshalb mehr denn je aufgrund der neuen, rasant sich ändernden, komplexen Umfeldbedingungen sein, den eigenen persönlichen Charakter, den vorhandenen Charakter der eigenen Mannschaft, den Charakter der Schnittstellengruppen und den Charakter des Unternehmens hinsichtlich der Veränderungs- und Entwicklungsfähigkeit bzw. -notwendigkeit zu beleuchten und laufend anzupassen. Ziele sind die **Persönlichkeitsentwicklung** und die „lernende Organisation".

Dies hat zur Folge, daß die bisher unterdrückten Charakterelemente der Protagonisten im Unternehmen in den Vordergrund treten und den erforderlichen Veränderungsprozeß unterstützen bzw. forcieren müssen.

Reaktion des Systems der negativ (es gibt auch positive!) Konservativen wird Widerstand gegen die Veränderung sein. Die Lähmung der Veränderungsenergien wird durch geschickte Macht- und Mikropolitik versucht. Wenn es gelingt, diese hemmenden Kräfte umzupolen oder zumindest spürbar zu mindern, kann der Genesungsprozeß beginnen. Voraussetzung ist allerdings eine Kultur in Führung und Zusammenarbeit, die das notwendige Klima für die Genesung schafft.

Es entwickelt sich jetzt ein fließendes Gleichgewicht zwischen den sich ständig ändernden Umfeldanforderungen und dem sich anpassenden Charakter bzw. den Fähigkeiten des Unternehmens, diesen Anforderungen zu genügen.

Wird der Anpassungsprozeß des Unternehmens gestört, ist das Überleben, mindestens aber der Erfolg des Unternehmens gefährdet.

---

[*] Technische Produkte werden wunderschön mit Schnörkeln gestaltet, bei jedem Produkt wurden alle Einzelteile mit Stolz wieder neu erfunden, aber die Frage, was vermarktbar ist, blieb unerheblich.

## 2.2 Der menschliche Evolutionssprung und seine Implikationen

Der Evolutionssprung des Menschen und die dadurch induzierte Entfremdung beruhen auf einem differenzierten Verständnis von Evolution. Typisch für evolutionäre Veränderungen der Lebewesen sind Veränderungen des Körpers, der physischen Struktur. Dies gilt von den Einzellern bis hin zu den Säugetieren. Neben den körperlichen gibt es – allerdings nur beim Menschen – auch geschichtliche Veränderungen. Dieser Teil der Evolution des Menschen beruht nicht mehr auf Veränderungen seiner anatomischen oder physischen Struktur, sondern findet aufgrund v.a. psychischer Veränderungen statt. Diese ergeben sich ganz wesentlich bei der Anpassung an das gesellschaftliche System, in das ein Mensch hineingeboren wird.

Das gesellschaftliche System hängt seinerseits von diversen Faktoren ab, wie Klima, Lebensbedingungen, Bodenschätze, ethnische Tradition und Bedeutung, strategische Lage, Religion, Rituale, Wertesystem, Mittel zur Kommunikation, Sprachstruktur etc.

Entscheidend für die weiteren Überlegungen ist, daß eben diese geschichtlichen bzw. psychischen Veränderungen des Menschen wesentlich im Bereich seiner intellektuellen Fähigkeiten und seiner emotionalen Entwicklung erfolgen.

Ein weiterer Aspekt der sozio-biologischen Ausrichtung ist die Frage nach dem Überleben. Hierbei geht es um den zentralen, existentiellen Widerspruch im Wesen eines Menschen.

Der Mensch ist das einzige Wesen in unserer Natur, wo Leben sich seiner selbst bewußt wird. D.h. daß der Mensch das einzige Lebewesen ist, das ein Bewußtsein über seine eigene Identität entwickeln kann (ein Affe erkennt sich selbst nicht im Spiegel).

Die Ursache für den Widerspruch liegt darin, daß der Mensch zum einen der Natur mit all ihren Gesetzen und Prozessen unterworfen ist, aber gleichzeitig die Natur durch seinen Geist transzendiert und in ihre Entwicklung steuernd eingreift.

Es ist eine Tatsache, daß der Mensch aus der tierischen Evolution zu dem Zeitpunkt auftaucht, als seine biologische Ausstattung zum Überleben am geringsten war. Der Mensch ist langsam, hat ein schwaches Gebiß, kann nicht fliegen, schwimmt schlecht, hat wenig Kraft zum Kämpfen etc. Gleichzeitig hat sich bei ihm jene Dimension des Gehirns entwickelt – das Großhirn – das die technische (biologische, physiologische) Grundlage für Denken und Phantasien ist. Das Großhirn der Primaten ist bei weitem nicht so entwickelt wie beim Menschen. Die Konsequenz daraus ist, daß der Mensch im Vergleich zu den Säugetieren körperlich hilfloser und eher unterlegen ist, andererseits aber eine neue, alles überragende

## 2. Persönlichkeit, Unternehmenskultur, Identität und Lebenssinn

Fähigkeit zur Verfügung hat: abstrakt, in Modellen denken und Vorstellungen über die Zukunft entwickeln zu können: seine geistigen, mentalen und kulturellen Fähigkeiten.

**Das Dilemma:**

Der Mensch hat sich über die Natur hinausentwickelt, er überragt sie geistig und bleibt ihr doch biologisch unterworfen.

Das ist unser zentraler Konflikt. Je weiter wir uns psychisch, neutral und kulturell/zivilisatorisch/technisch entwickeln und uns damit von unserer ursprünglichen Natur kontinuierlich entfernen, um so größer wird die Gefahr eines Kollapses unseres Gesellschaftssystems, wenn wir es versäumen, eine bewußte, geistige Entwicklung des Menschen (Persönlichkeitsentwicklung) und eine bewußte mental-kulturelle Entwicklung der menschlichen Gesellschaft konsequent zu betreiben. Dies ist vermutlich die einzige Lösung des Dilemmas.

**Einen ähnlichen Effekt der Entfremdung und den damit verbundenen Ängsten, Sinn- und Identifikationskrisen erleben wir heute in den Unternehmen.**

Der spürbare Rückgang des Engagements und der Opferbereitschaft vieler Führungskräfte, (fast) bedingungslos die persönliche Führungsverantwortung als Verpflichtung anzunehmen, um das jeweilige Lebensumfeld sinnvoll zu gestalten und mitzuentwickeln, dürfte nicht mehr nur ein bemerkenswertes Defizitsymptom, sondern ein alarmierendes Warnsignal sein.

Meines Erachtens wird Lust auf Leistung und Lernen dann wieder wachsen, wenn in den Unternehmen ganzheitliches und sinnvolles Leben weitgehend möglich wird.

Dies setzt aber voraus, daß über unser Erziehungs- und Ausbildungssystem Persönlichkeitsentwicklung gefordert und gefördert wird. In den Arbeitsfamilien in den Unternehmen (Mitarbeiter, die aufgrund der Organisation oder Arbeitsteilung eng zusammenarbeiten sollten) sollten statt ineffizienter Mikropolitik mit Hilfe bewußter und geplanter Lernprozesse (training on the job) produktive Gruppenkulturen entwickelt werden, die zudem den Nebeneffekt haben, auch für die eigene Familie lernen zu können, wie Beziehungen gestaltet werden können, um hohe Effektivität und Effizienz zu erreichen. Daneben entsteht auch eine Genugtuung über die eigene soziale Relevanz und Akzeptanz in der Arbeitsfamilie. Zu guter Letzt ist eine lernende Organisation anzustreben, in der neben den leistungserstellenden Prozessen eine Unternehmenskultur bewußt und erwünscht gestaltet und entwickelt wird: eine Unternehmenskultur, die die o.g. Defizite aus Entfremdung, Sinnlosigkeit des Tuns, der menschenunverträglichen Organisation und der Arbeitsteilung, aus einseitigem, nur wirtschaftlichem Erfolgsstreben bis hin zu persönlichen Versagens- und Lebensängsten an der Wurzel heilt.

Das Bewußtsein, seine natürliche Geborgenheit verloren zu haben und nur noch ein isoliertes und unbezogenes Wesen in einer unsicheren, chaotischen Welt zu sein, würde den Menschen verrückt werden lassen. (Der Ver-rückte hat seinen Platz verloren in einer strukturierten Welt, die er mit anderen teilt und in der er sich nicht (mehr) orientieren kann.)

Es ist durchaus natürlich, daß der Mensch all seine Energien darauf bündelt, diese unerträgliche und bedrohliche Widerspruchssituation akzeptabel zu gestalten.

## 2.2 Der menschliche Evolutionssprung und seine Implikationen

Sämtliche Leidenschaften und Begierden des Menschen – normale, neurotische, psychotische – sind Versuche, diesen immanenten leidvollen Widerspruch aufzulösen.

Da für den Menschen eine Lösung lebensnotwendig ist, setzt er alle Energien in seine Versuche, dem Erleben der Nichtigkeit, des Chaos zu entfliehen und einen Bezugsrahmen zu finden. Diese Versuche dienen nicht dem physischen, sondern dem psychischen Überleben.

Es ist die Suche nach spirituellen Wegen. Spiritualität (nach *Fromm* 1977) ist zu verstehen als die Gesamtheit von Entwürfen, Terminologien, Ideen einer Haltung, die auf die Fülle menschlichen Bewußtseins und auf Transzendenz ausgerichtet sind und die darauf abzielen, den schmerzvollen Widerspruch aufzulösen, der der menschlichen Situation innewohnt.

Mit den Erkenntnissen der Geschichte, der Psychologie des Kindes, der unterschiedlichen Therapieschulen und besonders denen der Geschichte der Kunst, Religion und Mythen lassen sich zwar schon bestimmte Hypothesen oder mögliche Lösungen formulieren. Da die Menschheit aber bisher nur unter dem Prinzip des Mangels und besonders dem der Gewalt und abwertenden Herrschaft lebte, sind die Möglichkeiten von solchen Lösungen noch lange nicht ausgeschöpft. (Im Kapitel 3 und 7 stelle ich ein paar Lösungsideen vor.)

Mit der Möglichkeit, unser Leben auf der Basis eines „gesunden" Wohlstandes zu gestalten, so daß entwicklungsbegrenzende oder -lähmende Herrschaftsformen verschwinden können, wird auch die Entwicklung von neuen Lösungsversuchen für die existentiellen Widersprüche wahrscheinlich gemacht.

Es besteht jedoch ein großer Unterschied zwischen dem, was ein Mensch sich zu wünschen erlaubt und dem, was er dann tatsächlich zu tun wagt.

Die hierin begründete Spannung ist ein wesentlicher Antrieb für alle Bestrebungen und Unternehmungen. Diese bilden sich wiederum ab im Charaktersystem der Gesellschaft, eines Unternehmens, einer Arbeitsfamilie oder im Charakter des einzelnen.

Die Charakterentwicklung ist weitgehend geprägt durch die besondere Praxis z.B. des Unternehmens, mit Geboten, Verboten, Sanktionen und Belohnungen selektiv auf die verschiedenen Bestrebungen, Initiativen und Triebe der einzelnen zu reagieren. Die mächtigsten menschlichen Triebe sind also nicht diejenigen nach physischem Überleben, solange das Überleben nicht akut bedroht ist. Die mächtigsten Triebe des Menschen zielen auf eine Lösung der existentiellen Widerspruchssituation: Er will ein Ziel für das Leben finden, das seine Energien und Fähigkeiten in eine Richtung lenkt, mit dem er sich als biologischer Organismus definiert, der den Weg zum Überleben sucht, sich dabei aber auch selbst transzendiert und damit seinem Leben Sinn und Bedeutung gibt. Die eigene Mission für dieses Leben wird dann spürbar und bewußt.

Alle Erfahrung zeigt, daß der Mensch dort unbefriedigt blieb und sogar eine Neigung zur Zerstörung entwickelt hat, wo er nur seine biologischen Bedürfnisse verfolgt und befriedigt hat. Dekadenz ist ein sehr bekanntes Beispiel hierfür. Oder was verändert sich qualitativ im Leben, wenn Sie ein Haus oder viele Häuser haben?

Wie lange würde Sie es zufrieden machen, sich alles kaufen (**haben**) zu können?

Wie entwickelt sich vermutlich Ihre Zufriedenheit mit Ihrem Leben, wenn Sie jeden Tag das Beste dieser Welt zu essen und zu trinken bekämen?

Wie würden sich Ihre Kinder vermutlich entwickeln, wenn sie alles kaufen könnten, was sie wollten?

Es gibt repressive, archaische und selbstdestruktive Triebe, aber Gott sei Dank auch Triebe, die uns zur Selbstentfaltung und Verwirklichung unserer Ziele, Freiheit und Integrität verhelfen. In diesem Zustand fühlen wir uns in einer Einheit mit der Welt und für sie auch mitverantwortlich. In diesem Erleben der imposanten Vielfalt der Welt, die mit allen Sinnen fasziniert wahrgenommen wird, spüren wir, was **Sein** bedeutet. Menschen mit dieser Haltung können alles loslassen, mit dem inneren Wissen, daß sie damit alles gewinnen werden, und daß sie alles verlieren werden, was sie festhalten, um es unbedingt zu besitzen. **Haben** bedeutet Eigentum, gesellschaftlichen und hierarchischen Status, Image, Partner usw. festzuhalten und zu kultivieren – um des Habens willen.

Wie erbarmungswürdig sind z.B. Führungskräfte, die ihre ganze (vermeintliche) Bedeutung am hierarchischen Status glauben festmachen zu müssen!

Diesen Personen ist meist nicht bewußt, wie gering ihr Selbstwert sein muß und wie weit sie vom wirklichen Leben entfernt sein müssen, wenn nur noch der hierarchische Titel ihre Persönlichkeit repräsentiert. Diese Entfremdung vom Ich und die Rollenbeschränkung auf die berufliche Funktion haben sowohl persönlich wie auch für das Unternehmen langfristig verheerende Folgen.

Diese **Haben**-Mentalität ist heute eine der zentralen Barrieren bei Veränderungsprozessen im Unternehmen. Nur über einen längeren Zeitraum von 5 bis 15 Jahren – je nach Betriebsgröße – ist es aus meiner Erfahrung möglich, eine Renaissance der **Sein**-Mentalität zu erreichen.

Der Charakter der Sein-orientierten Kulturen zeigt sich in hoher Vitalität, Selbstbewußtsein, Selbstvertrauen, Lust auf Lernen und Leistung, Spaß an Beziehungen, Mut zur Unsicherheit, Lob und Kritik bei gegenseitigem Respekt, Humor, stärkerem Gruppenzusammenhalt, geringem Bürokratisierungsgrad, hoher Kreativität, sportlichem Kampfgeist, um zu siegen, Eigenverantwortung und Großzügigkeit mit Augenmaß (Grandezza), Verzeihenkönnen, Pioniergeist, spielerisch alles immer wieder in Frage zu stellen, um besser zu werden, wenige Richtlinien (sie können Geist

## 2.2 Der menschliche Evolutionssprung und seine Implikationen 27

nicht ersetzen!), hohe Kommunikations- und Konfliktkultur, einen neugierigen Blick auf das ganze System, in dem das Leben oder Unternehmen stattfindet und das wichtigste: lieben zu können.

Die Kraft, mit der Sein-orientierte Menschen ihr Leben attraktiv inszenieren, kommt aus der Liebe zum Leben. Nur in dem Maße, wie sich ein Mensch so lieben kann, wie er ist – mit all seinen begeisternden, angenehmen, aber auch den weniger attraktiven Persönlichkeitsanteilen –, kann er in einer inneren Einheit mit der Welt leben. Und erst dann ist er fähig, die Liebe zum Leben als die stärkste Kraft dieser Welt nach außen in sein Wirkungsfeld, in seine Selbstverwirklichung zu tragen.

Diese Kraft ist Ausdruck der **Biophilie**.

Das Gegenteil, die Nekrophilie, der Trieb zum Toten, Verfall, Zerstören, zur Sabotage etc. ist heute, in einer Zeit drängender und existentiell notwendiger Veränderungen in Unternehmen und unserer Gesellschaft, leider eine spielentscheidende Größe geworden.

Denn das Ausmaß unserer sog. Wirtschaftskrise in Deutschland hat mehr mit unserer negativen Charakterentwicklung bezüglich Inflexibilität, Herzlosigkeit, geringen Bereitschaft zum Lernen und zur Persönlichkeitsentwicklung, fehlender Eigenverantwortung, Verwöhnung in höchsten Graden, geringer Bereitschaft zum Engagement, wenn es nicht der persönlichen Haben-Nützlichkeit hilft, Konsum-Narkose, Besitzstandsdenken etc. zu tun als mit der weltwirtschaftlichen Rezession, die zweifelsfrei auch eine spürbare Wirkung hat.

Der Kern aber unserer Krise – die m.E. erst am Anfang steht – ist eine mentale und Sinnkrise der Gesellschaft bzw. der Wirtschaft.

Nur **Haben** macht auf die Dauer wenig Sinn und führt zur Desillusionierung. Denn wenn die Habenwünsche erst einmal gut erfüllt sind und dann die erhoffte innere Befriedigungs-Ruhe, die echte Erfüllung nicht eintritt, kommt erst Irritation, dann Frust und dann hoffentlich Erkenntnis statt Aggression auf. Eine zentrale Lebenslüge[*] decouvriert sich meist im Laufe des Lebens durch die Konfrontation mit der Realität.

Typische Reaktion ist dann meist, mit dem Ärger der Enttäuschung im Bauch Schuldige zu suchen, die verantwortlich sind für die persönliche

---

\* zum Beispiel 1) Nur wenn man ein eigenes Haus hat ("koste es was es wolle") ist man wer! Auch wenn man ein Leben lang unter der Schuldenlast zu leiden hat. Man will ja auch den Kindern etwas Gutes tun, die meist "undankbar" sind, und andere Vorstellungen von Wohnen etc. haben. Das Haus ist Ersatz für Lebenssinn.

2) Als Direktor bin ich auch automatisch ein besserer Mensch, kann und weiß alles perfekt, habe immer recht und muß deshalb meine Persönlichkeit nicht mehr weiter entwickeln: Stillstand ist dann das Lebenskonzept: Titel, Positionen und Pseudo-Allwissenheit sind Ersatz für ein erfülltes ICH.

Lebensenttäuschung. Das kann der Lebenspartner, die Familie, das Unternehmen oder der Staat sein.

*Erich Fromm* (1977) geht davon aus, daß die Nekrophilie eine pathologische Entwicklung ist, die eintritt, wenn aus einer Reihe von Gründen eine biophile Entwicklung blockiert ist oder die Biophilie zerstört ist.

Dazu ein typisches Beispiel:

Bei der Firma Mutlos AG sind trotz deutlicher Hinweise auf die existentielle Bedrohung (mehrere Jahre starke Verluste) des Unternehmens (Endspielsituation für die nächsten zwei Jahre, dann werden die Gesellschafter das Unternehmen vermutlich auflösen), eine ganze Reihe von Führungskräften nicht willens oder nur teilweise fähig, den Überlebenswillen und den dafür notwendigen Realitätsbezug für sich selbst und für ihre Arbeit herzustellen. Von außen sieht es so aus, als ob dieser Teil der Führungskräfte die Transparenz der Tragweite ihrer Passivität durchaus erkennen, aber dennoch die Vernichtung des Unternehmens und damit ihrer eigenen beruflichen Existenz in Kauf nehmen wollen. In nahezu masochistischer Weise reflektieren diese nekrophilen Führungskräfte ihre anhaltende Erfolglosigkeit. Es werden unzählige Arbeitskreise betrieben, wo Analysen und entsprechende Maßnahmen erarbeitet werden (Paralyse durch Analyse!). Die konsequente Umsetzung mit klaren Zielvereinbarungen und Eigenverantwortung wird dann oft (unbewußt) subtil verhindert, um danach wiederum über die Erfolglosigkeit der Maßnahmen klagen und Schuldige suchen zu können.

Eine wichtige Frage für das Top-Management wird sein, inwieweit es gelingt, die nekrophilen Gruppen oder Einzelpersonen zu identifizieren, die Chance auf eine Veränderung festzustellen, durch Coaching eine biophile Haltung (d.h. gesunder Überlebens- und Siegeswille) herbeizuführen und bei zu geringem oder fehlendem Veränderungswillen bei einzelnen sofort eine Trennung zu bewirken. Ansonsten bleiben diese destruktiven Infektionsherde akut und gefährden das gesamte Unternehmen.

In unserer Gesellschaft haben heute nekrophile Tendenzen langsam eine unangenehme Bedeutung erreicht. Wenn wir, verglichen mit der Natur, Lebensverhältnisse von vielen Menschen auf dieser Welt betrachten, erkennen wir eine Tendenz dahingehend, daß wir unsere Welt zu etwas Leblosem, Lieblosem, Mechanischem verwandeln oder sie so betrachten.

Die Wegwerf-Mentalität ist i. w. S. wesentlicher Ausdruck dieser nekrophilen Haltung. Dies ist ein deutliches Symptom der Verwöhnungskultur unserer Konsumgesellschaft, in der das physische Überleben gesichert ist und alle physiologischen Bedürfnisse über die Maßen befriedigt werden können, der Grad an Unzufriedenheit aber trotzdem enorm hoch bleibt.

Erkenntnisse in der Verhaltensbiologie zeigen hier, daß Verwöhnung (d.h. eine schnelle und leicht erreichbare Triebbefriedigung) zu ausgeprägtem Anspruchsdenken oder sogar zu Aggression führt. Unsere Wohlstands-Narkose ist das Ergebnis dieses Verwöhnungsprozesses. Der Grund liegt darin, daß durch unseren hohen Zivilisationsgrad früher natürlich gegebene Gefahren oder Anstrengungen zur Bedürfnisbefriedigung und zum körperlichen Überleben wegfallen.

## 2.2 Der menschliche Evolutionssprung und seine Implikationen 29

Nahrungssuche beschränkt sich heute auf die Qual der Wahl in Supermärkten; Abenteuer erleben wir im Kinosessel oder im Fernsehen.

Verwöhnung hat zur Folge, daß zur Triebbefriedigung eine zunehmende Reizintensität erforderlich ist. Das Gesetz der doppelten Quantifizierung besagt, daß eine Triebhandlung nur dann entsteht, wenn entweder die Triebstärke oder die Reizintensität des begehrten Objektes (oder beide) genügend hoch sind.

Demnach ist bei einer niedrigen Triebstärke zur Befriedigung ein entsprechend hoher Preis zu entrichten. Da sich der Reiz abnutzt, sind immer stärkere Reize erforderlich. Wenn jemand satt ist und trotzdem noch Lust auf Essen verspürt, braucht er ein besonderes Schmankerl, um noch etwas zu sich zu nehmen. Der dramatische Effekt von Verwöhnung zeigt sich in der Tendenz zur Aggressivität. Das Aktivitäts- und Aggressionspotential der Menschen wird von der Natur aufgebaut, um über die natürlichen Anforderungen, Anstrengungen, Anspannungen wieder abgebaut zu werden. Es handelt sich somit um einen sich selbst regulierenden Prozeß, der das Energiegleichgewicht stabilisiert.

Wenn aber Anstrengungen, Herausforderungen, also Situationen, wo der/die ganze Mann/Frau gefragt ist, entfallen, werden die Triebpotentiale nicht angemessen abgebaut. Es entwickelt sich ein Aktivitäts- oder Aggressionsstau, der nach befreienden Reizen sucht (z.B. Sport, Hobbies bis hin zum Wochenendaktionismus oder zu Hooligans). Insofern bergen Verwöhnungsstrategien, die z.B. auch von den Gewerkschaften kontinuierlich gefordert und betrieben werden, gesellschaftspolitischen Sprengstoff.

Viele Unternehmen leiden heute unter dem Syndrom der **Zoo-Kultur:** „Zweimal am Tag Fütterungszeit", ein Zaun schützt vor Gefahren von außen, wer intern versucht, Initiative zu entwickeln, um etwas zu ändern, wird bestraft. **Ergebnis:** Sicherheit und Zwang zur Passivität. Konsequenz daraus ist der weithin beklagte Verlust an Bereitschaft zur Eigenverantwortung: d.h. sein Leben (beruflich und privat) verantwortungsbewußt in die eigene Hand zu nehmen. Nur so kann aber ein Mensch seine Mündigkeit beweisen. Unser hoher Zivilisationsgrad und die soziale Absicherung erzeugen die mentale Fata Morgana, daß für uns gesorgt sei.

Dies ist aber eine Falle. Wir müssen uns wieder daran erinnern, daß wir immer noch in der Wildbahn, d.h. in einer unsicheren, chaotischen Welt, leben. Nur stellt sich für die Industriegesellschaften die Wildbahn in sublimierter Form dar. Das Grundprinzip in der Welt der Säugetiere: Die Raubtier-Opfer-Konstellation ist in uns Menschen voll existent. Ob ein Mensch über Macht oder Not, Gewalt oder Verführung etc. zum Opfer wird, ist nur eine Frage des Stils oder der Dramaturgie des Jägers, aber nicht des Prinzips. Erst wenn wir das Leben – als Prinzip der Freiheit –

wieder als Abenteuer annehmen, haben wir die Chance auf Erfüllung dieses Lebens.

**Wir reden viel über das Leben nach dem Tod. Aber was ist eigentlich mit dem Leben vor dem Tod? Denn dem Leben ist es egal, wie tot wir uns stellen!**

**Was eigentlich ist für die spezifische Orientierung, der ein Mensch folgt, ausschlaggebend?**

Neben konstitutionellen Faktoren seines Körpers ist es meines Erachtens auch der Charakter der gesellschaftlichen Gruppierung, in der er lebt, und natürlich sind es auch die individuellen Gegebenheiten der Familie, in die er hineingeboren wurde. Demnach ist die Charakterentwicklung auch als eine Antwort bzw. Reaktion des Menschen auf die gesamte Systemkonfiguration der Gesellschaft zu verstehen, deren Teil er ist. Dieser Gesellschaftscharakter wurde ihm durch die Kultur seiner Herkunftsfamilie vermittelt.

Die Familie ist die Lernarena, in der die in der Gesellschaft relevanten Modelle von Wahrnehmung, Entwickeln von Deutungen und Bewertungen, Gestaltung von Beziehungen, Selbstwert, Geboten, Verboten, Werte, Lob und Kritik, Umgang mit Fehlern, Rituale, Umgang mit der Welt, Eigenverantwortung, Spiritualität etc. als normativ vermittelt werden. Hierdurch entstehen unsere mentalen Landkarten, die uns zur Bewertung wahrgenommener Informationen dienen, die wir aber fälschlicherweise häufig mit der Realität verwechseln.

**Fazit:**

Selbstbewußtsein, Vernunft, Fantasie, in die Zukunft denken zu können, sind die Eigenschaften, die uns Menschen von den Säugetieren unterscheiden (Großhirn). Diese mentalen Fähigkeiten ermöglichen und zwingen uns zu einer neuen Qualität von Wahrnehmung, Reflexion, Entscheidung, Handeln und Verantwortung. Der Mensch kann sich ein Bild von seiner Welt machen. Er macht sich aber auch ein Modellbild von seiner Rolle in dieser Welt. Genauso zeichnet er mentale Landkarten seiner sozialen und spirituellen Innen- und Außenwelt.

Ohne diese Denk- und Bezugsrahmen würde der Mensch in tiefe Verwirrung stürzen, da ihm die unbewußte Orientierung über Instinkte durch seinen Evolutionssprung verlorengegangen ist. Er wäre vermutlich unfähig, zielgerichtet und konsequent zu handeln und zu überleben. Er könnte Eindrücke und Inspirationen, die ihn erreichen, nicht sinnvoll einordnen und nicht in richtige Handlungen umsetzen.

Dabei ist es zunächst unerheblich, ob diese Denk- und Bezugsrahmen ihn schützen oder bestrafen. Manche wählen sich als Bezugsrahmen z.B. die Wissenschaften oder Gott oder sich selbst oder **Haben**-Aspekte. Für den Menschen ist es vermutlich zuerst unerheblich, welches Bezugsystem er

## 2.2 Der menschliche Evolutionssprung und seine Implikationen

letztlich hat. Wichtig ist, daß die Welt für den Menschen einen Sinn hat. Die Übereinstimmung seiner Ideen mit dem Weltbild seiner Umgebung macht diese zu subjektiven Wahrheiten. Auch wenn das Weltbild falsch wäre, es erfüllte seine psychische Funktion. Allerdings kann das Weltbild erst der Wahrheit entsprechen, wenn die Lebenspraxis von allen Trübungen, Irrationalitäten (wider die Vernunft) und Widersprüchen befreit ist. Dies ist eine wahrscheinlich nicht erfüllbare Bedingung.

Dieses Strukturbedürfnis nach dem Bezugssystem ist bei allen Menschen von essentieller Bedeutung. (Hierdurch wird auch erklärlich, daß Menschen unter bestimmten Bedingungen oft der Faszination irrationaler Doktrinen vor allem politischer und religiöser Art verfallen.)

**Die Falle:** Wenn eine Ideologie vorgibt oder verspricht, alle denkbaren Fragen widerspruchsfrei beantworten zu können, wirkt sie besonders faszinierend und verführerisch. Die Anziehungskraft kann ganze Massen in Bewegung bringen.

Der Mensch braucht aber nicht nur seine mentalen Landkarten zur Orientierung, er braucht auch ein Objekt bzw. Ziel für seine Hingabe. Nur über attraktive Ziele (besser: Visionen) gelingt es, unsere Energien in eine Richtung bündeln zu können (Konzentration).

Ein „Gegenstand der Verehrung und Herausforderung" hebt den Menschen über seine isolierte Existenz mit den nagenden Zweifeln, Unsicherheiten und Ängsten hinaus. Wenn er sich einem Ziel oder Idol hingibt, transzendiert er sich und stößt in eine höhere Dimension der Wahrnehmung und des Erlebens seiner Existenz vor. Dieser Gegenstand der Verehrung dient als Fokus allen Strebens und als Basis seiner inneren Werte. Das Bedürfnis nach Verehrung und Hingabe ist ebenso von existentieller Bedeutung für den Menschen. Deshalb drängt er auch hier zunächst nach Erfüllung, ohne Rücksicht darauf, wie das Bedürfnis erfüllt wird.

Erst durch Reflektieren und Meditieren über die eigenen Referenzerfahrungen und von uns selbst vorgenommene Deutungen bzw. Bewertungen der wahrgenommenen Realität schaffen wir einen **qualitativen Quantensprung** aus den früher nur aus emotionalen Reaktionen entstandenen Denk- und Bezugsrahmen, hin zu einer bewußten geistigen Vorstellung über die eigene Identität in dieser Weltrealität und einer bewußten Vorstellung über die eigene Spiritualität. Dann geht es nicht mehr darum, daß nur psychische Funktionen erfüllt werden, sondern um eine bewußte und gezielte Sinngebung für dieses Leben und den Tod, einen klaren Bezug zu Gott und klare Vorstellungen über die eigene Mission und die unverrückbare Eigenverantwortung.

Aus diesem mentalen Entwicklungsprozeß kann der Mensch ein Maximum an Energie, Lebenswillen, Bewußtsein, Selbstvertrauen und persönlicher Reife generieren, er wird die Kraft der Liebe zum Leben immer mehr verstehen und einsetzen können.

Das Ergebnis sind die Persönlichkeiten, die wir heute in Wirtschaft und Politik verzweifelt suchen. Gerade in Zeiten großer Veränderungen und von Unsicherheit brauchen wir diese Persönlichkeiten als Bezugspersonen und Leitfiguren für diejenigen, die noch auf dem Weg dorthin sind.

Neben den materiellen und struktur- und prozeßorientierten Gestaltungsaufgaben im Management wird entscheidend für das erfolgreiche Überleben des „Körpers" von Unternehmen sein, daß vorrangig die psychischen und geistigen, mentalen und kulturellen Gestaltungserfordernisse der Führung (Leadership) bewußt angenommen und mit der notwendigen existentiellen Bedeutung betrieben werden. Dies gilt insbesondere für Veränderungsprozesse. Wer diesen Teil der Unternehmensentwicklung der eigenen Dynamik überläßt, die mental-kulturelle Entwicklung ungesteuert treiben läßt, wird mangels ganzheitlicher Systementwicklung sein Unternehmen in Schieflage bringen. Dabei begeht man bei der Verlustdiagnose meist den Kardinalfehler, daß Defizitsymptome im materiellen System (Kosten, Qualität, Organisation etc.) identifiziert und so behandelt werden, als seien sie die Störursache; es wird also nur unzureichend zwischen Symptomen und wahren Ursachen unterschieden.

**Arbeitsfrage:** Ist das aufgetretene Problem (Defizit/Fehler) ein Symptom oder Kern und Ursache der Störung?

Ein Beispiel aus dem Coaching:

Mit Hilfe der o.g. Arbeitsfrage habe ich versucht, einen Klienten erkennen zu lassen, wo der tatsächliche Kern seines Defizitgefühls lag (siehe Abb. 11).

Ziel des Coaching ist in diesem Fall durch die Ursachenklärung nicht primär: 'wie kann die Eigenverantwortung der Mitarbeiter erreicht', sondern 'wie kann die Selbstakzeptanz verbessert werden'. Im ersten Falle wäre die Chance auf Erfolg (Eigenverantwortung) der Coachingarbeit minimal.

In den nachfolgenden Ausführungen wird ein Ansatz dargestellt, wie man zu einer bewußten und beabsichtigten mental-kulturellen Entwicklung eines Unternehmens kommen kann.

Der Weg geht von einer strukturierten Diagnose der mental-kulturellen Unternehmensidentität bis hin zur Frage, wie Veränderungsprozesse erfolgreich gestaltet werden können.

## 2.2 Der menschliche Evolutionssprung und seine Implikationen

Abb. 11: Symptom oder Ursache

**Ausgangssituation:** Ein Vorgesetzter leidet darunter, nie mit seiner Arbeit pünktlich fertig zu werden. Er möchte eine Empfehlung für einen Kurs in Selbstmanagement.

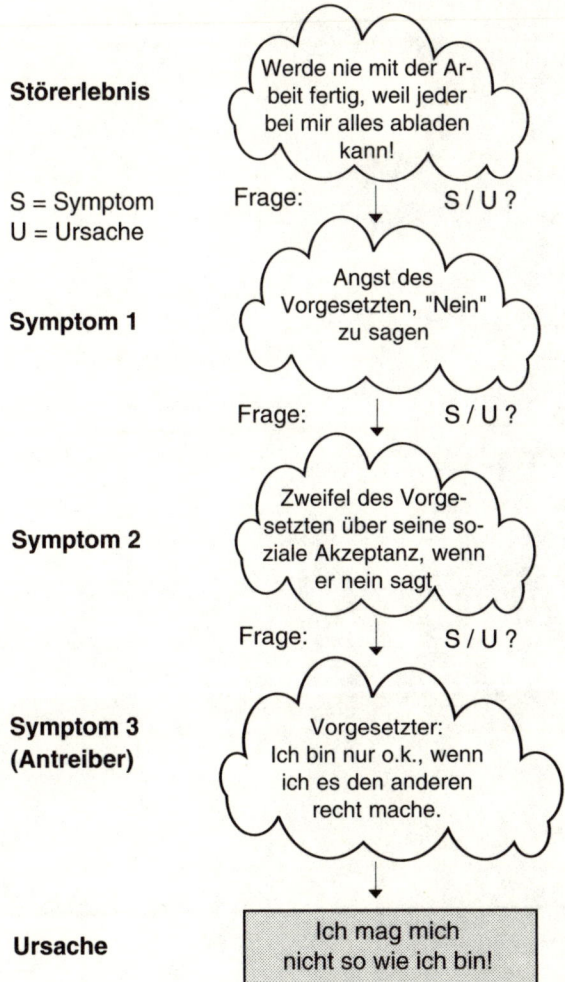

## 3. Wettbewerbsvorsprung durch mental-kulturelle Unternehmensidentität

### 3.1 Definition von mental-kultureller Unternehmensidentität

Der Begriff der **Unternehmensidentität** (Corporate Identity = CI) ist seit dem Anfang der 80er Jahre in der einschlägigen Managementliteratur zu Recht ein Dauerthema. Es zeigte sich allerdings schon sehr bald, daß die Diskussion darüber mehr im theoretischen Umfeld stattgefunden hat und eine notwendige Klärung der Zusammenhänge von Ursachen und Symptomen bis heute leider aussteht. Man versteckt sich mehr hinter neumodischen Schlagwörtern (z.B. Corporate ...) und unzureichenden Erklärungsmodellen, als daß man Antworten für die aus der Praxis gestellten Fragen geben kann.

Die daraus resultierende Unsicherheit, was denn nun eigentlich Unternehmensidentität ist und wie man sie gestalten kann, führte bei den Unternehmen eher zu Passivität oder Alibi-Aktionen. Obwohl ein unmittelbarer Zusammmenhang zum Unternehmenserfolg von kaum jemandem bestritten wird, wagt man sich an dieses Thema doch nicht so richtig heran. Darum ist es nicht weiter verwunderlich, daß die zahlreichen Definitionen dafür sehr unterschiedlich und meist auch mehr oder weniger nichtssagend sind, was ihre praktische Umsetzbarkeit betrifft. Bis heute hat sich keine allgemein anerkannte Theorie daraus ergeben.

Ursprünglich kommen Ansatz und Begriff der Corporate Identity aus dem amerikanischen Sprachraum. Nach diesem Verständnis ist Corporate Identity die Summe aller visuellen Kommunikationen, die das optische Erscheinungsbild eines Unternehmens prägen. Corporate Identity wurde also zunächst mit dem Erscheinungsbild (auch als Corporate Design bezeichnet) gleichgesetzt. Das Konzept der Unternehmensidentität zielte somit in erster Linie auf die Außenwirkung des Unternehmens ab.

Mittlerweile hat sich jedoch eine umfassendere Bedeutung von Unternehmensidentität durchgesetzt. Danach ist die Unternehmensidentität eine Strategie, einem Unternehmen eine „Persönlichkeit" zu verschaffen, die mit Hilfe der Kommunikation nach innen und nach außen wirken soll. Dazu ist es notwendig, einen schlüssigen Zusammenhang der Instrumente der Unternehmenserscheinung (Corporate Design, Corporate Colour),

Sprache (Corporate Communication) und dem Unternehmensverhalten (Corporate Behavior) aufzuzeigen.

Was aber steht hinter dem Begriff der „Persönlichkeit eines Unternehmens"?

Für dieses Phänomen bieten sich in der Literatur verschiedene Theorien und Definitionen an. Allen gemeinsam ist jedoch der Aspekt der Einzigartigkeit und Unverwechselbarkeit. **Persönlichkeit ist also eine einzigartige Struktur von Wesenszügen (quasi der „Charakter"), die ein Unternehmen von anderen unterscheidet.** Diese muß über einen gewissen Zeitraum hinweg relativ konstant und somit wiedererkennbar sein. Persönlichkeit manifestiert sich sowohl im visuellen Erscheinungsbild des Unternehmens als auch in der Kommunikation und im Verhalten der Mitglieder seiner Organisation.

Nach unserem Verständnis sind damit im besonderen folgende Fragestellungen/ Bereiche tangiert:

1. **Wer bin ich als Unternehmer?**
   (Äußere Attribute: Größe, Aussehen →Corporate Design)
2. **Woher kommt das Unternehmen?**
   (Wo sind die Wurzeln, Historie, Gründerpersönlichkeit, Heimat, Traditionen?)
3. **Was ist die Unternehmensmission?**
   (Was ist die eigentliche Unternehmensaufgabe? Worin liegt der Sinn des unternehmerischen Handelns, Unternehmenszweck?)
4. **Welches sind die Kernkompetenzen des Unternehmens?**
   (Welche Kompetenzen sind ursächlich für den eigentlichen Unternehmenserfolg?)
5. **Was sind die angestrebten Unternehmenswerte?**
   (Welche Wertvorstellungen sollen im Unternehmen gültig sein? Was wäre eine Todsünde?)
6. **Welche Kultur herrscht im Unternehmen?**
   (Welche Normen, Rituale, Zeremonien herrschen vor? Welcher Führungsstil herrscht vor? Wie wird die Mission tatsächlich umgesetzt? Welches Wertesystem hat sich real entwickelt?)
7. **Wie lautet die Unternehmensvision?**
   (Wo möchte das Unternehmen in 10 Jahren stehen?)

Was bislang jedoch fehlt, ist die Verbindung mit dem Konzept der **Unternehmenskultur** (Corporate Culture), also den gemeinsamen Wertvorstellungen, Orientierungsmustern und Denkschemata der Mitglieder aller Hierarchieebenen des Unternehmens. Diese drückt sich in spezifischen Symbolen (Ritualen, Zeremonien und Sprache) und Verhaltensmustern (z.B. Menschenbildern, Glaubenssätzen) aus.

## 3.1 Definition von mental-kultureller Unternehmensidentität

Die Unternehmenskultur umfaßt vorwiegend den nach innen gerichteten Teil des Verhaltens (Corporate Behavior), wo es um das Miteinander, die Art und Weise der Zusammenarbeit sowie die Qualität der Führung geht. Nach außen wirksam wird sie im Kontakt mit Kunden, Lieferanten, Anteilseignern, Partnern, Wettbewerbern und der Öffentlichkeit. Dabei ist zu berücksichtigen, daß jedes Unternehmen eine historisch gewachsene, mehr oder weniger stark ausgeprägte Unternehmenskultur hat, unabhängig davon, ob man sich auf Geschäftsführungsebene nun mit diesem Phänomen beschäftigt oder nicht.

Die zentrale Frage ist nun, inwieweit sich Unternehmensidentität und Unternehmenskultur wechselseitig beeinflussen?

Genau um die Verbindung dieser beiden Ansätze geht es beim Konzept der **mental-kulturellen Unternehmensidentität**. Nach unserer Auffassung ist nicht die visuelle Präsentation nach außen die entscheidende Komponente für den Erfolg, sondern die herrschende Unternehmenskultur. Sie nämlich ist bestimmend für die Art und Weise, wie Menschen aller Ebenen im Unternehmen miteinander umgehen, ob Prozesse schnell, effizient und effektiv ablaufen oder nicht, und ob das Identifikationspotential der Mitarbeiter genügend Wettbewerbsstärke entfacht.

In Unternehmen werden nicht nur Güter produziert und komplexe Dienstleistungen erbracht, sondern auch Gewohnheiten und Beziehungen gepflegt, Machtkämpfe ausgetragen, Ängste verdrängt und ausgelebt, Persönlichkeiten geformt sowie wirtschaftliche, geistige und soziale Konflikte ausgetragen. Wachstum, aber auch Stagnation oder sogar der Zusammenbruch des Unternehmens werden dadurch maßgeblich beeinflußt. Da diese Prozesse zugleich interne und externe Wirkungen haben und die „Persönlichkeit" des Unternehmens somit entscheidend prägen, dürfen sie nicht isoliert (mechanistisch) betrachtet werden.

Wir alle wissen aber genau, daß z.B. der Haarschnitt die Persönlichkeit eines Menschen meist nicht entscheidend verändert. Es ist daher nicht weiter verwunderlich, daß in vielen Unternehmen nach einer unserem Beispiel vergleichbaren CI-Aktion, die sich in erster Linie auf optische Elemente konzentriert, Sinn und Zweck dieser vermeintlichen CI-Gestaltung nicht nur in Frage gestellt ist, sondern manchmal sogar belächelt wird.

Bleiben wir noch einen Moment bei der Analogie mit der menschlichen Persönlichkeit. Wechselt z.B. ein Mensch nur seine Kleidung in der Hoffnung, damit eine größere Akzeptanz bei anderen Menschen zu erreichen, so wird dieses Experiment in den meisten Fällen scheitern. Dieser Mensch wird zwar einen kurzfristigen Aufmerksamkeitserfolg erzielen können, vielleicht bekommt er auch eine Chance, die er sonst nicht gehabt hätte. Im intensiven Kontakt mit ihm wird sich jedoch sehr

38  3. Wettbewerbsvorsprung durch mental-kulturelle Unternehmensidentität

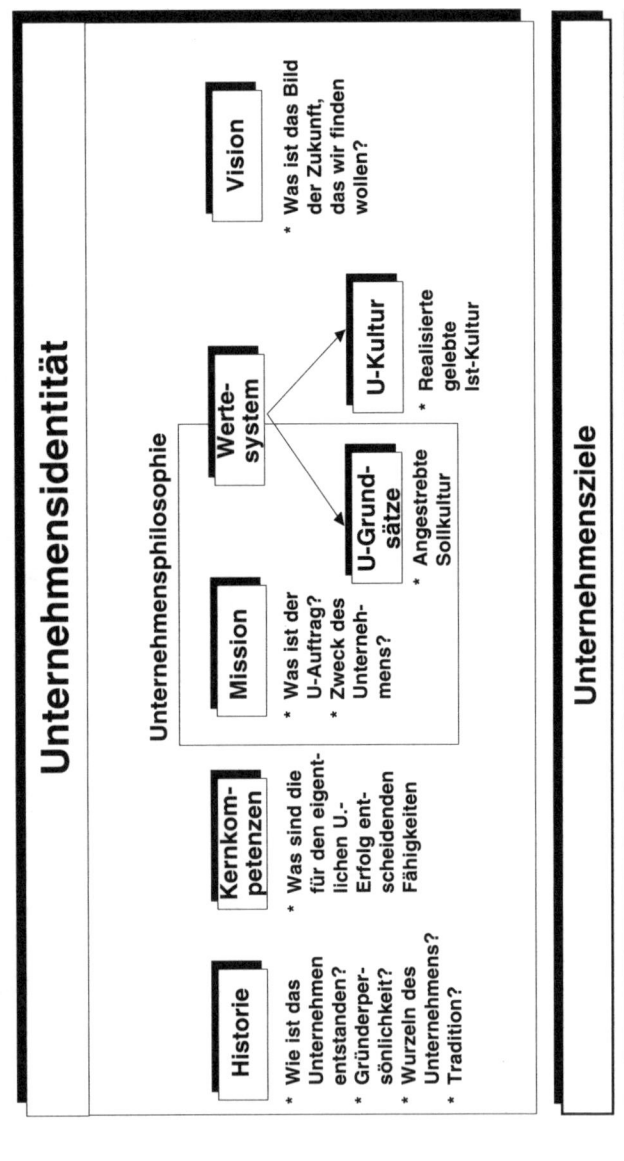

Abb. 12: Verbindung von Unternehmensidentität und Unternehmenskultur

## 3.1 Definition von mental-kultureller Unternehmensidentität

bald herausstellen, daß sich an den Werthaltungen und Einstellungen dieses Menschen wenig geändert hat. Seine Persönlichkeit ist noch dieselbe.

Dieses Phänomen können wir bei den meisten Unternehmen ebenso feststellen. Die Veränderung des Logos, von bestimmten Farbgebungen und Schriftzügen etc. hat sicherlich spontan einen Aufmerksamkeitserfolg aufgrund der Veränderung. Das Unternehmensumfeld stellt allerdings sehr schnell fest, daß es sich hierbei lediglich um eine kosmetische Oberflächenbehandlung handelt, aber um keine substantielle Veränderung. Meist wird eine CI-Veränderung nach diesem Schema von den eigenen Mitarbeitern mit wenig Verständnis aufgenommen und auch beim Kunden weder verteidigt noch erklärt.

In manchen Unternehmen gelten bereits die Formulierung und Verabschiedung von sogenannten Unternehmensleit- oder -grundsätzen auf der ersten Führungsebene als intensive Auseinandersetzung mit dem Themenkomplex Unternehmensidentität. Dort werden dann Bekenntnisse zum partizipativen und kooperativen Führungsstil ebenso entworfen wie die häufige Kulturattrappe „Der Mensch steht bei uns im Mittelpunkt". Für die meisten der Betroffenen bleibt allerdings offen, was genau damit gemeint ist bzw. welche Konsequenzen innerhalb der Führung für den einzelnen damit verbunden sind. Vor allem wenn das tägliche Leben zeigt: „Der Mensch ist Mittel."

Ein weiteres Problem ist die vielerorts verbreitete Illusion, die Unternehmensidentität würde sich quasi als Abfallprodukt einer überzeugenden Unternehmensstrategie von allein entwickeln, etwa nach dem Motto: Culture follows strategy!

Unbestritten haben die beiden Aspekte des Erscheinungsbildes (also Corporate Design) und der Kommunikation (Corporate Communication) ihre Bedeutung. Die entscheidende Komponente ist aber das **Verhalten der Mitarbeiter des Unternehmens,** nämlich Corporate Behavior.

Dieses Verhalten wird in erster Linie durch die individuellen Werte und Glaubenssätze der Mitarbeiter sowie durch die herrschende Unternehmenskultur (kollektive Werte, Normen etc.) bestimmt. Erst in zweiter Linie kommt das von der Unternehmensspitze beabsichtigte Selbstverständnis zum Tragen, was in den Unternehmensgrundsätzen (auch Leitbild genannt) verankert ist und eine Orientierung für die angestrebte Sollkultur darstellt, die ja meist durch den Alltag konterkariert wird.

Deshalb ist es keine Überraschung, daß zwischen der angestrebten Soll-Kultur und der sich in der Realität herauskristallisierenden Ist-Kultur erhebliche Diskrepanzen zu beobachten sind. Ähnliches gilt für die Abweichung von Unternehmensimage (Fremdbild) und der gelebten

Unternehmenskultur (Selbstbild). Erst wenn eine Kultur im Inneren richtig gelebt wird, kann sie auch nach außen erfolgreich ausstrahlen.

Die Identifikation und somit die Bereitschaft jedes Mitarbeiters, sich mit Leidenschaft für das Unternehmen einzusetzen und dafür auch einen hohen persönlichen Preis zu bezahlen, ist demzufolge davon abhängig, wie kongruent die Wert- und Zielvorstellungen des einzelnen mit denen des Unternehmens sind. Dies setzt voraus, daß sich das Unternehmen nicht nur mit den sich ständig verändernden Umfeldbedingungen intensiv auseinandersetzen muß, sondern auch mit den individuellen Wertvorstellungen der einzelnen Mitarbeiter (Stichwort Wertewandel). Mitarbeiter, die sich nicht mit ihrer gesamten Persönlichkeit in ein Unternehmen einbringen und dort entfalten können, identifizieren sich nicht mit diesem!

Viele Unternehmen neigen dazu, Prozesse, die nur langfristig zu bewältigen sind, möglichst in kurzer Zeit und mit Hilfe eines auffälligen Aktionismus abzuwickeln, um schnelle Erfolge vorweisen zu können. Das gilt für Strategien ebenso wie für die Gestaltung der Unternehmenskultur oder andere Organisationsentwicklungsprozesse. Sieht man allerdings hinter die „CI-Kulissen", so ist leider auch hier häufig festzustellen, daß es sich in den meisten Fällen nur um eine rein kosmetische Bearbeitung der Unternehmensfassade handelt.

Das Kernproblem im betrieblichen Zusammenspiel der Kräfte sind meist nicht sachliche Konflikte, sondern Interessengegensätze und Machtansprüche oder auch das schlichte Unterlaufen von Entscheidungen seitens der Mitarbeiter. Die Ursache für kontraproduktives Verhalten liegt meist in der fehlenden Akzeptanz von unterschiedlichen Werten bzw. Zielsetzungen und in der geringen Identifikation der Mitarbeiter mangels Respekt und Vertrauenskultur.

Die Betrachtung der kulturellen Dimension der Unternehmensidentität als Gestaltungselement erfolgreicher Unternehmensführung bedeutet eine Abkehr vom einfachen Ursache-Wirkungs-Denken und eine Hinwendung zu einer systemischen, ganzheitlichen Sichtweise. Kulturelle Unternehmensidentität begreift und gestaltet den Einfluß von Außenwelt und innerbetrieblichen Faktoren als Netzwerk von ganzheitlichen Wirkzusammenhängen.

## 3.2 Bedeutung der mental-kulturellen Unternehmensidentität für den Unternehmenserfolg

Obwohl die meisten Unternehmer sehr wohl einen unmittelbaren Zusammenhang zwischen der mental-kulturellen Unternehmensidentität und dem Unternehmenserfolg vermuten, fehlt es bislang an empirischem Datenmaterial, das diesen Zusammenhang quantitativ in ausreichender Form belegt.

Einzig und allein auf der Symptomebene lassen sich im Arbeitsalltag kulturbedingte Effizienzengpässe in der qualitativen Entwicklung des Unternehmens aufzeigen.

Dies soll am Beispiel der Fehlzeiten näher erläutert werden. Die gerade in jüngster Zeit wieder verstärkt aufgekommene Diskussion über die Einführung sogenannter Karenztage unterstreicht die Brisanz dieses Themas nur allzu deutlich. Inhalt der Debatte ist, inwieweit Arbeitnehmer, die ein bis drei Tage „von der Arbeit fern bleiben", Lohnkürzungen in Kauf nehmen müssen. Obwohl es statistisch an Montagen und Freitagen einen hoch signifikanten Anstieg der Fehlzeiten gibt, dürfte es sehr schwierig sein, echte Krankheitsfälle von vorgetäuschten eindeutig zu unterscheiden. Die Grenze zwischen beiden wird wohl fließend sein. Dennoch ist es kein Zufall, ob es im Unternehmen hohe oder niedrige Fehlzeiten gibt, hier einmal unabhängig von der Arbeitsmarktsituation betrachtet.

Für die Unternehmen ist eine Zunahme der Fehlzeiten zunächst einmal verbunden mit einem Anstieg der direkten Kosten aufgrund der gesetzlich geregelten Entgeltfortzahlung. Darüber hinaus bedeutet dies auch einen Anstieg der indirekten Kosten, die durch angefallene Überstunden, Ersatzkräfte, Qualitätsdefizite, Leistungs- und Produktionsausfälle und vieles mehr entstehen. Daneben muß eine mögliche Demotivation der restlichen Mitarbeiter berücksichtigt werden, da sie ja die verbleibende Arbeit irgendwie bewältigen müssen.

Betrachtet man die Fehlzeiten als Gesamtheit genauer, so zeigt sich in empirischen Studien, daß ein großer Teil (ca. 80%) auf Erkrankungen zurückzuführen ist. Dabei ist besonders besorgniserregend, daß psychosomatische Ursachen und Erkrankungen stark zunehmen. In Befragungen nennen 40-50% der Befragten „andauernden Ärger, harte Auseinandersetzungen mit dem Vorgesetzten, zugefügtes Unrecht, persönliche Angriffe u.a." als Ursachen für Erkrankungen von Herz, Kreislauf, Magen, Nieren, Nerven oder Erkrankungen von Organen, die bereits durch Vorerkrankungen geschwächt waren.

Der verbleibende Anteil der Fehlzeiten (ca. 20%) gründet sich auf einfaches Fernbleiben von der Arbeit ohne tatsächlichen Krankheitsfall.

42  3. Wettbewerbsvorsprung durch mental-kulturelle Unternehmensidentität

Abb. 13: Die Fehlzeiten unterschiedlicher Branchen

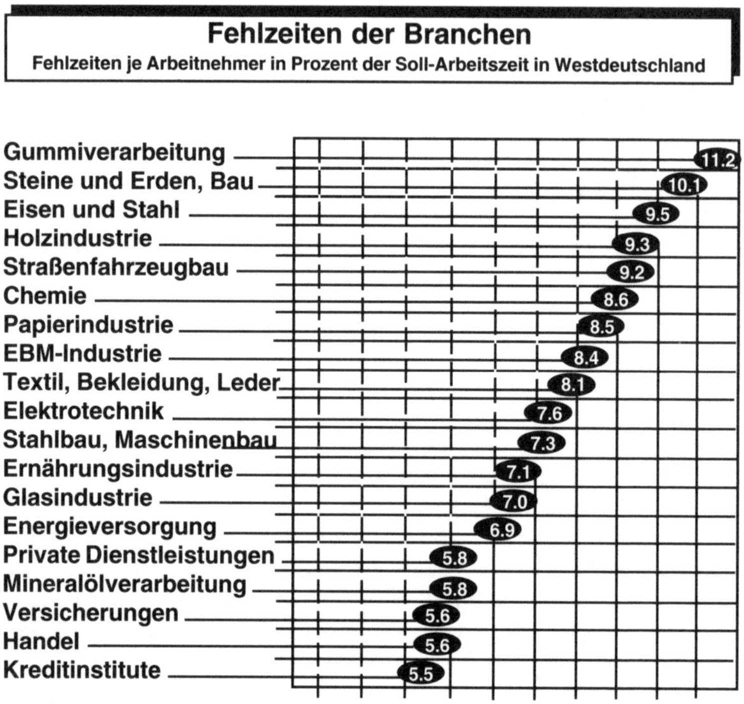

**Fehlzeiten der Branchen**
Fehlzeiten je Arbeitnehmer in Prozent der Soll-Arbeitszeit in Westdeutschland

|  |  |
|---|---|
| Gummiverarbeitung | 11.2 |
| Steine und Erden, Bau | 10.1 |
| Eisen und Stahl | 9.5 |
| Holzindustrie | 9.3 |
| Straßenfahrzeugbau | 9.2 |
| Chemie | 8.6 |
| Papierindustrie | 8.5 |
| EBM-Industrie | 8.4 |
| Textil, Bekleidung, Leder | 8.1 |
| Elektrotechnik | 7.6 |
| Stahlbau, Maschinenbau | 7.3 |
| Ernährungsindustrie | 7.1 |
| Glasindustrie | 7.0 |
| Energieversorgung | 6.9 |
| Private Dienstleistungen | 5.8 |
| Mineralölverarbeitung | 5.8 |
| Versicherungen | 5.6 |
| Handel | 5.6 |
| Kreditinstitute | 5.5 |

Anm.: Stahlbau, Maschinenbau einschließlich Schiffbau und Luftfahrzeugbau.
Quelle: Umfrage des Instituts der deutschen Wirtschaft Köln bei 380 Unternehmen mit 3,6 Millionen Beschäftigten

Diese Entwicklungen sind ein deutliches Signal für „ungesunde" innerbetriebliche Verhältnisse, in denen keine ausreichende Lebensqualität herrscht, um die „Lust auf Leistung" zu steigern, geschweige denn erst einmal aufkommen zu lassen..

Wie oft wären Sie eigentlich lieber zu Hause geblieben, weil Sie die Nase voll hatten? Was waren die Gründe? Welche Kosten entstehen in Ihrem Unternehmen durch Fehlzeiten? Welche Ursachen vermuten Sie? Wie sieht die Entwicklung über die letzten vier bis fünf Jahre aus? Sind die Fehlzeiten in den einzelnen Bereichen etwa gleich oder gibt es erhebliche Schwankungen? Für den Fall, daß es große Schwankungen gibt, wie erklären Sie sich das?

Während die Kosten für die Fehlzeiten noch einigermaßen quantifizierbar sind, bereitet die Erfassung der Auswirkungen der sogenannten **inneren**

## 3.2 Bedeutung der mental-kulturellen Unternehmensidentität

**Kündigung** besondere Schwierigkeiten. Der innerlich gekündigte Mitarbeiter verläßt das Unternehmen nicht, sondern reduziert sein Engagement und beschränkt seine Leistung auf ein Mindestmaß, gerade soviel, daß er nicht negativ auffällt (z.B. „Dienst nach Vorschrift").

Die dabei entstehenden Kosten werden in keiner Kostenrechnung unmittelbar erfaßt. Schätzungen sprechen jedoch auch hier von Beträgen in Milliardenhöhe. Man geht davon aus, daß in Unternehmen mit einer sehr schlechten Führungskultur bis zu 35% der Belegschaft innerlich gekündigt haben. Besorgniserregend ist dabei vor allem die Tatsache, daß zunehmend auch das mittlere und das obere Management davon betroffen sind.

Unabhängig davon geht die sehr heftig geführte Diskussion über Fehlzeiten und innere Kündigung an der eigentlichen Problematik vorbei. Die Fehlzeiten als solche sind nämlich nur das Symptom, nicht aber die Ursache des Problems.

Oft ist man geneigt, die Probleme direkt zu lösen, ohne sich vorher zu vergewissern, ob das auftretende Problem eigentlich ein Symptom oder tatsächlich die Ursache dieser Störung ist. Verbesserungsmaßnahmen, die auf **Symptome** gerichtet sind, können jedoch keinen (anhaltenden) Erfolg haben, da die **Ursache** („Infektion") unverändert vorhanden ist. Meiner Erfahrung nach liegen auf einer Symptomkette durchschnittlich drei bis fünf Symptome, bevor man auf die wahre Ursache stößt.

Im betrieblichen Arbeitsalltag lassen sich neben Fehlzeiten und innerer Kündigung noch zahlreiche kulturbedingte Effizienzengpässe aufzeigen, die auf Defizite in der mental-kulturellen Identität des Unternehmens zurückzuführen sind und in die Kategorie der Symptome fallen.

Typisches Phänomen: Gleichzeitig werden parallel verschiedene Maßnahmenprogramme gestartet (TQM, Gemeinkostenwertanalyse, Lean-Management, Spartenorganisation etc.), alle mit demselben Ziel, die Ergebnissituation zu verbessern und in der Hoffnung, daß wenigstens eines zum Ziel führt. Oft sind dann auch noch in den meisten Programmen dieselben Führungskräfte tätig. Es ist nur eine Frage der Zeit, bis sich die Aktivitäten gegenseitig paralysieren.

Erstaunlich ist auch, daß das Top-Management der Unternehmen, die alle zwei Jahre eine Gemeinkostenwertanalyse (GWA) exerzieren, sich nicht die Frage stellt, was die Ursache des Symptoms ist? Häufig kommen dann Aussagen: „sonst setzen wir sofort wieder Speck an, man kann den Mitarbeitern selten vertrauen, die dürfen nicht zur Ruhe kommen" etc. Analoges gilt für Qualität. Warum stellen viele Menschen an Qualität zu Hause höhere Anforderungen als im Unternehmen?

Diese negativen Glaubenssätze sind der Kern der Trübung; diese verhindert, nach den echten Ursachen zu forschen. Denn sonst wäre die einfache

## 3. Wettbewerbsvorsprung durch mental-kulturelle Unternehmensidentität

Abb. 14: Typische Engpaßsymptome im Unternehmen
(keine Rangfolge)

1. Zu hohe Gemeinkosten durch Ineffizienz
2. Schlechte Qualität
3. Hohe Fehlzeiten
4. Hoher Grad innerer Kündigung bei Mitarbeitern
5. Geringes Engagement (freizeitorientierte Schonhaltung)
6. Leiden unter Zeitdruck, Streß
7. Schnittstellenkonflikte
8. übertriebener Ressortegoismus
9. Dienst nach Vorschrift
10. Widerstand gegen Neues/Veränderungen
11. Keine Zeit für (mich und andere) Mitarbeiter, Kollegen/Vorgesetzte ...
12. Schuldige suchen bei Fehlern (Fehler-Schuld-Strafe-Kultur)
13. Hoher Zeitanteil Mikropolitik (30 - 40 % der Arbeitszeit)
14. Unterschiede der Lebenswelten Privat - Beruf konkurrierend
15. Massive Vorurteile gegen jeden und alles
16. Präferenz von Kollisionsverhaltensweisen statt Integrationsvisionen
17. Hohe Anzahl psychosomatisch kranker Mitarbeiter
18. Sinnkrisen (Individuelle Arbeits- und Organisationswelt)
19. Wettbewerbsfähigkeit (international) angeschlagen
20. Lernfähigkeit gering, sinkend
21. Übertriebener Freizeittrieb, Konsumverhalten (Lebensqualität sinkt)
22. Respektloses Verhalten gegenüber sich und anderen (Werte, Gefühle, Glauben)
23. Mängel im Umgang mit komplexen Problemen
24. Schwächen-Orientierung im Umgang mit sich und anderen (statt Stärken-Orientierung)
25. Zweifel (an sich selbst und anderen) verdrängen Zuversicht
26. Ängste werden stärker durch zunehmende Orientierungslosigkeit
27. Trübung in der Wahrnehmung der Realität (Flucht vor der Wirklichkeit)
28. Ethische Verantwortung sinkt, wird zum akademischen Rinnsal
29. Geringe Realisierungserfolge bei Zielen/Strategien/Reorganisation
30. Planungs- und Konzeptionsfehler häufen sich
31. Informationswesen wird taktisch genutzt (Macht)
32. Rigides Hierarchiedenken (Statusdenken)
33. Übertriebene(r) Anzahl/Umfang von Aktennotizen, Bürokratie
34. Blinder Aktionismus
35. Ausbau von Regeln/Richtlinien, statt von "Geist"
36. Lange Produktentwicklungszeiten
37. Stagnierende Weiterbildung
38. Fehlende Selbststeuerungsfähigkeit
39. Lange Rüst- und Leerzeiten
40. Lange Durchlaufzeiten

## 3.2 Bedeutung der mental-kulturellen Unternehmensidentität

Abb. 15: Zusammenhang zwischen mental-kultureller Unternehmensidentität und Unternehmenserfolg

| | **Ursachen** |
|---|---|
| | Keine bzw. zu geringe Identifikation, bedingt durch Defizite bei: |
| **Ursachenebene** (unsichtbar) | * Vertrauen (geg. Vorgesetzten, dem Management, SWG ...) <br> * Autonomie (Fehler bei Delegation, Menschenbilder ...) <br> * Initiative usw. |

| | **Symptome** |
|---|---|
| **Symptomebene** (sichtbar) | * Hohe Fehlzeiten (ohne tatsächl. Krankheitsfall) <br> * Schlechte Qualität (hoher Ausschußanteil) <br> * Geringes Engagement (freizeitorientierte Schonhaltung) <br> * Hohe Gemeinkosten (durch Ineffizienz) <br> * Passivität statt Aktivität (Sicherheitsdenken, Bürokratie) <br> * Ressortegoismus (Abteilungsdenken) <br> * Reorganisationen mißlingen <br> * Strategien versanden |

| | **Kennzahlen für den Unternehmenserfolg** | |
|---|---|---|
| **Ebene der Kennzahlen für den Unternehmenserfolg** (sichtbar) | * Arbeitsproduktivität <br> * Absatz <br> * Umsatz <br> * Kosten | * Betriebsergebnis <br> * Cash-flow <br> * Rendite <br> * Durchlaufzeiten |
| | etc. | |

Diagnose: Entweder wir haben unfähige, verantwortungslose Führungskräfte in unserem Unternehmen oder Saboteure, die absichtlich die Gemeinkosten hochtreiben! Welch beunruhigendes Menschenbild!

Die Praxis zeigt, daß es relativ wenig erfolgversprechend ist, an Symptomen zu kurieren. Nur die Suche nach den Ursachen und deren Behebung fördern die Entwicklung und lösen die Probleme an der Wurzel. Dennoch konzentrieren sich die Führungskräfte häufig auf die Symptome, die von Anzahl und Häufigkeit die Ursachen oft bei weitem übersteigen. Die Ursachen liegen auf einer meist verdeckten, unsichtbaren Ebene, die über der Symptomebene angesiedelt ist.

Auf der Ursachenebene werden die wahren Probleme im betrieblichen Alltag ersichtlich. Dies können Defizite im Führungsstil sein (z.B. verletzende Kritik, Abwertungen etc.), ein negatives Vertrauensverhältnis zwischen Vorgesetztem und Mitarbeiter (z.B. fehlende Ehrlichkeit, unzureichende Information), fehlende Anerkennung (materiell und/oder immateriell) sowie Sinndefizite oder auch die Unvereinbarkeit der eigenen persönlichen Identität mit der des Unternehmens (z.B. bei Fragen des praktizierten Umweltschutzes).

Alle diese Beispiele sind Determinanten für die mental-kulturelle Identität eines Unternehmens. Das im nächsten Kapitel vorgestellte Diagnoseinstrumentarium ermöglicht es, diese Ursachen präzise im Unternehmen und vor allem in den einzelnen Unternehmensbereichen (Abteilungen) zu identifizieren, und es liefert somit gezielt wertvolle Ansatzpunkte zur Behebung der ursächlichen Effizienzengpässe. Darüber hinaus ist damit die Entwicklung einer Genesungsstrategie für das Unternehmen möglich.

# 4. Die Diagnoseinstrumente der mental-kulturellen Identität von Unternehmen

Das vom Autor entwickelte Instrumentarium diagnostiziert den Reifegrad der mental-kulturellen Unternehmensidentität sowohl auf der Symptom- als auch auf der Ursachenebene und liefert Ansatzpunkte zu deren Beeinflussung.

Das Modell beinhaltet drei unterschiedliche, in sich vernetzte Diagnoseansätze:

4.1 Die mental-kulturelle Entwicklungsspirale von Unternehmen
4.2 Das Modell der „systemischen Basiskulturen"
4.3 Das Unternehmens-Struktogramm

Diese drei Ansätze sind notwendig, damit einerseits die Einflußfaktoren des Gesamtsystems, andererseits aber auch die individuellen Faktoren der einzelnen Mitglieder im Unternehmen identifiziert und berücksichtigt werden können.

## 4.1 Die Entwicklungsspirale der mental-kulturellen Identität von Unternehmen

### 4.1.1 Das Modell im Überblick

Führungskräfte sind häufig damit konfrontiert, daß trotz des Einsatzes moderner Managementmethoden gesteckte Ziele letztendlich nicht in vollem Umfang erreicht werden. Häufig werden dazu viele einzelne Erklärungsmodelle (wie z.B. Motivation, Führungsstil, Unternehmenskultur, Identifikation etc.) angeführt, die aber in keinen unmittelbaren, wechselseitigen Bezug zueinander gestellt werden.

Hinter diesen komplexen, in sich vernetzten Problemstellungen steht die Frage nach der Identifikation. Mental-kulturelle Identifikation setzt nun eine klare und aktive mental-kulturelle Unternehmens- (oder auch Bereichs-) Identität voraus, die die positive Möglichkeit für eine derartige Identifikation bietet, d.h. der Grad der Identifikation der Mitarbeiter korreliert direkt mit der Attraktivität und dem Reifegrad der kulturellen Identität des Unternehmens und seiner Teile.

Dieser Ansatz beruht auf dem Axiom, daß ein Unternehmen im Laufe seiner „mental-kulturellen Entwicklung" verschiedene Stufen durchläuft, die aufeinander aufbauen. Nur wenn eine Stufe gut entwickelt wurde, kann die nächste Stufe voll zum Tragen kommen. Wird eine Entwicklungsstufe nicht angemessen gestaltet, treten entsprechende Effizienzengpässe auf, die sich auf der Symptomebene (vgl. vorheriges Kapitel) offen niederschlagen. Der Kardinalfehler beim Management besteht aber meistens darin, die Symptome und nicht etwa die dafür verantwortlichen Ursachen zu beseitigen.

Das in Abbildung 16 wiedergegebene Modell zeigt die für die vielfältigsten Symptome verantwortlichen Ursachen in den acht Dimensionen/Entwicklungsstufen der mental-kulturellen Unternehmensidentität.

Vergleichbar mit einer Art Spirale schraubt sich die mental-kulturelle Unternehmensidentität von innen nach außen auf ein immer höheres Entwicklungsniveau. Als Ergebnis der Untersuchung erhält man ein genaues Abbild der Ausprägung der Unternehmensidentität in den acht Dimensionen (die unter Punkt 4.1.3. ausführlich beschrieben werden). Hieraus läßt sich zuverlässig bestimmen, wo und in welchem Ausmaß Handlungsbedarf besteht.

Am Anfang und im Mittelpunkt dieses mental-kulturellen Entwicklungsprozesses der Identität steht das gegenseitige **Vertrauen**, quasi eine Art Urvertrauen, das die Mitarbeiter dem Unternehmen und seinen Funktionsträgern entgegenbringen. Spielentscheidend ist hier, wie die Mitarbeiter das Vertrauen erleben, das ihnen z.B. vom Unternehmen entgegengebracht wird, oder wie Kollegen untereinander mit Vertrauen umgehen.

Mitarbeiter empfinden ihnen entgegengebrachtes Mißtrauen in der Regel als starke Abwertung bzw. Verletzung ihrer eigenen Persönlichkeit. Resignation, innerer Rückzug, Rechtfertigung oder auch Gegenangriffe sind entsprechende Reaktionsweisen.

Eine stabile Vertrauensbasis würde auch bedeuten, daß jede wichtige Information, sei sie positiv oder negativ, im Unternehmen offen ausgesprochen und weitergegeben werden darf. Die Frage ist nun: Liegt eher eine Vertrauens- oder eine Mißtrauenskultur vor? Wie wird mit Informationen umgegangen? Wird offen und ehrlich kommuniziert, oder werden (offizielle) Informationen nur bezüglich unverfänglicher und meist positiver Tatbestände ausgegeben (d.h. eine „Kultur der positiven Botschaft")? Wer darf mit wem nicht offen kommunizieren?

**Achtung:** Jede unklare oder als vorhanden vermutete Information führt in 80 % der Fälle zu Negativinterpretationen bzw. Negativ-Fantasien!

Für den Fall, daß ein Mitarbeiter schon einmal negative Erfahrungen damit gemacht hat, daß anderen entgegengebrachtes Vertrauen nicht in entsprechender Weise gewürdigt und angemessen behandelt wurde, wird er beginnen, sich gegen alles und jeden abzusichern. Ein Übermaß an

## 4.1 Die Entwicklungsspirale der mental-kulturellen Identität

Abb. 16: Die Entwicklungsspirale der mental-kulturellen Identität von Unternehmen

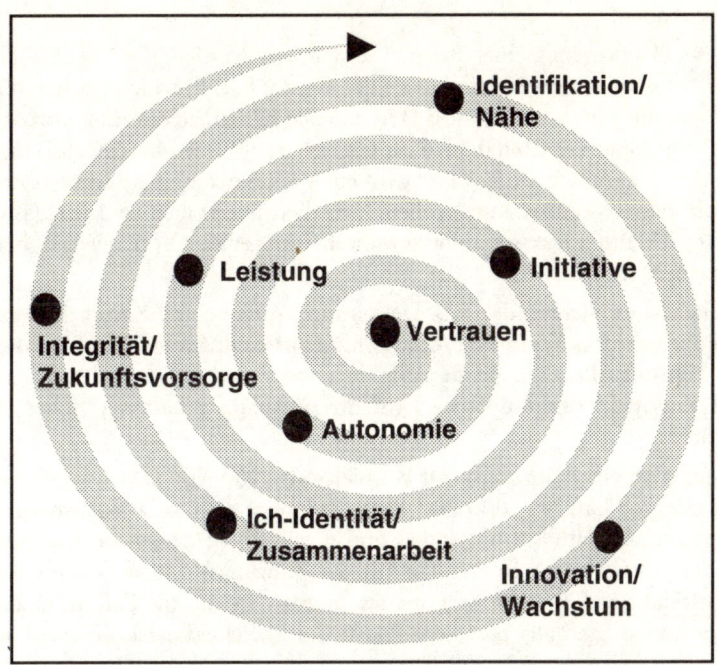

Bürokratie ist ein eindeutiges Symptom für eine solche Absicherungskultur.

Damit im Unternehmen überhaupt eine stabile Vertrauensbasis entstehen kann, bedarf es der Einhaltung einiger „Spielregeln". Es handelt sich bei der Vertrauensbildung um einen Prozeß, der durch den gegenseitigen Austausch von Vertrauenswürdigkeit gekennzeichnet ist. Menschen erwarten in der Regel, daß auf eine von ihnen gezeigte Verhaltensweise mit gleichwertigem Verhalten reagiert wird. Dies bedingt aber, daß jeweils eine Person eine Art Vorleistung an Vertrauen erbringen muß. Das Verhalten der anderen Person entscheidet darüber, ob der Prozeß fortgeführt wird oder nicht. Wird das erwartete Verhalten massiv enttäuscht, kann es zu schweren Vertrauenskrisen kommen, die sich in radikalen und absoluten Glaubenssätzen manifestieren können (z.B. „Vertrauen ist gut, Kontrolle ist besser!", „man wird doch immer wieder betrogen, man kann sich hier doch auf keinen verlassen, wenn es darauf ankommt" etc.).

Ist das Ergebnis hier eine Mißtrauenskultur, gibt es kaum eine Chance für eine gesunde und erfolgreiche Entwicklung des Unternehmens. Die Mißtrauenskultur wäre dann der zentrale Erfolgsengpaß.

Nur wenn sich das Vertrauen im Unternehmen ausreichend entwickelt hat, wird es möglich, die nächste Stufe der **Autonomie** ohne Restriktion aufzubauen.

Dies soll an einem kleinen Beispiel verdeutlicht werden. Ein Mitarbeiter, der bei seinem Vorgesetzten nicht das Gefühl hat, daß dieser offen und ehrlich mit ihm umgeht, wird Hemmungen haben, eigenverantwortlich – also autonom – zu handeln, da er negative Sanktionen für den Fall eines Fehlers befürchtet. Umgekehrt wird ein Vorgesetzter einem Mitarbeiter auch keine verantwortungsvollen Aufgaben übertragen und die dafür nötigen Handlungsspielräume gewähren, wenn er kein Vertrauen zu eben diesem Mitarbeiter hat.

Daher ist es wichtig, daß z.B. Delegation, Aufgabe und Entscheidungskompetenz deckungsgleich (d.h. kongruent) sind. In der Regel werden im Führungsalltag jedoch nur Aufgaben und Verantwortung übertragen, die Entscheidungskompetenz wird oft zu knapp gehalten („sicher ist sicher").

Wenn also eine Führungskraft beispielsweise 100 Mio DM Umsatzverantwortung hat, bei 1000-DM-Entscheidungen aber zum Vorsitzenden der Geschäftsleitung muß, ist dies zum einen kein Vertrauensbeweis, zum anderen wird das Selbstverständnis der Führungskraft im Sinne eines selbständigen Unternehmers massiv gestört. In diesem Fall wäre die Autonomie ebenfalls nicht erfüllt, da die Entscheidungskompetenz in keinem (angemessenen) Verhältnis zur Aufgabe und der damit verbundenen Verantwortung steht.

Ähnliches gilt auch im Zusammenhang mit dem Zeichnungsrecht. Welche Motivation wird ein Mitarbeiter vermutlich haben, der seine Briefe nicht einmal selbst unterschreiben darf?

Dies hat unweigerlich zur Folge, daß ein Mitarbeiter wenig oder auch gar keine **Initiative** im Unternehmen zeigen wird. Die Geringschätzung seiner Fähigkeiten und/oder seiner Person wird bei ihm wenig Bereitschaft erzeugen, sich für das Unternehmen voll zu engagieren. Passivität, Abwarten statt Handeln, Frust und Minderwertigkeitsgefühle über die eigene Person stellen sich ein, wenn der Mitarbeiter bei sich und anderen erlebt, daß sich Initiative nicht lohnt.

Die Gefahr ist groß, daß sich Mitarbeiter bei anderen Gelegenheiten das holen, was sie für sich als angemessen empfinden und vermissen. Die zentrale Frage lautet in diesem Zusammenhang, ob Initiative im Unternehmen honoriert (nicht nur materiell!) wird oder nicht.

Erzeugt sie bei Kollegen Bewunderung und Anerkennung oder eher Neid und Unverständnis? Wird man an die eigenen Grenzen, die in der Stellenbeschreibung definiert sind, mahnend bzw. kritisch erinnert („Wie konnten Sie sich das anmaßen?"). Falls Initiative nicht entsprechend gewürdigt wird, ist häufig zu beobachten, daß Mitarbeiter ihr Engagement auf das „Nötigste" reduzieren, gerade soweit, daß man nicht unangenehm auffällt (z.B. „Dienst nach Vorschrift").

Somit wird deutlich, daß dann auch die nächste Entwicklungsstufe, die **Leistung,** unmittelbar betroffen ist. Mitarbeiter, die aus ihren Erfolgserlebnissen ein gesundes Selbstwertgefühl entwickeln können, sind vor allem fähig, gute Leistungen zu erbringen, und dies bei einem Gefühl hoher Lebensqualität am Arbeitsplatz. Dabei ist es unabdingbar, daß gute Leistungen entsprechend anerkannt werden und Kritik nicht verletzend wirkt. Letzteres ist vor allem in einer Art Fehlerkultur zu beobachten, wo im Falle eines Fehlers sofort der oder die „Schuldigen" ausfindig gemacht und entsprechend bestraft werden (also: Fehler → Schuld → Strafe).

Da nur wenige Menschen Lust auf Strafe verspüren, werden sie versuchen, die Schuld anderen zu geben oder den Fehler zu verheimlichen. Eine Fehlerbehebung findet jedenfalls kaum statt. Fehler werden in Form eines (leider oftmals öffentlichen) Tribunals behandelt. Ziel ist es aber, Fehler als Chance für den eigenen Lern- und Veränderungsbedarf zu begreifen (neue Kultur: Fehler → Diagnose → Lernen). Wie müssen Führung und Zusammenarbeit gestaltet werden, daß Fehlerbehebung und Lernen Lust erzeugen?

Wenn auf den ersten vier Stufen der mental-kulturellen Unternehmensidentität (also Vertrauen, Autonomie, Initiative und Leistung) Defizite auftreten, schlägt sich das unmittelbar auf der Symptomebene nieder, wie sie in Kapitel 3.2 beschrieben wird. Dies hat dann beispielsweise zur Folge, daß durch den rapiden Anstieg privater Telefongespräche oder auch den übermäßigen, oft privaten Verbrauch von Büromaterial, durch Doppelarbeit, ineffiziente Abläufe unter anderem die Gemeinkosten drastisch ansteigen und Reibungsverluste an den Schnittstellen zwischen Abteilungen auftreten.

Im extremsten Fall ist die Entwicklung in Richtung einer „Sabotage-Kultur" festzustellen. Aus der Kränkung über fehlende Zuwendung oder auch ungerechte Behandlung im Unternehmen (z.B. Übergehen bei Beförderungen) beginnen Mitarbeiter damit, das Unternehmen konsequent zu schädigen (z.B. Fehlzeiten, Negaholismus, Tendenz, alles und jeden schlecht zu sehen, Diebstahl, Betrug).

Gerade im Falle des Diebstahls wird deutlich, daß Maßnahmen auf der Verhaltens- (also Symptom-) Ebene keinerlei Aussicht auf Erfolg haben. Im Gegenteil: Ausgeklügelte Sicherheitssysteme fordern lediglich die Kreativität dieser Mitarbeiter heraus, aber auf der mentalen Ebene der Einstellung wird sich nichts verändern.

Im nächsten Schritt steht die Frage nach der **Ich-Identität/Zusammenarbeit**

## 4. Die Diagnoseinstrumente der mental-kulturellen Identität

der einzelnen Person im Vordergrund, d.h. die Klarheit über die eigene funktionale und soziale Rolle und die der anderen. Nur wenn bewußt wird, daß Selbstbild („Wer bin ich in diesem Unternehmen?" bzw. auch „Wer will ich in diesem Unternehmen sein?") und Fremdbild („Wie sehen mich die anderen?") weitgehend übereinstimmen, wird Sicherheit über die eigene Rolle/Position im Unternehmen entstehen (d.h. Selbstbewußtsein entwickelt sich), und man verliert die Angst, als Außenseiter zu gelten oder von den anderen mehr oder weniger abgelehnt zu werden.

Für die Ausprägung und Entwicklung der Ich-Identität ist permanentes, respektvolles Feedback über die eigene Persönlichkeit, die Arbeit und die Zielsetzung sowie den Umgang mit anderen notwendig. Respektvolles Feedback ist die Grundvoraussetzung für Lernen. Dies ermöglicht einen konstruktiven Umgang mit Konflikten aus einer Gewinner-Gewinner-Position heraus und ist somit bestimmend für die Art und Weise der Zusammenarbeit. Leider erfolgt bei den meisten Führungskräften – wenn überhaupt – ein ehrliches, offenes Feedback lediglich im positiven Kontext. Sehr viel problematischer wird es, wenn es darum geht, kritische Aspekte anzubringen, die es zu verändern gilt. Diese Aspekte werden oft nicht klar herausgestellt in der Absicht, die Beziehung zum Mitarbeiter nicht aufs Spiel zu setzen oder sich Ärger zu ersparen etc. Gerade hier zeigt sich die Qualität einer guten Führungskraft. Bekommt der Mitarbeiter kein ehrliches Feedback, erhält er auch keinen Ansatzpunkt zum eigenen Lernen. Gelingt es dem Mitarbeiter, Verständnis für die Sichtweise und Rolle der anderen im Unternehmen aufzubringen, werden die Symptome „Ressortegoismus", „rigides Hierarchiedenken" und „Schnittstellenkonflikte" an Bedeutung verlieren.

Dieses positive Bewußtsein über die eigene Ich-Identität ermöglicht es erst, enge Beziehungen zu Mitarbeitern, Vorgesetzten, Kollegen und dem Unternehmen als Ganzem aufzubauen. In diesem Stadium wird entschieden, inwieweit sich **Identifikation/Nähe** bei den Mitarbeitern ausprägt, d.h. welche emotionale Bindung die Mitarbeiter zum Unternehmen entwickeln, wie sie mit Konflikten und Barrieren umgehen und wie groß ihre Identifikation mit dem Unternehmen ist. Am auffälligsten äußert sich das darin, inwieweit Mitarbeiter bereit sind, in bestimmten Situationen ihre eigenen Interessen hinter die des Unternehmens zu stellen (z.B. bei Überstunden), oder auch in der Art und Weise, wie Mitarbeiter gegenüber Kunden und Fremden voller Stolz von **ihrem** Unternehmen sprechen. Ein klares Bewußtsein über die eigene Identität und die des Unternehmens ist Voraussetzung für die Identifikation der Mitarbeiter.

Die Identifikation mit dem Unternehmen ist wiederum der Schlüssel für **Innovation/Wachstum.** Mitarbeiter mit einer hohen Identifikation und Motivation engagieren sich mit Leidenschaft vor allem für die qualitative Entwicklung ihres Unternehmens.

## 4.1 Die Entwicklungsspirale der mental-kulturellen Identität

Erst jetzt haben sie richtiges Interesse, im Unternehmen zu wachsen und z.B. Führungskräfteentwicklung aktiv mitzutragen, weil sie darin eine Chance für die eigene Entwicklung erkennen. Für sie steht im Vordergrund, welche Chancen sich aus Neuem ergeben und wie man auch mit Barrieren erfolgreich umgehen kann. Wachstum und Investition werden als permanente, positive Herausforderung empfunden und nicht als Bedrohung.

Am Ende des Prozesses steht die **Integrität**[*]**/Zukunftsvorsorge**. Diese Phase entspricht gewissermaßen einer Kumulation der vorhergehenden Entwicklungsstufen, die alle darauf abzielen, der Entwicklung der Unternehmensidentität Kontinuität zu verleihen. Hier zeigt sich, ob die Führungskräfte sichergestellt haben, der nachfolgenden Generation ein gesundes Unternehmen zu übergeben.

In diesem Stadium kommt zum Ausdruck, wie stabil das Gebäude der mental-kulturellen Unternehmensidentität ist und wie lange es tragen wird. Entscheidend für die Glaubwürdigkeit und Stabilität der mental-kulturellen Identität ist, wie die Mitarbeiter das konsistente „Vorleben der Kultur" und der damit verbundenen Werte durch die Führungskräfte, vor allem aber auch durch die Geschäftsleitung (Integrität), erleben.

Die Krisenfestigkeit ist somit abhängig von der Qualität der erreichten, gelebten Führungskultur und der Gültigkeit und Nachvollziehbarkeit des Wertesystems, der Unternehmensmission und der gemeinsamen Vision. Hier zeigt sich, welche Professionalität und Reife ein Unternehmen verkörpert.

Der **Ausprägungsgrad aller acht Dimensionen** der mental-kulturellen Identität von Unternehmen ist präzise durch ein Testverfahren darstellbar, das vom Autor entwickelt und wiederholt mit großem Erfolg bei Kunden eingesetzt wurde (**MKI-Test**).

Anmerkung:

Natürlich gibt es auch einen materiell-orientierten Teil der Unternehmensidentität, der durch Produkte, Technologieeinsatz, Know-how etc. geprägt wird. Da der mental-kulturell-orientierte Teil komplexer, intransparenter und langfristig entscheidend ist für den Unternehmenserfolg bzw. für die Krisenstabilität, steht dieser jedoch hier im Vordergrund. Außerdem ist der materiell-orientierte Identitätsteil in der Regel leichter identifizierbar und korrigierbar.

---

[*] Unter Integrität wird hier verstanden, daß eine Führungskraft über einen kontinuierlichen Prozeß der Persönlichkeitsentwicklung zu einem werte-konsistenten, für andere nachvollziehbaren verantwortungsvollen Vorbildverhalten kommt und in der tagtäglichen Führung für das vereinbarte Wertesystem sichtbar eintritt.

### 4.1.2 Beispiel für den Reifegrad der mental-kulturellen Identität eines Unternehmens

Als Ergebnis des Mental-Kulturellen-Identitäts (MKI-)Tests erhält man ein genaues Abbild der Ausprägung der mental-kulturellen Unternehmensidentität in den acht beschriebenen Dimensionen. Hieraus läßt sich exakt bestimmen, wo und in welchem Ausmaß Handlungsbedarf besteht.

Bei der Behebung der jeweiligen Engpässe einer Dimension (z.b. Initiative) ist es wichtig, nicht nur die einzelnen Facetten der spezifischen Dimension bzw. die einzelnen Themen näher zu untersuchen (z.b. Einsatzbereitschaft, Legitimation bei Initiative, Anerkennung von Initiative, Einfluß von Bürokratie etc.), sondern auch zu berücksichtigen, inwieweit Defizite der vorgelagerten Dimension (also Vertrauen und Autonomie) dafür ursächlich sind. Nur so ist es möglich, von den verschiedenen Symptomen (z.B. Initiative: mangelnde Einsatzbereitschaft in Verbindung mit Autonomie, erhöhte Kontrollmechanismen) zu den eigentlichen Ursachen (z.b. Defizite bei Vertrauen: Glaubenssätze des Vorgesetzten über Mitarbeiter) zu kommen.

Die Werte der einzelnen Dimensionen lassen sich für beliebige Teilmengen (z.b. verschiedene Standorte, einzelne Organisationseinheiten etc.) bestimmen. Darüber hinaus werden einzelne Items des Diagnosefragebogens differenziert ausgewertet und zeigen Ansätze für direkte Interventionsmöglichkeiten auf.

Die Differenzierung nach einzelnen Organisationseinheiten oder Arbeitsfamilien hat sich als sehr nützlich erwiesen, da somit auf die in der jeweiligen Subkultur herrschenden Probleme und Effizienzengpässe gezielt eingegangen werden kann.

Aus den erhobenen Daten lassen sich sogar pro Unternehmensbereich bzw. Organisationseinheit und Führungsebene (z.B. Gruppenleiter, Abteilungsleiter, Hauptabteilungsleiter etc.) differenzierte Fremdbilder erstellen (d.h. Feedback durch die jeweils direkt unterstellten Mitarbeiter).

Ein solches Feedback könnte dann gegebenenfalls bei einer Teamentwicklung dieser Organisationseinheit oder auch beim Coaching Verwendung finden, abgesehen davon, daß es dem Vorgesetzten wertvolle Hinweise für seine Führung gibt.

Sehr aufschlußreich ist meist auch das Feedback an das Top-Management. Hier wird aus Sicht der Mitarbeiter deutlich, inwieweit das Wertesystem des Unternehmens mit den eigenen Wertvorstellungen harmoniert, ob das Management grundsätzlich als vertrauensvoll und professionell eingeschätzt wird bzw. wie die Kompetenz hinsichtlich der Veränderungsprozesse eingestuft wird.

4.1 Die Entwicklungsspirale der mental-kulturellen Identität 55

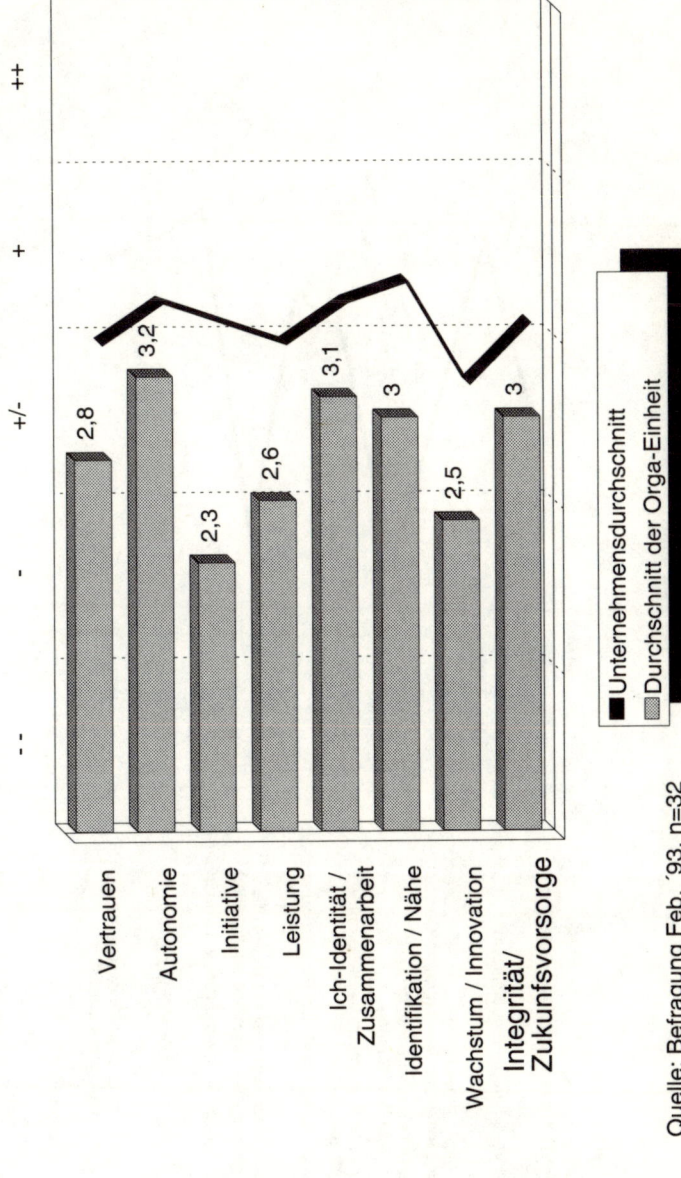

Abb.17: Beispiel für die Ausprägung der mental-kulturellen Unternehmensidentität (Ergebnis des MKI-Tests)

56    4. *Die Diagnoseinstrumente der mental-kulturellen Identität*

*Abb.18*: Beispiel für das Feedback an den direkten Vorgesetzten

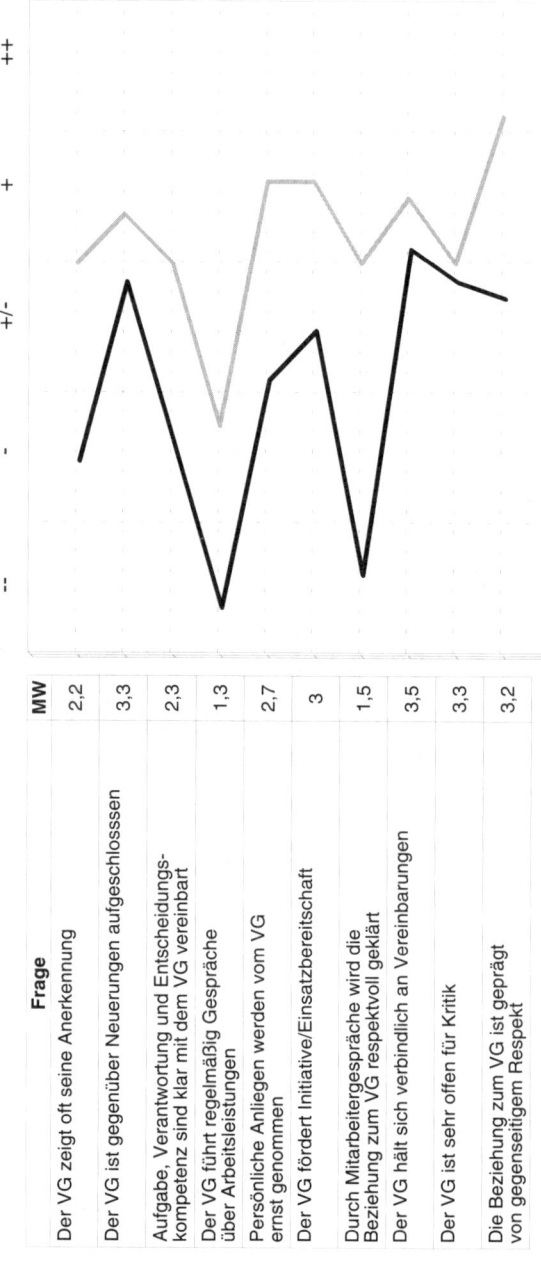

| Frage | MW |
|---|---|
| Der VG zeigt oft seine Anerkennung | 2,2 |
| Der VG ist gegenüber Neuerungen aufgeschlossen | 3,3 |
| Aufgabe, Verantwortung und Entscheidungskompetenz sind klar mit dem VG vereinbart | 2,3 |
| Der VG führt regelmäßig Gespräche über Arbeitsleistungen | 1,3 |
| Persönliche Anliegen werden vom VG ernst genommen | 2,7 |
| Der VG fördert Initiative/Einsatzbereitschaft | 3 |
| Durch Mitarbeitergespräche wird die Beziehung zum VG respektvoll geklärt | 1,5 |
| Der VG hält sich verbindlich an Vereinbarungen | 3,5 |
| Der VG ist sehr offen für Kritik | 3,3 |
| Die Beziehung zum VG ist geprägt von gegenseitigem Respekt | 3,2 |

MW = Mittelwert

Quelle: Befragung Feb. '93, n=6

## 4.1 Die Entwicklungsspirale der mental-kulturellen Identität

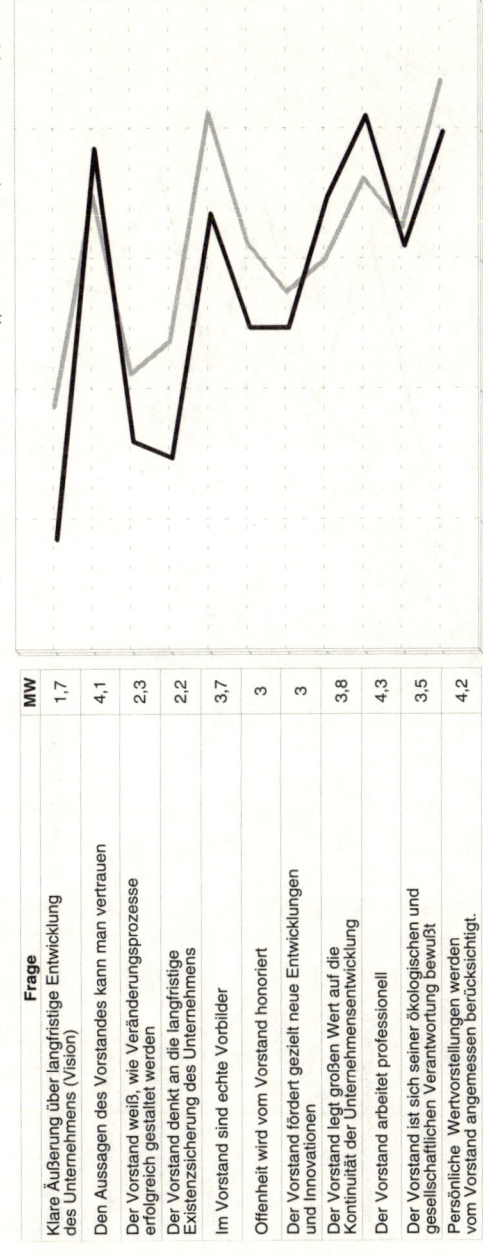

Abb. 19: Beispiel für das Feedback an den Vorstand

| Frage | MW |
|---|---|
| Klare Äußerung über langfristige Entwicklung des Unternehmens (Vision) | 1,7 |
| Den Aussagen des Vorstandes kann man vertrauen | 4,1 |
| Der Vorstand weiß, wie Veränderungsprozesse erfolgreich gestaltet werden | 2,3 |
| Der Vorstand denkt an die langfristige Existenzsicherung des Unternehmens | 2,2 |
| Im Vorstand sind echte Vorbilder | 3,7 |
| Offenheit wird vom Vorstand honoriert | 3 |
| Der Vorstand fördert gezielt neue Entwicklungen und Innovationen | 3 |
| Der Vorstand legt großen Wert auf die Kontinuität der Unternehmensentwicklung | 3,8 |
| Der Vorstand arbeitet professionell | 4,3 |
| Der Vorstand ist sich seiner ökologischen und gesellschaftlichen Verantwortung bewußt | 3,5 |
| Persönliche Wertvorstellungen werden vom Vorstand angemessen berücksichtigt. | 4,2 |

MW = Mittelwert
Quelle: Befragung Feb. 93, n = 234

58   4. Die Diagnoseinstrumente der mental-kulturellen Identität

Abb.20: Beispiel für ein Fremdbild der Organisationseinheit X

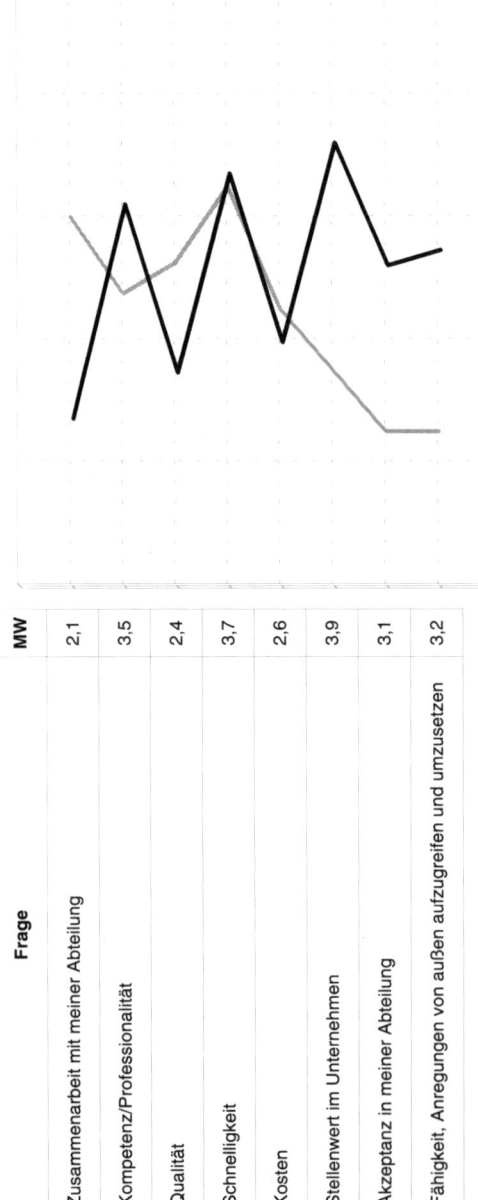

| Frage | MW |
|---|---|
| Zusammenarbeit mit meiner Abteilung | 2,1 |
| Kompetenz/Professionalität | 3,5 |
| Qualität | 2,4 |
| Schnelligkeit | 3,7 |
| Kosten | 2,6 |
| Stellenwert im Unternehmen | 3,9 |
| Akzeptanz in meiner Abteilung | 3,1 |
| Fähigkeit, Anregungen von außen aufzugreifen und umzusetzen | 3,2 |

—— Durchschnitt der Orga-Einheit (MW)
—— Unternehmensdurchschnitt

MW = Mittelwert

Quelle: Befragung Feb. '93, n=32

## 4.1 Die Entwicklungsspirale der mental-kulturellen Identität

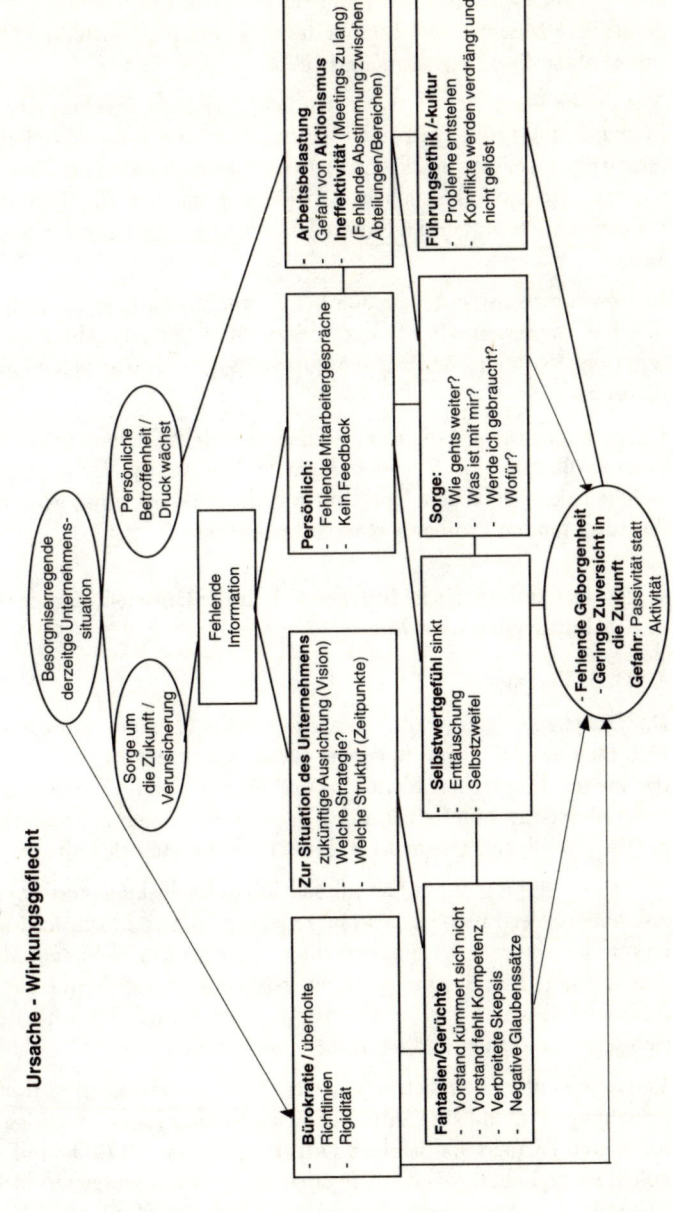

Abb. 21: Beispiel für ein Ursache-Wirkungsgeflecht

Von entscheidender Bedeutung ist weiterhin die Einschätzung der Qualität der wechselseitigen Zusammenarbeit. Diese Bewertung wird von all denjenigen Mitarbeitern durchgeführt, die mit der beurteilten Organisationseinheit direkt zusammenarbeiten.

Aus dieser Einschätzung wird deutlich, zwischen welchen Abteilungen Engpässe und Probleme bei der wechselseitigen Zusammenarbeit auftreten. In einer Teamentwicklung kann im Anschluß daran im Detail geklärt werden, welche inhaltlichen Aspekte für die jeweilige Einschätzung verantwortlich sind und wie diese Situation nachhaltig verbessert werden kann.

Interessanterweise ergeben sich bei deutlich negativen Ergebnissen der „harten" Kriterien wie z.B. der Einschätzung der erbrachten Leistungen sehr hohe Korrelationen mit den Ausprägungen der jeweiligen kulturellen Identität.

Um zu wirksamen Maßnahmen auf Unternehmensebene zu gelangen, ist es sinnvoll, zunächst in einem Ursache-Wirkungsgeflecht aufzuzeigen, welche Faktoren welche Reaktionen bedingen. Nur somit ist es möglich, die auftretenden Probleme effektiv anzugehen.

### 4.1.3 Psychologischer Hintergrund für die Dimensionen der mental-kulturellen Identität

#### 4.1.3.1 Vertrauen

Das Bestehen von Vertrauen ist der Eckpfeiler eines gesunden und vitalen Unternehmens und der Ausgangspunkt des Prozesses zur Entwicklung der mental-kulturellen Identität von Unternehmen. Ohne gegenseitiges Vertrauen ist es unmöglich, dauerhafte Beziehungen zu entwickeln, die für die jeweiligen Personen von großer emotionaler Bedeutung sind.

Vertrauen ist das wohlige Gefühl, sich auf sich selbst und andere verlassen zu können. Vertrauen hat also sehr viel mit Sicherheit zu tun. Menschen empfinden ihnen entgegengebrachtes Vertrauen in der Regel als starke Aufwertung bzw. Stärkung ihrer Persönlichkeit. Oft ist die Erfahrung, daß man selbst als vertrauenswürdig angesehen wird, der Schlüssel dafür, sich selbst zu öffnen und Vertrauen zu schenken.

Vertrauen entwickelt sich dann, wenn ein Mitarbeiter funktionierende Beziehungen in und zum Unternehmen aufbauen kann. Wichtige Indikatoren sind **Partnerschaftlichkeit, Offenheit, Toleranz, Würde** und **Aufrichtigkeit** im täglichen sozialen Umgang. Vertrauen manifestiert sich durch eine innere Verfügbarkeit von erinnerten Gefühlen, Bildern und positiven Referenzerfahrungen. Es existiert ein **Bewußtsein von Gegenseitigkeit** zwischen dem Mitarbeiter und seinem Gegenüber (Kollegen, Vorgesetzten, Unternehmen etc.), das beim Mitarbeiter ein Gefühl entstehen läßt,

### 4.1 Die Entwicklungsspirale der mental-kulturellen Identität

geborgen zu sein und das bekommen zu können, was man am meisten braucht. So entsteht eine starke emotionale Bindung zwischen dem Mitarbeiter und den Repräsentanten des Unternehmens.

In der Phase der **Vertrauensbildung** unterscheiden wir zwei Stufen:

**Erste Stufe:**

Der Mitarbeiter befindet sich zunächst in einer passiven Erwartungshaltung: Er beginnt erst zu agieren, wenn er vom Vorgesetzten oder Kollegen Informationen über Inhalte seines Arbeitsfeldes erhält. Schon durch die Art, wie diese Informationen gegeben werden (entspannt, sicher, energisch, ängstlich, unbeteiligt, aufmunternd, fürsorglich etc.), macht der Mitarbeiter erste Erfahrungen mit den sozialen Grundformen der vorhandenen Führungskultur im Unternehmen. Er lernt, wie man in diesem Unternehmen Geben, Nehmen und Empfangen handhabt.

Diese Basisinteraktionen, die sich zusammen mit den Erfahrungen von Fürsorglichkeit, Anerkennung, Geborgenheit, Verletzung durch Kritik, Ignoranz, Rücksichtslosigkeit oder Abwertung zu einem tiefen, affektiven Erlebnis verdichten, prägen frühzeitig alle weiteren Kontakte und sozialen Verhaltensweisen des Mitarbeiters. Die sich so entwickelnde Wechselseitigkeit von Geben und Nehmen kann im positiven Falle zu Entspannung und Lust an Beziehungen führen mit der Erkenntnis: Ich habe den anderen als freundlich und respektvoll erfahren. Es entsteht eine Art Vertrauenskredit, der Beginn einer intakten, dauerhaften Beziehung sein kann. Wenn sich der Mitarbeiter dagegen im Stich gelassen oder abgelehnt fühlt, wird er beginnen, sich mit sich und der Welt uneins zu fühlen. Die Folge ist das Entstehen von Ängsten und Negativfantasien.

Wenn der Mitarbeiter in dieser Phase lernt, daß er jemanden dazu gewinnen kann, für ihn das zu tun, was er gerade getan haben möchte, entsteht die nötige Grundlage, um später ein „Gebender" zu werden. Wo das mißlingt, zerfällt die Situation in eine Vielzahl von Versuchen, durch Zwang zu herrschen und zu bekommen, statt auf der Basis einer Wechselseitigkeit zu einem entspannten und produktiven Geben und Nehmen zu kommen. Der Mitarbeiter erlebt in dieser Phase ein Gefühl der eigenen Vertrauenswürdigkeit, das ihm Sicherheit vermittelt und über die innere Erfahrung der Geborgenheit die Grundlage für eine erste emotionale Bindung an das Unternehmen legt.

**Zweite Stufe:**

In der zweiten Stufe der Vertrauensbildung wird die Basis für das spätere Haben – und Besitzenwollen – gelegt, sowie für die Fähigkeit, Chancen beim Schopf zu packen bzw. eigene Ansprüche anzumelden und durchzusetzen.

Der Mitarbeiter wartet jetzt nicht mehr passiv, sondern hält aktiv Ausschau nach Befriedigungsquellen im weitesten Sinne und nach Möglichkeiten, das Nehmen und Fordern zu erproben. In diesem zweiten Stadium werden zwischenmenschliche Beziehungsformen errichtet, die die Art und Weise des Nehmens und Festhaltens von Dingen definieren – von Dingen, die mehr oder weniger uneingeschränkt angeboten werden (z.B. Informationen) und zur Verfügung stehen, und auch Dingen, die die Tendenz haben, sich zu verflüchtigen (z.b. Akzeptanz, Relevanz).

Der Mitarbeiter beginnt nun, sich am Unternehmen mehr oder weniger festzuhalten, von ihm zu fordern und zu nehmen. Hier kann ein Prozeß des Verschmelzens mit dem Unternehmen in eine Symbiose entstehen, die sich im späteren Berufsleben allerdings auch als Falle erweisen kann, wenn sie nicht rechtzeitig in Eigenverantwortung mündet. In der symbiotischen Beziehung treffen nämlich zwei sich ergänzende Verhaltensweisen zusammen: Überverantwortlichkeit des einen und Unterverantwortlichkeit des anderen.

Der Mitarbeiter registriert zunehmend, wenn Zustände von Bedürfnisspannung, Unzufriedenheit und Angst nicht sofort aufgelöst werden. Die Quelle von Frustration, Unzufriedenheit und Unlust liegt in ihm selber, während die befriedigende Macht periodisch von außen kommt und nicht immer automatisch zur Verfügung steht.

Wenn das Unternehmen, Kollegen und andere nahe Bezugspersonen für den Mitarbeiter zu einem zusammenhängenden Erlebnis geworden sind, zeigt sich, daß er stabile Beziehungen zu seinen betrieblichen „Angehörigen" gebildet hat, die eine zeitliche Kontinuität besitzen und mit Vertrauen besetzt sind.

Diese Möglichkeit zum Rückzug auf sicheres Terrain ist vor allem dann wichtig, wenn sich der Mitarbeiter arbeitsbedingt nach der Einarbeitungsphase in fremden Bereichen und Abteilungen behaupten muß. Die soziale Leistung des Mitarbeiters in dieser Phase liegt darin, ohne unangemessene Angst mit anderen, ihm fremden Kollegen und Mitarbeitern in Kontakt zu treten. Dies wird möglich, wenn der Bezug zur eigenen Abteilung bzw. zum Unternehmen inzwischen zu einer als zuverlässig zu erwartenden äußeren Erscheinung, aber auch zu einer inneren Gewißheit geworden ist.

Das Erleben des Konstanten, Kontinuierlichen und Gleichartigen im nahen beruflichen Umfeld liefert dem Mitarbeiter erste Gefühle von **Identität**.

Trotz aller positiven Bemühungen, den Mitarbeiter zu integrieren, wird es kaum möglich sein, ihn vor **Ohnmachts-** und **Enttäuschungserlebnissen** zu bewahren. Hinzu kommt, daß der Mitarbeiter erlebt, daß seine Bezugspersonen nicht nur freundlich, sondern auch launisch, traurig, zornig und ungerecht sein oder sich sogar ganz von ihm abwenden können. Diese

Urangst des Menschen vor dem Gesichtsverlust ist eine der tiefsten Bedrohungen unseres Vertrauens- und Identitätsgefühls. Diese Angst wird massiv aktiviert, wenn wir von Menschen, die uns nahe stehen, mißachtet, ungerecht getadelt oder zurückgewiesen werden bzw. wenn wir uns einsam, verlassen, minderwertig und mißverstanden fühlen.

Die Erfahrung, daß das Unternehmen, Vorgesetzte und Kollegen sich auch ärgerlich und versagend verhalten können, ist der Anfang der spezifisch menschlichen Ambivalenz, wonach es in allen Formen von Beziehungen niemals eine vollständige Befriedigung bzw. ein exklusives Akzeptiertwerden gibt, sondern stets **positive und negative Gefühle in wechselnder Zusammensetzung parallel auftreten.**

Dieses potentielle Urmißtrauen erwächst aus der Angst vor dem Verlust der Zuwendung bzw. der Zuneigung anderer und begleitet uns durch das gesamte Leben. Darum ist es hier besonders wichtig, über die qualitative Entwicklung der Führungskultur eine Dialogfähigkeit der Menschen anzustreben, in der **Respekt vor der eigenen Würde und der Würde des anderen** eine Maxime des Zusammenlebens darstellt.

In dieser zweiten Stufe der Vertrauensbildung liegt allerdings auch die frühe Quelle einer **negativen Identität**. Aus der Enttäuschung über Versagungen können sich Wutgefühle entwickeln, die sich zu dem Wunsch und der Fantasie steigern können, Rache zu üben bzw. dem Unternehmen Schaden zuzufügen. Die Tragweite dieser Enttäuschung und die damit verbundene persönliche (oft narzißtische) Verletzung entscheiden darüber, welchen Grad der Schädigung der Mitarbeiter verfolgen wird (Sabotagekultur).

Diese Empfindungen und Neigungen können wiederum den Anfang von Schuldgefühlen darstellen, die normalerweise inakzeptabel sind und somit in der Regel verdrängt werden, jedoch die ersten Teile einer negativen Identität bilden.

Jetzt ist die Grundlage gelegt, in der sich die Abwehrmechanismen der Projektion und Introjektion bilden. Der Mitarbeiter könnte damit beginnen, seine negativen Erfahrungen mit seiner beruflichen Umwelt sowie das Böse im eigenen Inneren nach außen zu verlagern, das heißt vom Selbst abzuspalten. Er nimmt die positiven Anteile des Umfeldes in sich auf und stößt/lehnt andererseits die Teile ab, die im eigenen Inneren Anlaß zur Unlust geben, und projiziert sie dann auf andere Menschen, um sie so außerhalb des eigenen Selbst bekämpfen zu können. Dabei wird der andere unbewußt als Vehikel benutzt, was die jeweilige Beziehung massiv gefährdet oder zerstört.

Entscheidender Ausdruck eines sich entwickelnden Urvertrauens ist die sogenannte **Objektkonstanz**, das heißt die Fähigkeit, trotz ambivalenter Erfahrungen und Gefühlszustände eine kontinuierliche, konsistente, emotionale Beziehung zu einem Mitmenschen aufrechterhalten zu können sowie die eigenen, negativen Wesenszüge oder Persönlichkeitsanteile als Teil seiner Identität zu akzeptieren und nicht auszulagern. Bei schweren seelischen Erschütterungen, also z.b. bei akuten Beziehungs- und Vertrauenskrisen, können Mitarbeiter auch in paranoide Haltungen regredieren und die Welt strikt in Gut und Böse, Freund oder Feind aufspalten. Dabei werden die eigene innere Schlechtigkeit und Schuld auf andere Menschen oder Gruppen verlagert, die dann oft mit irrationalen und grausamen Mitteln bekämpft werden.

Es entstehen auch irrationale Bedrohungs- oder Verfolgungsfantasien, die dann häufig als Gerüchte in die Welt gesetzt werden.

### 4.1.3.2 Autonomie

In dieser zweiten Entwicklungsstufe wird an den Mitarbeiter die Anforderung gestellt, sich selber und seine Organisation inklusive der Abläufe und Verfahren im eigenen Funktionsbereich zu planen, zu steuern und zu kontrollieren. Im Rahmen seiner Eigenverantwortung weiß er, daß er seine Arbeitsergebnisse zu vereinbarten Zeiten, Inhalten, Kosten und Qualitätstandards zu erstellen hat. Hier ergibt sich für den Mitarbeiter auch erstmals die Möglichkeit, auf Anforderungen der Vorgesetzten bereitwillig einzugehen bzw. mit Zurückhaltung, Verweigerung oder Trotz zu reagieren.

Problematisch wird es dann, wenn Delegationsverhältnisse unklar sind. Auf der einen Seite wird zwar mit Recht vom Mitarbeiter erwartet, daß er autonom, d.h. eigenverantwortlich seine Aufgaben erledigt. Andererseits sind häufig Aufgabe, die entsprechende Verantwortung für die Durchführung und die dazu erforderliche Entscheidungskompetenz nicht kongruent.

In dem Maße, wie Zweifel aufkommen über das, was man tun darf (oder auch soll) und was man nicht darf, ist die Autonomie eingeschränkt. Die Konsequenz daraus kann eine latente Verunsicherung des Mitarbeiters sein. Dies könnte langfristig zu Sicherheitsdenken, Reduzierung der Initiative und Begrenzung der persönlichen Leistung auf ein Mindestmaß führen.

Typische negative Verhaltensweisen in dieser Phase sind übertriebene Ordnungsliebe, Starrsinn, Pedanterie, Sauberkeit, Perfektionismus und Geiz sowie Richtliniendenken.

Ist dem Mitarbeiter dagegen zweifelsfrei klar, in welchem Rahmen er sich vollverantwortlich und sicher bewegen und agieren kann, wird er selbstbewußt seine Grenzen sowohl erkennen als auch akzeptieren, mit dem legitimen Ziel, respektvoll und offen eine Erweiterung seines Autonomiebereiches ohne Hinterlist und Heimtücke anzustreben.

## 4.1 Die Entwicklungsspirale der mental-kulturellen Identität

Besonders wichtig erscheint, welches Gewicht, welche Bedeutung die jeweilige soziale Umwelt den Arbeitsergebnissen und Verhaltensweisen beimißt. Das **Lob** der sozialen Umgebung für richtiges Arbeitsverhalten und das Erreichen der vereinbarten Leistungsziele kann bei Mitarbeitern zu einem Gefühl des Stolzes und der Freiheit beitragen.

Typisch ist hier im Negativfall das Besitzdenken. Bei Störungen in dieser Phase ist das Zurückhalten bzw. kontrollierte Weitergeben von Informationen, Know-how und Unterlagen etc. symptomatisch.

Wichtig für das sich in dieser Phase bildende Autonomiegefühl ist die Erfahrung, selber etwas auf Verlangen produktiv hergeben zu können, den eigenen Funktionsbereich zu beherrschen und nicht von überforderten und überfordernden Vorgesetzten in seinem Willen gebrochen zu werden.

Der Mitarbeiter lernt, eine Anzahl höchst konflikthafter Strukturen und Abläufe zu koordinieren, in denen sich immer wieder die **Grundmuster des Festhaltens und Loslassens** wiederfinden. Der Mitarbeiter fängt an, nach der Phase der unsicheren, tastenden Schritte die Erweiterung seines Erfahrungshorizontes zu nutzen und neue, bisher unbekannte Zukunftsmöglichkeiten in seiner beruflichen Umwelt zu finden. Er beginnt, seine berufliche Umgebung im weitesten Sinne zu erkunden und auch zu erobern, kehrt dabei aber immer wieder zu seiner Stammfunktion zurück, um sich ihrer verläßlichen Gegenwart zu versichern.

Das Bewußtsein, in seiner betrieblichen Funktion aufrecht stehen zu können, führt zu einer wichtigen Stärkung des Identitätserlebens, woraus später ein starkes „Dafür-stehe-ich-ein" werden kann. Ebenso kann das Phänomen des Lernens und Wachsens für den Mitarbeiter die Erkenntnis bedeuten, daß er über andere Menschen hinauswachsen kann, sie unter bzw. hinter sich lassen kann, und daß er auch imstande ist, über sich selbst hinauszuwachsen.

In dieser Phase legt der Mitarbeiter großen Wert auf die **Betonung seines Willens**, weshalb es zu unvermeidlichen Konflikten und Zusammenstößen mit Kollegen und Mitarbeitern kommen kann. Erstmals tritt in das berufliche Leben des Mitarbeiters bewußt das Phänomen **Konflikt** ein, wodurch endgültig die symbiotische Geborgenheit in der Beziehung zum Unternehmen abgebaut wird. Die Phase der **Emanzipation** hat begonnen.

In der Durchsetzung der eigenen Ziele und Absichten wirkt der Mitarbeiter oft starr und unnachgiebig und läßt sich auch nicht entmutigen, wenn es Pannen gibt und er an Grenzen stößt. Durch das noch mangelnde Koordinierungsvermögen und die noch mangelnde soziale Kompetenz können viele Aktivitäten und Beziehungen problematisch verlaufen und zu Mißerfolgen führen. Das gegenseitige Verhältnis von Mitarbeiter und

Vorgesetztem wird hier zeitweilig auf eine schwere Probe gestellt. Häufig kommt es zu Kämpfen um Selbstbehauptung und Macht, die mit Naivität und Blauäugigkeit, aber auch mit Rücksichtslosigkeit geführt werden.

Die Vorgesetzten sollten den Wunsch des Mitarbeiters, auf eigenen Füßen zu stehen, stärken und die Fortschritte in der Beherrschung des Verantwortungsbereiches mit klarem Lob anerkennen, aber auch den Mut zur Selbstkritik fördern.

Gleichzeitig muß aber auch vor einer Überschätzung der Fähigkeiten und Fertigkeiten (**Grandiosität**) gewarnt werden. Das heißt, Gefahren müssen vorhergesehen und rechtzeitig abgewendet werden, damit dem Mitarbeiter nicht das Gefühl vermittelt wird, töricht, ungeschickt oder unfähig zu sein (Enttrübung durch präzise Fragen, z.B. „Wer tut wann und wo was zu welchem Zweck?").

Fast noch schwieriger stellt sich für die Vorgesetzten die Aufgabe dar, den Willen des Mitarbeiters einzuschränken, ihn mit einer Mischung aus Festigkeit und Toleranz zu lehren, auf die Rechte und Bedürfnisse anderer Rücksicht zu nehmen und sich in die Welt des Unternehmens als eigenverantwortliches Mitglied einzufügen, ohne ihn dabei zu überfordern bzw. seinen Willen zu brechen.

Die Bewertung und die Reglementierung des eigenen Verhaltens bedeuten für den Mitarbeiter eine gewaltige Umstellung. Die Anerkennung der Vorgesetzten muß nun durch eigenes Wohlverhalten erworben werden. Lob und Kritik, richtig und falsch, schaffen zwei gegensätzliche Bilder vom Mitarbeiter. Dies führt in der Regel dazu, daß man sich für seine unvollkommenen und inakzeptablen Bereiche zu schämen beginnt und diese vor anderen zu verbergen sucht. Die eigene Ohnmacht gegenüber dem Vorgesetzten wird dem Mitarbeiter manchmal schmerzlich bewußt. Bei allzu großer Entmutigung in dieser Phase besteht die Gefahr, daß er in unangemessene Pseudo-Befriedigungs- und Verhaltensformen (z.B. Wichtigtuerei, Kraftprotzerei) zurückfällt, so daß Eigenständigkeit und Willenskraft schrumpfen.

Andererseits können zu große Einschränkung und Beschämung Feindseligkeit und Trotz hervorrufen – Muster für spätere soziale Verweigerungshaltungen, für Rücksichtslosigkeit oder Querulantentum. Dieses Stadium ist deshalb entscheidend für das Verhältnis zwischen annehmendem gutem Willen und haßerfüllter Selbstbetonung, zwischen Zusammenarbeit (Gemeinsinn) und Eigensinn, zwischen der Fähigkeit, sich selbst zum Ausdruck zu bringen, und zwischen zwanghafter Selbstbeschränkung und demütiger Gefügigkeit.

Bei einem Übergewicht von ermutigenden Erfahrungen durch eine konsequente und Sicherheit gebende Führung wird in dieser Phase das Urvertrauen durch das Empfinden von Autonomie bereichert. Es bein-

## 4.1 Die Entwicklungsspirale der mental-kulturellen Identität

haltet das Gefühl, auf eigenen Füßen stehen zu können, stolz darauf sein zu können, ein einmaliges Individuum und ein Mitglied in einer Unternehmensgemeinschaft zu sein, die einem den Rücken stärkt. Ein solches Grundempfinden wird vor allem wichtig für ein elementares Gefühl des Selbstwertes und der Selbstsicherheit in den kommenden Erfahrungen mit Arbeitsgruppen: Diese Art von Autonomie zeigt sich in der Fähigkeit, sich als eigenständiges, verantwortliches Wesen zu artikulieren und eigene Vorstellungen und Wünsche ohne Befangenheit und Schuldgefühl ausdrücken zu können.

Ein Mitarbeiter mit gesundem Autonomiegefühl ist darüber hinaus ebenso in der Lage, den eigenen Willen einem höheren Gemeinwillen in Gehorsam und selbstgewählter Disziplin unterzuordnen, so daß die mit der sozialen Zugehörigkeit verbundenen Verzichtsleistungen ohne Enttäuschungen und Ressentiments getragen werden können: Ich bin, was ich unabhängig wollen kann.

Aus Erlebnissen der **Kleinheit** und **Ohnmacht** in dieser Phase hingegen kann ein ausgeprägtes Schamgefühl entstehen. Bei der **Scham** handelt es sich um ein unlustvolles Empfinden des sozialen Exponiertseins, des Bloßgestelltwerdens bzw. des Prestigeverlustes. Der sich Schämende nimmt an, daß er rundherum allen Blicken ausgesetzt ist, er fühlt sich unsicher und befangen. Scham drückt sich in dem Impuls aus, sich zu verstecken, am liebsten jetzt und hier in der Erde zu versinken. Es handelt sich dabei wohl meist um einen gegen das Ich gerichteten Zwang. Der Schamerfüllte möchte am liebsten die Welt zwingen, ihn nicht anzusehen oder seine beschämende Situation nicht zu beachten.

Bei Scham handelt es sich meist um eine narzißtische Kränkung des Ertappt- bzw. Gedemütigtwerdens, was eine Herabsetzung des sozialen Prestiges in der Beziehung einer Person zu anderen bedeutet. In Gruppen entsteht allein durch die Angst vor dem drohenden Verlust des sozialen Status durch Klatsch und Verspottung ein innerer Zwang zur Beachtung der sozialen Normen.

Bei Mitarbeitern, die sich übermäßig herabgesetzt fühlen, kann sich auch die gegenteilige Haltung einer Überkompensation des Schamgefühls einstellen, z.B. in der eigensinnigen Demonstration von Unordentlichkeit, in der Schmähung von Autoritätspersonen (häufig mit Schimpfworten), durch Respektlosigkeit oder im Ablegen aller Hemmungen und Tabus. Diese Zurschaustellung von Schamlosigkeit stellt natürlich den unbewußten Versuch dar, jene Autoritäten zu beschämen, die einen einst (vermeintlich) ohnmächtig gemacht haben.

Zweifel und Scham sind Geschwister. Während die Scham mit dem Bewußtsein zusammenhängt, „exponiert" zu sein, hat der **Zweifel** viel mit einem Gefühl zu tun. Gegenüber dem verborgenen oder unvertrauten

Neuen kann ein Bedrohungs- und Unsicherheitsgefühl entstehen, weil es außerhalb unseres Erfahrungs- bzw. Gesichtsfeldes liegt.

Wenn einem Mitarbeiter die allmähliche und gelenkte Erfahrung der Autonomie, also der freien Wahl, vorenthalten wird (oder wenn sie schon durch den Verlust des Vertrauens geschwächt ist), so kehrt er all seinen Erkenntnis- und Forscherdrang gegen sich selbst. Dieser Mitarbeiter wird sich übermäßig mit sich selbst beschäftigen, entwickelt eine Selbstbezogenheit, wodurch er seine soziale Umgebung an sich selbst bindet und durch eigenwillige, bis ins letzte Detail gehende Forderungen, z.B. nach pünktlicher Beachtung, seine Macht ausübt. (Kundenorientierung ist dann nahezu unmöglich!)

Alles muß sich peinlich genau an äußere Autoritäten, Vorschriften und Normen halten. Er liebt soziale Verhältnisse, politische Ordnungen und weltanschauliche Überzeugungen, in denen die Formgebung der eigenen Autonomie bis in die kleinsten Angelegenheiten geregelt ist. Diese **Zwangsverhaltensweisen** sind eine Verinnerlichung der früher erfahrenen Einschränkungen und Verbote, die jede Spontaneität unterdrückten und zu einer massiven Einschränkung der persönlichen Ausdrucksfähigkeit und Kreativität führten.

Ganz charakteristisch ist jene Haltung des nagenden Zweifels an allem und jedem, an dem, was aus einem selbst herauskommt bzw. was man hinter sich läßt: Alles Gesagte, Geschriebene oder Hergestellte muß im übermäßigen Perfektionsdrang mit jener typischen Haltung des „zweiten Blickes" immer wieder überprüft werden.

In diesem Zeitraum erfolgt auch eine Einführung in die Prinzipien von **Recht und Ordnung** des Unternehmens: Das stete Bedürfnis des einzelnen nach einer Bekräftigung seines Willens und nach einem Entwurf für seine Willensausführung innerhalb des Unternehmens, das seinerseits gleichzeitig den Willen der anderen bekräftigt und auch ihnen einen Entwurf anbietet, hat seine institutionelle Sicherung im Prinzip von Recht und Ordnung.

Wahrscheinlich wird sehr viel von den verborgenen Gefühlen von Scham, Zweifel, Unsicherheit und Erniedrigung der Mitarbeiter aus der Enttäuschung der Vorgesetzten geboren, die sich ihrerseits in Familie, Arbeit und staatsbürgerlichem Leben nicht ernst genommen und als austauschbares Rad in einer anonymen Maschinerie fühlen (mechanistisches Weltbild).

Viele Mitarbeiter – gerade in großen Unternehmen – erleben schmerzlich den Kontrast zwischen möglicher Autonomie und der Eingeengtheit, Verbürokratisierung, Fantasielosigkeit und Entfremdung moderner Arbeitsbedingungen, die häufig zu einem Gefühl tiefer, chronischer Enttäuschung über die eigene Hilflosigkeit, Hoffnungslosigkeit oder Wertlosigkeit führen.

### 4.1.3.3 Initiative

In dieser Entwicklungsphase konsolidiert sich der Mitarbeiter psychisch sowohl in bezug auf sich selbst als auch in bezug auf sein Arbeitsfeld. Er beherrscht Abläufe, Problemstellungen und Handlungsweisen: Er hat „Laufen" gelernt.

Der Mitarbeiter beginnt, Initiative zu entwickeln („initiare" bedeutet: etwas beginnen). Hierin liegt der Ursprung von Unternehmertum. Aus dem eigenen Selbstvertrauen und einem klaren Realitätsbezug in der Bewertung der reflektierten Erfahrung, Erlaubnis zur Initiative zu haben, entwickelt sich die Zuversicht eines „Gewinner-Typs", der **Lust auf Leistung** verspürt. Dieser Typ verbindet Initiative mit guten Gefühlen, der Chance, Erfahrungen zu machen und zu lernen, sowie mit **positiven Glaubenssätzen**. Bei auftretenden Widerständen ist die **Frustrationstoleranz** groß.

Durch diese professionelle Sicherheit bewegt er sich selbstbewußt in seinem Arbeitsfeld und überschreitet, als hätte er ein unbegrenztes Tätigkeitsfeld, seinen bisherigen Funktionsbereich (in kleinen Schritten). Seine funktionale Kompetenz hat er soweit komplettiert, daß er nun sehr viel verstehen, in Erfahrung bringen und hinterfragen kann. Der Mitarbeiter wirkt lebendig, so als ob er über einen Überschuß an Energien verfügte, und er geht Aufgaben und Funktionen mit unvermittelter Kraft an. Dies zeigt sich auch in einem zunehmend neugierigen Auseinandersetzen mit allen beruflichen Fragen. Er entwickelt eine unermüdliche Wißbegierde über betriebliche Zusammenhänge, analysiert viel – vor allem auch die Tätigkeiten und Interessen anderer. Er beginnt, sich mit den älteren Vorgesetzten und Kollegen zu messen und Vergleiche anzustellen. Er dringt in das Bewußtsein und in die Lebensräume anderer ein. Er sucht Zugang zu Unbekanntem durch seine unersättliche Wißbegierde.

Charakteristisch für diese Phase ist die **Identifikation mit den Tätigkeiten und Rollen der obersten Führungskräfte**. Er verbindet damit Träume von Groß- und Starksein. Dies beginnt mit Fantasien und wird weitergeführt, indem diese Rollen zunehmend mit Experimenten in der Realität ausprobiert werden. Er ahmt Leitfiguren des Unternehmens nach, benutzt deren typische Führungsverhaltensweisen und Methoden und stellt sich dabei vor, wie es wäre, wenn er selbst in dieser Rolle wäre.

Er beginnt nun, sein Selbst „in die Zukunft hinein zu entwerfen" und über seine mögliche spätere Rolle in der Hierarchie des Unternehmens zu reflektieren. Er bemüht sich, mit dem bisher erworbenen autonomen Willen konkrete Ziele zu definieren und zu erreichen. Und tatsächlich ist ein solches Moment der Initiative die unerläßliche Voraussetzung für alle nur denkbaren zielorientierten Tätigkeiten als Führungskraft. Beschreiben könnte man dieses Verhalten der Eroberungslust und angetriebenen Aktivität mit dem eines „Machers". Der Mitarbeiter zeigt **Freude an Wettbewerb und Zielstrebigkeit.** In dieser Phase geschieht es häufig, daß die Vorgesetzten als Konkurrenten gesehen werden, denen man Gefühle von Neid und Eifersucht entgegenbringt. Dies kann durchaus mit dem Wunsch bzw. der Fantasie einhergehen, den Vorgesetzten ersetzen zu wollen. Diese Phänomene können den Mitarbeiter in schwere seelische Konflikte und Schuldgefühle stürzen, denn schließlich ist er ja von der Zuwendung des Vorgesetzten abhängig. Er hat auch Angst, von dem übermächtigen Rivalen schwer bestraft zu werden. Oft verlagert sich dieser Komplex auch auf andere Personen und kommt etwa in einem verstärkten Neid auf Kollegen oder einer gesteigerten Aggression gegenüber anderen zum Ausdruck.

Während der Kampf um Autonomie sich schlimmstenfalls darauf konzentriert, Rivalen auszuschalten und deshalb mehr in eifersüchtiger Wut auf jüngere Kollegen zutage tritt, entsteht mit der wachsenden Initiative eine vorweggenommene Rivalität gegenüber jenen, die zuerst da waren und die deshalb mit ihrer überlegenen Ausstattung das Feld besetzen könnten, auf welches sich die eigene Initiative richtet.

Nun treten Eifersucht und Rivalität, die oft zu erbitterten und doch so vergeblichen Versuchen der Abgrenzung einer Sphäre unanfechtbaren Vorrechts führen, in den Schlußkampf um den Vorrang beim Vorgesetzten. Der unvermeidliche und notwendige Mißerfolg führt zu Gefühlen von Schuld und Angst.

Nach einer Zeit konflikthaften Ringens und widerstreitender Gefühle beginnt der Mitarbeiter, seine geheimen Neidgefühle und Aggressionen zu verdrängen. Er fängt an, seine Niederlage einzusehen – ein Erlebnis, das tiefgreifende Konsequenzen haben kann. Der Mitarbeiter wird seine Grenzen (real oder fantasiert) kennenlernen, denn allein wird er nicht in der Lage sein, die Gesamtorganisation in seinem Sinne verändern zu können. Ein Gefühl der **Ohnmacht** und der **Niederlage** kann sich einstellen. Die potentielle Kraft zerstörerischer Triebe, die in dieser Phase geweckt wurde, kann unter Umständen für lange Zeit verdrängt werden. Diese verdrängten, destruktiven Energien können später verstärkend zur Verfügung stehen, um bei einer passenden provozierenden Gelegenheit evtl. als Sabotage aktualisiert zu werden.

Mitarbeiter, die in dieser Phase fixiert bleiben, reiben sich entweder in der ständigen Oppositionsneigung gegenüber Autoritätspersonen bzw. in der ununterbrochenen Konkurrenz mit vermeintlichen Rivalen auf oder scheuen jede Auseinandersetzung und jedes Werben um einen

## 4.1 Die Entwicklungsspirale der mental-kulturellen Identität

Partner aus Angst vor Vergeltung. Es gelingt dem Mitarbeiter nicht, seine Gefühle aus der emotionalen Bindung an seinen Vorgesetzten abzulösen und eine reife, befriedigende Beziehung einzugehen. Typisch ist auch der häufige Wechsel der Beziehungen und die endlose Suche nach dem Idealmitarbeiter, der freilich nie an die Grandiosität des unbewußt idealisierten Vorgesetzten heranreichen kann.

Ebenso wird die alte Eifersucht im endlosen Aufsuchen von Konkurrenzsituationen mit Rivalen, die es in Ansehen, Wissen, Kleidung oder Status auszustechen gilt, stets aufs neue arrangiert. In dieser Phase wird auch der Generationenkonflikt angeheizt, denn die Überwindung der symbiotischen Bindung an die Vorgesetzten ist eine Voraussetzung für das Erlangen von Identität und Eigenverantwortlichkeit.

Im selben Maße, wie der Mitarbeiter seine Wünsche und Fantasien ins Unbewußte abdrängt, beginnt er, seine Initiative und seine Energien allmählich anderen Zielen zuzuwenden. Der Vorgesetzte beispielsweise wird dabei für den Mitarbeiter Beschützer, Helfer und Vorbild und damit eine mächtige Identifikationsfigur für die Gestaltung der eigenen Rolle. Unbewußt gleicht der Mitarbeiter sein Verhalten, seine Einstellungen und Ziele dem Vorbild des Vorgesetzten an.

Er kann sich in der Fantasie an dessen Stelle heben und stolz darauf sein, einmal so groß und fähig zu werden wie dieser. Durch diese **Identifizierungsleistung** gestaltet der Mitarbeiter endgültig seine berufliche Rolle und übernimmt den in dieser Kultur vorherrschenden Führungsstil.

Die Angleichung an die Führungskultur schließt vor allem die endgültige **Identifizierung mit der Wertewelt** und den Überzeugungen des Unternehmens ein. Die bisher internalisierten moralischen Erfahrungen werden nun geordnet und zu einem individuellen Moralsystem, dem Gewissen, verarbeitet. Das Gewissen wird nun zum allgemeinen Lenkrad der Initiative und alle spontane Entschlußkraft wird nunmehr durch die Bürde des Schuldgefühls beeinträchtigt.

Die Stimme des Gewissens lastet immer dann auf dem Mitarbeiter, wenn er in Wünschen oder Taten gegen sein verinnerlichtes Normsystem verstößt und zu „weit" gegangen ist. Nehmen wir beispielsweise einmal an, ein Mitarbeiter ergreift Initiative, d.h. er beginnt Aktivitäten, trifft z.B. eine Entscheidung ohne die Sicherheit, die dafür notwendige Entscheidungskompetenz zu haben. Falls die Konsequenzen dieser Initiative positiv ausfallen, d.h. wenn die Entscheidung erfolgreich war, gibt es keine Probleme. Entstehen aus der Entscheidung jedoch negative Folgen, wird es massive Vorwürfe von oben geben, wie der Mitarbeiter sich anmaßen konnte, solche Entscheidungen allein zu treffen.

Der Mitarbeiter fühlt sich jetzt nicht nur beschämt, wenn seine „Missetaten" entdeckt werden, sondern er beginnt schon die Entdeckung zu fürchten. Falls die Vertrauensbasis in diesem Moment nicht oder nicht ausreichend vorhanden sein sollte (z.b. Furcht vor einem Fehlertribunal), besteht sogar die Gefahr, daß der Mitarbeiter den Fehler vertuscht. Darüber hinaus ist es möglich, daß er beginnt, sich für bloße Gedanken und für Taten schuldig zu fühlen, die niemand gesehen hat. Dies ist der Grundstein für die Moralität im individuellen Sinne.

Wenn es dem Vorgesetzten gelingt, kooperativ in der gemeinsamen Arbeit Lösungen zu finden und dem Mitarbeiter das Erlebnis der Gleichwertigkeit zu vermitteln, kann daraus trotz unterschiedlichen Alters eine Gemeinschaft entstehen, die viel von dem verborgenen Schuldgefühl und Haß nehmen kann.

Je mehr unnötige Schuldgefühle vermieden werden, desto ausgeprägter wird hier die lebenslange Fähigkeit zur Initiative begründet: die Bereitschaft, zielstrebig und mit Elan Aufgaben zu verfolgen, Neugier und Forscherdrang, das Interesse am Planen und Experimentieren, die Freude an Arbeit, Spiel und kreativem Schaffen.

Der Identitätszuwachs dieser Phase heißt somit: **Ich bin, was ich zum Funktionieren bringe.** Dies bildet eine Voraussetzung für die Entstehung von Unternehmungsgeist beim Mitarbeiter. Übergroße Schuldgefühle dagegen führen zu einem unterschwelligen oder offen zutage tretenden Minderwertigkeitsgefühl und der tief verwurzelten Vorstellung, daß das eigene Selbst nicht liebenswert sei. Oft ist damit die gesamte Aktivität eines Mitarbeiters gehemmt, seine inneren Fähigkeiten, die Kraft seiner Fantasie, die Ausdrucksstärke seines Gefühls und die Originalität seiner Ideen. Die betreffenden Mitarbeiter scheinen ausdruckslos, innerlich ohne Leben zu sein. Typische Symptome sind auch eine allgemeine Vorsicht und Schüchternheit, die Unterdrückung der eigenen Kreativität, die Demonstration eigenen Unvermögens (Kick me-Spiele) oder der Weg in die Krankheit (hoher Anteil psychosomatischer Krankheiten).

Auf der anderen Seite kommt die Überkompensation des frühen Schuldbewußtseins und der eigenen Minderwertigkeit in der Demonstration unermüdlicher Initiative (Aktionismus) und eines Draufgängertums um jeden Preis zum Ausdruck. Diese Einstellung wird bei vielen Mitarbeitern soweit übertrieben, daß sie sich überhaupt nicht mehr entspannen können, da sie das Gefühl haben, ihr menschlicher Wert bestünde allein in dem, was sie leisten, oder mehr noch in dem, was sie demnächst alles machen werden, und nicht in dem, was sie als Mensch jetzt sind. Diese dauernde Überbeanspruchung führt zwangsläufig zu den viel diskutierten psychosomatischen Krankheiten unserer Zeit.

### 4.1.3.4 Leistung

Der Mitarbeiter erkennt seine Leistungsfähigkeit als eine wesentliche Quelle für sein Selbstwertgefühl. Er entdeckt, daß Arbeit und Selbstma-

## 4.1 Die Entwicklungsspirale der mental-kulturellen Identität

nagement systematisches und permanentes Lernen erfordern. Der Mitarbeiter ist bestrebt, sich seine **Anerkennung durch Leistungen** zu sichern. Dabei ist darauf zu achten, daß erst akzeptierte Zielvereinbarungen die Chance auf Leistungserfolg und damit Anerkennung ermöglichen. Eine wesentliche Bedingung dafür ist die persönliche Initiative des Mitarbeiters. Das Gefühl der realen Kräfte des Mitarbeiters wird erweitert durch das Erlernen neuer Fähigkeiten und Fertigkeiten. Dies stärkt schrittweise sein „Kompetenz-Identitäts-Gefühl".

Stärkenbewußtsein beim Mitarbeiter setzt voraus, daß die Führungskultur bei Fehlern und Kritik so beschaffen ist, daß das Selbstwertgefühl der Betroffenen hoch bleibt und eine respektvolle, lern- und veränderungsfördernde Umgebung hergestellt wird.

Andererseits untergraben Mißerfolgserlebnisse das Selbstvertrauen. Hier liegt häufig der Ursprung eines chronischen Minderwertigkeitsgefühls, das in der Regel mit frühen Erfahrungen eigener Unzulänglichkeit und Erlebnissen des Versagens zusammenhängt. Die Gefahr besteht darin, daß der Mitarbeiter seine Fehler in einem inneren Dialog als Versagen definiert und die dadurch verursachten realen Minderwertigkeitsgefühle seinen Zugang zu seinen Fähigkeiten immer mehr versperren. Im Sinne einer „**Self-fulfilling Prophecy**" kann der Mitarbeiter in den Sog seiner negativen Glaubenssätze über sich (z.B. „Ich bin ein Versager" oder „Das schaffe ich nie") geraten. Tragischerweise wird er unbewußt alles dafür tun, daß die negativen Glaubenssätze im Sinne einer Selbstprogrammierung auch tatsächlich Realität werden.

Entscheidend für ein stärkeorientiertes Wachstum des Mitarbeiters ist die Fähigkeit des Vorgesetzten, die Leistungen angemessen anzuerkennen und Mißerfolge über Kritik so bewußt zu machen, daß der Mitarbeiter sich nicht beschämt fühlt und nicht entmutigt wird. Vielmehr sollte der Mitarbeiter darin bestärkt werden, Fehler als Ansatzpunkte des Lernens und der Chance auf Veränderung anzusehen, um zu der Erkenntnis zu gelangen: **Ich bin mir bewußt, was ich kann.** Der Führungskultur im Unternehmen kommt hier eine Schlüsselrolle zu. Der Vorgesetzte sollte in der Lage sein, verborgene Talente zu erkennen und zu entwickeln. Mitunter ist das Bestätigt- und Definiertwerden durch den Vorgesetzten eine mächtige Quelle der Identitätsbildung.

Im Leben mancher Mitarbeiter entstehen tiefe emotionale Bindungen an einzelne Vorgesetzte, die als Vorbild die Wahl der Weltanschauung beeinflussen und häufig das spätere Lebensschicksal prägen. Das Erleben, mit dem Vorbild zusammenarbeiten zu können und dabei als gleichwertiger Partner akzeptiert zu werden, ist ebenfalls eine wichtige Quelle der sich herauszubildenden **Arbeitsidentität** eines Menschen. In dieser Phase ist es wichtig, daß der Mitarbeiter die Fähigkeit entwickelt, Befriedigung aus der eigenen Schaffenskraft zu schöpfen. Arbeit ist dann nicht primär mit Mühsal und Zwang assoziiert, sondern entwickelt sich mit der Lust auf Leistung und Lernen zu einem wesentlichen und bestätigenden Element der eigenen Existenz.

Voraussetzung ist allerdings, daß der Mitarbeiter seine Arbeit als sinnvoll und befriedigend ansieht und sich in ihr selbst darstellen und verwirklichen kann. Nur dann entwickelt er Freude an der eigenen Kreativität und zeigt Engagement bei der Bewältigung neuer Aufgaben und Herausforderungen.

Die Arbeit definiert auch Stellung, Funktion und Status eines Menschen in seiner Gesellschaft. So bauen die meisten Menschen unserer Zeit ihre **soziale Identität** um ihre Arbeit herum auf, die den größten Teil des Tages ausfüllt und Voraussetzung für das wirtschaftliche Überleben ist. Häufig besteht allerdings die Gefahr, daß die Identitätsbildung in diesem Stadium auch endet.

Viele Mitarbeiter ordnen sich deshalb in der Folgezeit dem wirtschaftlichen Getriebe ein, ohne die Fragen der persönlichen Identitätsbildung, der Moral und vor allem der **Sinnfindung** für sich als relevant zu erkennen. Danach entwickeln sich das Streben nach beruflichem Erfolg bzw. das Anhäufen von Geld und Besitz schnell zu überwertigen Motiven. Das berufliche Dasein wird nur noch als ökonomischer Kampf erlebt, in dem man sich selber und seine Mitmenschen quasi lediglich als Gebrauchsgegenstände und damit Marionetten des Wirtschaftssystems betrachtet.

Aber gerade in unserer Zeit, die auf der einen Seite durch technologische Triumphe, auf der anderen Seite aber durch die Erschütterung des mechanistischen Weltbildes gekennzeichnet ist, bedarf es einer stabilen Identität und fester ethischer Prinzipien, die verhindern, daß der Mensch Sklave seiner Technik wird. Der Mitarbeiter muß also immer stärker seine Aufgabe darin sehen, angesichts der drängenden Zukunftsprobleme und des turbulenten Wandels die Sinnhaftigkeit seines Tuns zum Wohle des Gesamtsystems zu reflektieren und zu realisieren.

In dieser Phase der persönlichen Professionalisierung, das heißt der qualitativen Entwicklung der Fähigkeiten und Fertigkeiten, gibt es häufig auch Enttäuschungen auf Grund von Mißerfolgen. Die Gefahr dabei ist die Entwicklung eines tiefen Minderwertigkeitsgefühls, das genährt wird aus der Überzeugung, nichts zu taugen, keinen Anforderungen gewachsen zu sein oder überhaupt in den Augen anderer unnütz und bedeutungslos zu sein. Daraus kann sich unter Umständen eine Resignation ergeben, die dazu führen kann, daß der Betreffende sich zu längerer körperlicher Arbeit oder geistiger Disziplin außerstande sieht und überhaupt eine Abneigung gegen alle Formen von Leistung und verbindlicher Zusammenarbeit entwickelt. Asoziale Tendenzen bis hin zur radikalen Verweigerung können hier die Konsequenz sein.

Deshalb ist es gerade in Fällen von Fehlern und Mißerfolgen eine herausragende Aufgabe der Vorgesetzten und deren Verantwortung, die Mitarbeiter in solchen Situationen zu einem Realitätsbezug zu führen. Das heißt, der Vorgesetzte muß zusammen mit dem Mitarbeiter durch rationale Diagnose die Ursachen des Fehlers oder Mißerfolgs erarbeiten und überlegen, wie für die Zukunft sichergestellt werden kann, daß sich diese Fehler und Mißerfolge nicht wiederholen (klare „W"-Fragen!).

**Die leistungsfördernde Kultur ist also gekennzeichnet durch: Fehler – Diagnose – Lernen – positives Feedback.**

Im Gegensatz dazu finden wir in den meisten Unternehmen eine Fehlerkultur mit der Ausprägung: **Fehler – Schuld – Strafe.** Nachdem Menschen i.d.R. nicht masochistisch veranlagt sind, werden Sie versuchen, Strafe von sich abzuwenden. Dazu ist es erforderlich, einen anderen zu identifizieren, dem man „glaubwürdig" die Schuld geben kann.

Falls eine geeignete Schuldprojektion nicht möglich ist, wird der Fehler verdrängt oder verborgen. Zwar leidet man eine ganze Zeit unter dem schlechten Gewissen oder der Angst des Entdecktwerdens. Dies ist aber einer Strafe vorzuziehen. Menschen mit schlechtem Gewissen solcher Art neigen dann auch mit befreiender Schadenfreude dazu, auf denen herumzuhacken, die gerade erwischt wurden. Diese negative Fehlerkultur ist langfristig die sicherste Strategie, die Vitalität eines Unternehmens zu ruinieren.

Es ist also eine wichtige Aufgabe des Vorgesetzten, mit dem Mitarbeiter den **Lern- und Veränderungsbedarf** bezüglich Arbeit und Verhalten zu erkennen und die entsprechenden Lern- und Veränderungsprozesse beim Mitarbeiter auszulösen und zu betreuen (Mitarbeitergespräch!).

Natürlich gibt es auch Erlebnisse des Mitarbeiters, wo er erkennt, daß die Aufstiegschancen in einem Unternehmen ungleich verteilt sind, wo z.B. Aufstieg nicht von Kompetenz und Leistung, sondern von der Qualität der Beziehungen abhängig ist. Diese Ungerechtigkeiten werden schmerzlich bewußt und können zu Minderwertigkeitsgefühlen führen, die sich häufig in Leistungsabfall ausdrücken. Daneben kommt es durchaus häufig vor, daß Vorurteile der Vorgesetzten gegenüber Mitarbeitern zu Fehleinschätzungen bzw. zu unangemessenen positiven/negativen Beurteilungen führen.

### 4.1.3.5 Ich-Identität / Zusammenarbeit

In dieser Phase der Entwicklung stellen sich für den Mitarbeiter vier zentrale Fragen:

## 4. Die Diagnoseinstrumente der mental-kulturellen Identität

1. Wer bin ich (in diesem Unternehmen)?
2. Wer will ich (in diesem Unternehmen) sein/werden?
3. Wie sehen mich die anderen?
4. Wie werden Abgrenzungs- (bzw. Schnittstellen-)Konflikte ausgetragen?

Die Phase der Ich-Identitätsfindung bedeutet eine intensive Auseinandersetzung mit der eigenen Person. Dazu zählen vor allem die Formung eines realistischen und stabilen **Selbstbildes** sowie die eigenständige Konfrontation mit den eigenen Werten und Glaubenssätzen sowie unternehmenspolitischen, hierarchischen und sozialen Fragestellungen.

Die Definition der persönlichen Weltanschauung und des individuellen Wertesystems umfaßt auch die Frage nach dem Sinn des eigenen Lebens. Erst jetzt besitzt der Mitarbeiter die Fähigkeit, autonom die eigene Zukunft als souveräner Erwachsener zu planen, das heißt z.B. eine verantwortungsvolle Entscheidung über seine berufliche Entwicklung zu treffen.

Die Reflexion der eigenen Identität wird meistens als Zeit der Verunsicherung und des Entscheidungsdrucks erlebt. Man könnte auch von einer Phase der Entfremdung und Entwurzelung sprechen, die sich oftmals in ungewohnten Gefühlsäußerungen und Verhaltensweisen bemerkbar macht. Diese Identitätskrise zeigt sich häufig im Alter zwischen vierzig und fünfzig Jahren, in einem Alter also, wo definitiv feststeht, ob die früher festgelegten beruflichen und privaten Entwicklungsziele erreicht worden sind (Lebenslügen?).

Diese Konfrontation mit der Realität kann von leichten Irritationen bis zu schweren Erschütterungen der eigenen Persönlichkeit bzw. bis zu einer regelrechten Identitätskrise führen. In diesem Zusammenhang kommen dann Fragen auf wie z.B. „War das etwa schon alles?", „Wenn ich nur schon pensioniert wäre, dann...", oder „Was soll das alles noch für einen Sinn haben?".

Als Ursache des vermeintlichen Mißerfolges werden häufig Gründe angeführt, die außerhalb der eigenen Person liegen und die man daher nicht persönlich zu verantworten hat. Ein objektives und realistisches Reflektieren der Hintergründe dieser Entwicklung wird mehr oder weniger verweigert.

Diese Reaktion ist durchaus verständlich, denn sie kann zu einer illusionären Verkennung der eigenen Person führen. Die Angst, für den Rest des Lebens womöglich als Versager dazustehen, ist nicht gerade eine angenehme Vorstellung. Aus diesem Grund erreicht hier oft eine alte Lebenslüge ihren Höhepunkt.

Die Phase der allgemeinen Verunsicherung über die eigene Ich-Identität ist häufig durch extreme **Stimmungsschwankungen** und überraschende **Verhaltensänderungen** gekennzeichnet. Auf Phasen von Gefühlsausbrü-

## 4.1 Die Entwicklungsspirale der mental-kulturellen Identität

chen folgen Phasen der Selbstbezichtigung, des Schuldgefühls und des allgemeinen Weltschmerzes oder von Fluchtfantasien. Die einstmals sicheren Positionen und Rollen aus der beruflichen Anfangszeit sind verlorengegangen. Die Beziehung zum Vorgesetzten und zum Unternehmen bzw. seiner Wertewelt wird problematisch. Es entstehen überwiegend Reibungen und Meinungsverschiedenheiten, mitunter sogar eine urplötzliche Rebellion gegen die Unternehmenswelt.

Jüngere Mitarbeiter erleben in dieser Phase in ihren Rollen unterschiedliche Bewertungen ihrer Person. Teils werden sie schon als vollwertige Führungskräfte anerkannt, teils noch wie „Greenhorns" behandelt. Die allgemeine Rollenunsicherheit („Wer bin ich?" bzw. „Wie werde ich gesehen?") geht oft mit Gefühlen der Selbstunsicherheit und Vereinsamung einher und kann sich in verschiedensten Symptomen zeigen, z.b. Lern- und Konzentrationsschwäche, drastischem Leistungsabfall oder auch Ausbruch aus dem betrieblichen Normensystem. Für ältere Mitarbeiter kommen häufig Fragen hinzu wie z.b. „Was soll ich noch aus meinem Leben machen?" oder „Was ist der eigentliche Sinn meines Lebens?".

Je nachdem, wie groß die Diskrepanz zwischen dem realen und idealen Selbstbild empfunden wird, können beim Mitarbeiter düstere Stimmungen der Niedergeschlagenheit und des Weltschmerzes entstehen.

Ein sehr verbreitetes Phänomen bei jungen Mitarbeitern in dieser Phase ist die **Suche nach Vor- und Leitbildern** im Unternehmen. Auffällig ist dabei die hohe Intensität der emotionalen Bindung. Dies führt dazu, daß dem Vorbild ausschließlich positive, bewundernde Affekte (Idolisierung) entgegengebracht werden. Die kritische Distanz geht verloren.

Vermutlich vollzieht sich hier eine Projektion des Ich-Ideals auf die äußere Vorbildsperson. Sie ist eine Stütze für die noch labile bzw. unfertige Identität des Mitarbeiters. Die Suche nach der eigenen Identität treibt die Orientierung an Leitfiguren voran. Hier vollziehen sich wichtige Schritte zur eigenständigen Gestaltung des eigenen Ichs und des persönlichen Wertesystems (vgl. Pubertät).

Je schwächer allerdings das Selbstbewußtsein des jungen Mitarbeiters in dieser Phase ausgeprägt ist und je geringer die Stützung durch die sozialen Bindungen empfunden wird, desto größer ist die Gefahr, daß sich hieraus eine **unkritische Idolisierung** entwickelt. Die Betreffenden neigen dann nämlich dazu, das Vorbild in allen Komponenten nachzuahmen. Sie gleichen sich in Kleidung, Mimik, Gestik oder Ansichten so total dem Vorbild an, daß sich die ersten Ansätze einer eigenen Identität auflösen oder Gefahr laufen, sich in einer selbstgewählten Traumwelt zu isolieren (z.B. Yuppies). Die Erfolgskriterien für die Karriere des Idols (im negativen Fall: Rücksichtslosigkeit, Abwertung von Kollegen etc.) werden relativ unreflektiert als richtig (weil erfolgreich) übernommen.

Junge Mitarbeiter legen in dieser labilen Phase großen Wert auf Gruppenzugehörigkeit und erweisen sich als relativ intolerant gegenüber Andersartigen. Häufig bilden sie Cliquen und erheben ihre Ideale, aber auch ihre Feinde zu Stereotypen. Eine spannende Frage ist hier immer wieder: „Wie komme ich beim anderen Geschlecht an?" und „Wie wird man von diesem eingeschätzt und anerkannt?".

Generell ist die Bildung der Ich-Identität als ein Prozeß der zunehmenden Einengung von Daseinsmöglichkeiten aufzufassen: Unter einer Vielzahl der zur Verfügung stehenden Persönlichkeitsmerkmale und Lebensentwürfe wird eine Auswahl getroffen. Einige werden immer bedeutsamer, andere treten allmählich in den Hintergrund. Letztendlich stellt sich immer mehr eine bestimmte Selbst- und Daseinsauffassung sowie ein ganz bestimmter **Stil der Lebensbewältigung** ein.

Besonders problematisch ist es, wenn ein Mitarbeiter seine Verhaltensvorbilder in sich als unstimmig und inkonsequent erlebt. Man denke beispielsweise an Abteilungen, in denen sich der Vorgesetzte ständig selber über seine eigenen moralischen Gebote hinwegsetzt, oder an einen autoritären Vorgesetzten, hinter dessen äußerer Rechtschaffenheit sich ein verkappter Sadismus verbirgt.

Wenn in dieser Weise frühere Beziehungen internalisiert, aber nicht integriert worden sind, entwickeln sich widersprüchliche Menschen, die in rasch wechselnde Verhaltensweisen, Stimmungen oder Rollen verfallen und dem Außenstehenden zeitweilig das Gefühl vermitteln, es mit mehreren unterschiedlichen Personen gleichzeitig zu tun zu haben. Andererseits verhindern übermäßige und starre Identifikationen ein für die Identitätsfindung notwendiges Experimentieren mit der eigenen Rolle. Man denke an stark traditionsverhaftete Abteilungen, deren Mitarbeiter größte Schwierigkeiten haben, den allgemeinen Umfeld- und Wertewandel nachzuvollziehen.

Die einstmals verinnerlichten Wertvorstellungen und Lebensformen der Vorgesetzten werden selbstverständlich auch den Mitarbeitern anerzogen und deren Ausleben wird quasi als Norm erwartet. Die frühen Identifikationen solcher Mitarbeiter erweisen sich dann später in einer gänzlich veränderten Welt als anpassungswidrig und überholt. Die Betreffenden erleben oft schwere innere Konflikte zwischen der Loyalität zu ihrer Abteilung und dem Bedürfnis nach Anschluß an die neue Entwicklung und Realität.

Solche übermäßigen Identifikationen finden sich aber auch im Problemkreis der unbewußten Erwartungshaltungen von Vorgesetzten bezüglich der Entwicklung der Mitarbeiter wieder. Mitarbeiter werden häufig auch

## 4.1 Die Entwicklungsspirale der mental-kulturellen Identität

von den unbewußten Wünschen, Ängsten und persönlichen Konflikten der Vorgesetzten beeinflußt und übernehmen diese in die eigene Identität und den eigenen Lebensplan. Werden diese übermächtig, kann es passieren, daß sich die Identitätsbildung des einzelnen weitgehend auf die Erfüllung der Erwartungen seines Vorgesetzten oder des Unternehmens konzentriert. Eine eigenständige Individualisierung aber wird verhindert.

Gerade in der Zeit des Entwicklungsumbruchs ist der Mitarbeiter wie kaum in einer anderen Phase des Lebens auf Anerkennung und Wertschätzung angewiesen. Es geht hierbei aber um mehr als die bloße Anerkennung seiner Leistungen. Vielmehr ist es von entscheidender Bedeutung, daß sich der Mitarbeiter in seiner Identität voll entfalten kann und diese von seinem Umfeld gewürdigt und respektiert wird. Für den Mitarbeiter ist es von eminenter Bedeutung, daß er als Person, mit all seinen Stärken und Schwächen akzeptiert wird und sich so geben darf, wie er ist.

Das Gefühl der Ich-Identität könnte man als die kumulierte Zuversicht des Mitarbeiters sehen, daß **sein Selbst bzw. sein Wesen auch in den Augen anderer erkannt, respektiert und geschätzt** wird. Dies ist die Grundlage für Selbstsicherheit. Daneben ist es von Bedeutung, ob sich der Mitarbeiter die Erlaubnis gibt, so sein zu dürfen, wie er ist, und sich liebenswert zu finden. Erst dann wird es für ihn möglich werden, sein vermutetes **Fremdbild** ohne innere Panik und Ablehnungsängste neugierig, unvoreingenommen und selbstbewußt zu betrachten.

Kein Mensch kann seine Identität im isolierten Alleingang finden. Wenn der Mensch verschiedene Rollen einnimmt, mögliche Berufspläne erwägt oder mit unterschiedlichen Weltanschauungen verschiedene Möglichkeiten in Betracht zieht, ist er auf das Urteil und die Unterstützung der für ihn wichtigen Bezugspersonen angewiesen (gesellschaftliche Bezogenheit!).

Nur wenn dieses Urteil Schritt für Schritt in Übereinstimmung mit der eigenen Selbsteinschätzung und Zukunftsplanung gebracht werden kann, vermag der Mitarbeiter deutlicher seine künftige Position im Berufsleben wahrzunehmen. Wichtig bei alledem ist, daß das Unternehmen dem Mitarbeiter Betätigungsmöglichkeiten und -gelegenheiten, also Rollen für seine Initiative anbietet.

Der junge Mitarbeiter möchte die Richtung gewiesen bekommen, in die er seine Energien, Talente und Wünsche gezielt einsetzen kann. Gleichzeitig hat das Unternehmen das Interesse, die keimende Identität des Mitarbeiters in eine konforme Bahn zu lenken. Dabei müssen ihm Wahlmöglichkeiten eröffnet, Entscheidungshilfen gegeben und Chancen bereitgestellt werden, eigene Erfahrungen zu machen.

## 4. Die Diagnoseinstrumente der mental-kulturellen Identität

### 4.1.3.6 Identifikation/Nähe

Erst wenn ein Mitarbeiter eine stabile Ich-Identität entwickelt hat, kann er Beziehungen mit ausgeprägtem Bindungscharakter eingehen.

Identifikation/Nähe in unserem Sinne bedeutet die **Fähigkeit, sich mit hoher Sensibilität in die Welt des anderen oder des Unternehmens einfühlen zu können**. Dabei wird aber die Andersartigkeit des anderen respektiert, das heißt, der andere wird nicht als Projektionsfläche für die eigenen Konflikte, als symbiotischer Ersatz für einen Teil des Selbst oder als Objekt egoistischer Bedürfnisse ausgenutzt.

Unter Identifikation/Nähe verstehen wir auch eine **selbstgewählte, zuverlässige Beziehung zu anderen Menschen oder zum Unternehmen**, die ihre Qualität in ehrlicher Partnerschaft, verbindlicher Treue, hoher Loyalität zu dem Unternehmen und echter beruflicher Leidenschaft zeigt, d.h. ganz wesentlich darin, welche emotionale Bindung zum Unternehmen und zu seinen Vertretern entsteht. Diese Qualität drückt sich ebenfalls aus in einer ausgeprägten Hingabebereitschaft bezüglich unternehmerischer Interessen. Die eigenen egoistischen Bedürfnisse werden da zurückgestellt, wo unternehmerische Interessen sinnvollerweise Vorrang haben müssen. Diese Hingabebereitschaft wird auch trotz möglicher Enttäuschungen, Kompromisse und Monotonien des Alltagslebens kontinuierlich aufrechterhalten.

Eine wesentliche Voraussetzung für die Fähigkeit zur Identifikation/Nähe liegt in der Bereitschaft zur **Auseinandersetzung mit dem eigenen Selbst**. Das bedeutet, in einer Art Meditation die eigene Persönlichkeit zu reflektieren, das „Museum der alten Geschichten, Glaubenssätze und Lebensentwürfe" zu besuchen, um Veränderungen herbeizuführen mit dem Ziel, die eigene Identität nach realistischen eigenen Lebensentwürfen zu gestalten. Darüber hinaus ist es von großer Bedeutung, sich auch auf die Mentalität anderer Menschen einlassen zu können und sich von einem Kunstwerk oder einem Naturereignis gleichermaßen berührt zu fühlen.

Letztendlich führt die Phase der Identität/Nähe immer zu einer intensiven, gefühlsmäßigen Begegnung mit dem eigenen Selbst und mit den Identitäten des sozialen Umfeldes. Erst wenn sich der Mensch bei intensiven Begegnungen mit anderen sicher fühlt, das heißt, wenn er keine Angst mehr hat, durch eine Begegnung abgewiesen oder zerstört werden zu können, wird er bereit sein, sich auf eine offene, ehrliche, liebevolle und respektvolle Beziehung zur Welt einzulassen. Er gewinnt die Erkenntnis: Letztendlich ist jede Begegnung mit einem anderen eine Begegnung mit mir selbst.

Diese Art von Nähe ist die Grundvoraussetzung für das Entstehen eines echten „**Wir-Gefühls**" in einem Unternehmen.

In dem Maße, wie Nähe **nicht** entwickelt wurde, entsteht das Gegenteil:

## 4.1 Die Entwicklungsspirale der mental-kulturellen Identität

**Distanz.** Distanz bedeutet die Bereitschaft, Kräfte und Menschen zu isolieren und wenn nötig mehr oder weniger zu zerstören. Sie ist immer dann gegeben, wenn einem Kräfte anderer Menschen gefährlich erscheinen und deren Territorium auf den Bereich der eigenen persönlichen Beziehungen überzugreifen droht.

Daraus resultiert jedoch die Gefahr einer gewissen Isolierung, das Leiden am Alleinsein und die Unfähigkeit, durch den anderen bzw. das Unternehmen bereichert zu werden. Bemerkbar macht sich dies dann in einem zunehmenden Empfinden von Einsamkeit und Leere. Die Folge ist häufig eine abgekapselte, mißtrauische Lebenseinstellung, verbunden mit chronischer Enttäuschung und Resignation.

Je mehr Mitarbeiter aus Furcht vor einem Verlust des eigenen Ichs diesen Bindungserlebnissen ausweichen, um so deutlicher entsteht ein Gefühl tiefer Vereinsamung. Dies kann sogar soweit gehen, daß man sich nur noch ausschließlich mit sich selbst beschäftigt und jeder Bezug zur Umwelt bzw. Realität endgültig verlorengeht (z. B. Verlust an Marktorientierung).

Die Phase der Nähe ist also der Kristallisationspunkt der Identifikation der Mitarbeiter mit dem Unternehmen, den Produkten, der eigenen Funktion, Aufgaben, Vorgesetzten etc. im weitesten Sinne auf der Basis der bisherigen Entwicklung.

Der **Grad der Identifikation** mit dem Unternehmen wird in der Zukunft einer der **wesentlichen Erfolgsfaktoren** im Wettbewerb sein. Es kommt daher vor allem darauf an, Mitarbeitern die Möglichkeit zu bieten, zu sich selber finden zu können. Dies wiederum bedeutet, daß eine Investition in die Persönlichkeitentwicklung der Mitarbeiter mit höchster Priorität auszustatten ist, denn hier handelt es sich um die Aktivierung der kostbarsten Ressource im Unternehmen: des Menschen.

Damit diese für den Wettbewerbskampf so entscheidende Kraft auch voll zum Tragen kommen kann, müssen Führungs- und Zusammenarbeitskultur, Vision/Mission, Strukturen und Abläufe etc. so gestaltet werden, daß bei den identifizierten Mitarbeitern die Lust zur unternehmerischen Einflußnahme nicht nur geweckt, sondern auch erlaubt und gefördert wird.

Zum Vergleich: Die liebende Begegnung in der privaten Welt ist die höchste Form wechselseitiger Regulation, das heißt, die Menschen versuchen, im Rahmen eines gegebenen sozialen Milieus ihr Verhalten bestmöglichst aufeinander abzustimmen. Die Freude und die Sorge am anderen ist somit meist wichtiger als die Befriedigung der eigenen egoistischen Wünsche.

Wenn in diesem Tatbestand eine große Sehnsucht des Menschen liegt, sollten wir uns überlegen, wie dieses Grundbedürfnis in angemessener

Art und Weise in das Berufsleben integriert werden kann. Im Moment erleben wir eine drastische **Kluft zwischen Privatleben und Berufsleben.** Wir erleben immer stärker, daß vor allem junge Menschen den Fokus ihres Engagements spürbar auf den privaten beziehungsweise Freizeitbereich lenken. Durch eine konsequente Gestaltung der ersten sechs Phasen und der Pflege der entwickelten Führungs- und Zusammenarbeitskultur kann in Zukunft ein existentielles Fundament für die Wettbewerbsfähigkeit gelegt werden, weil Berufsleben dann wieder Leben bedeutet und damit erfüllend, attraktiv wird.

### 4.1.3.7 Innovation/Wachstum

Aus dem Gefühl der leidenschaftlichen Verbundenheit mit dem Unternehmen und anderen Menschen in diesem Unternehmen entsteht zwangsläufig das Bedürfnis nach **Wachstum** und aktiver Mitgestaltung, aber auch nach der **Beeinflussung** und **Entwicklung** der nachfolgenden Führungsgeneration.

In dieser Phase ist vor allem die gezielte **Führungskräfteentwicklung** ein wichtiges Instrument, wo es unter anderem darum geht, bei Potentialskandidaten schlummernde Kapazitäten hervorzulocken und zu professionellen Fähigkeiten und Fertigkeiten zu entwickeln. In dieser Tutoren-/Mentorenrolle wächst den „erziehenden" Führungskräften eine neue Dimension von Verantwortung zu. Vorgesetzte müssen bei den Mitarbeitern nämlich die maßgeblichen Defizite und Stärken identifizieren, die im Bereich der ersten sechs Phasen liegen, um auf Basis dieser Erkenntnisse den Lern- und Veränderungsbedarf präzise formulieren zu können.

Eine große Chance liegt nun darin, daß sich die Vorgesetzten gemeinsam mit ihren Mitarbeitern partnerschaftlich entwickeln (gemeinsames Lernen!) und sich so in ihren Persönlichkeiten gegenseitig bereichern. Auch Sorgen, Konflikte und Ängste des Berufslebens können geteilt und gemeinsam bewältigt werden. Zu lehren ist die beste Methode, um selbst zu lernen!

Sollte dies gelingen, entsteht in diesem Bereich ein außerordentliches Wachstumsklima, das unmittelbar zu einem Freiwerden ungeahnter, verborgener Kräfte führen kann. In diesem Fall wird auch der Vorgesetzte sein existentielles Bedürfnis befriedigt sehen, von den Mitarbeitern und der Nachwuchsgeneration gebraucht zu werden.

**Lernen** wird in diesem Bereich zu einem systemimmanenten Prinzip. Der Vorgesetzte wird die Erfahrung machen, daß er hier seine natürliche Autorität bestätigt bekommt und damit Glauben, Vertrauen, Willenskraft und Initiative bei den Mitarbeitern wecken kann. Es entsteht ein Klima, wo „**Lust auf Lernen**" alle erfaßt.

Eine herausragende Anforderung an Führungskräfte im Bereich Wachs-

## 4.1 Die Entwicklungsspirale der mental-kulturellen Identität

tum liegt darin, immer wieder zuzulassen, daß die Sinnhaftigkeit des Wachstums auch reflektiert wird. Dazu gehört auch, sich selbst und **generell alles immer wieder in Frage zu stellen** und stellen zu lassen. **Aber nicht** etwa im Sinne von destruktiver Kritik und ständigen Zweifeln, sondern mit der Gewißheit der inneren Verbundenheit zum Unternehmen durch gemeinsame Werte, Überzeugungen und Visionen.

Für ältere Führungskräfte gibt es nicht selten so eine Art persönlicher „Bilanzkrise", die zu einem Zeitpunkt auftritt, da die Irreversibilität des „Nur-Erreichten" und des eigenen Lebensentwurfes und die Endlichkeit des (beruflichen) Daseins immer deutlicher ins Bewußtsein treten.

Es stellt sich die Frage, ob man mit dem, was man geleistet und erreicht hat, mit seinen Mitarbeitern, dem Nachwuchs, der beruflichen Position und den eigenen Leistungen zufrieden sein kann oder ob man das Gefühl entwickelt, im Leben die falschen Entscheidungen getroffen zu haben, nichts von großer Bedeutung erreicht oder bewirkt zu haben und somit (auch in den Augen anderer) letztendlich versagt zu haben.

Von der Beantwortung dieser Frage hängt natürlich auch ab, ob der Prozeß des Alterns und das Hinentwickeln zum Rentenalter mit Zufriedenheit, Erfülltheit und Kreativität gelebt werden kann oder ob diese Führungskraft in eine immer größere Monotonie, Enttäuschung und Depression verfällt.

Gerade in dieser Phase der Krise zeigen sich die Versäumnisse beziehungsweise „Sünden" der ersten sechs Stufen. Denn wenn genügend Substanz aus dem eigenen beruflichen Umkreis und Verantwortungsbereich in den ersten sechs Stufen aufgebaut wurde, wird eine solche Führungskraft auch im „worst case" erkennen, daß sich die Investitionen der Vergangenheit auszahlen. Die Führungskraft wird merken, daß eine tiefgehende Krise gar nicht mehr möglich ist. Denn ihre Professionalität und ihre soziale Kompetenz werden ihr jetzt über jede kritische Phase hinweghelfen.

Immer dann, wenn sich Vorgesetzte über zu wenig Dynamik, zu wenig Innovationen, zu wenig Engagement und zu geringe Identifikation beim Mitarbeiter beklagen, sollten sie als erstes überdenken, **was ihr Anteil daran ist,** daß diese Passivität entstanden ist, und erst an zweiter Stelle die Ursachen der Störung – nicht die Schuld! – bei den anderen suchen.

Heute gibt es zahlreiche, wissenschaftlich begründete Erkenntnisse über die Lernfähigkeit von Menschen. Daher sollten wir in Zukunft vor allem darauf achten, uns Vorurteile, einschränkende beziehungsweise negative Glaubenssätze über uns und andere einzugestehen, um die Lernpotentiale zu aktivieren.

Nach dem heutigen Wissensstand können wir davon ausgehen, daß das Wachstumstempo, die Komplexität und die knappe verfügbare Zeit zu

## 4. Die Diagnoseinstrumente der mental-kulturellen Identität

einer Entwicklungsturbulenz in unserem gesamten internationalen Wirtschaftssystem führen werden, wo ein Unternehmen nur dann überleben und Erfolg haben kann, wenn die Fähigkeit zur lernenden Organisation, lernenden Gruppe (Teamentwicklung) und zum lernenden Individium professionell entwickelt wurde.

Stagnation wird in Zukunft mit Sicherheit drastischer und schneller vom Markt bestraft werden als je zuvor in der gesamten Wirtschaftsgeschichte.

### 4.1.3.8 Integrität/Zukunftsvorsorge

Der Begriff Integrität umfaßt in unserem Sinne mehrere Facetten. Zum einen verstehen wir darunter eine gewisse Weisheit und geistige Reife, zum anderen die Antwort auf die Frage, ob auf der Basis der vorhergehenden Lebensphasen ein Gefühl der Einheit entstanden ist und somit im tiefen Erleben der Sinnhaftigkeit des eigenen Handelns und der gemeinsamen Werte eine dauerhafte Bindung an das Unternehmen entstanden ist. Es zeigt sich, wie stabil das „Lebenswerk" ist und ob für zukünftige Generationen ausreichend vorgesorgt worden ist.

Wenn die ältere Führungsgeneration auf ein Berufsleben zurückblicken kann, wo sie verantwortlich für andere gewirkt hat, ethisch und moralisch die Führung ausgeübt hat, stellt sich ein Gefühl der **Zufriedenheit** ein. Es ist das erreicht worden, was diese Führungsgeneration in ihrem Berufsleben angestrebt hat.

In dieser Phase ensteht eine Stimmung der „Staffelholzübergabe" an die nun folgende Führungsgeneration. Die narzißtische Gefangenheit der eigenen Person wird überwunden, es entstehen eine allgemeine Freude, vielleicht sogar **Liebe zum Leben** (Biophilie) und **innere Genugtuung am Wachstum der nachfolgenden Generation.**

Ein deutliches Zeichen für Wertorientierung zeigt sich auch im Humor, also einer Fähigkeit, sein eigenes Ich in Frage zu stellen und sich damit unverletzbar zu machen. Vor allem in der Qualität der Auseinandersetzung und Reflexion des Alterns und der Angst, nach dem Ausscheiden aus dem Unternehmen vergessen zu werden, zeigt sich die Integrität eines Menschen.

Es kommt in dieser Phase der geistigen Reflexion des Lebens vieles zum Abschluß. Die Frage nach offenen Rechnungen aus der Vergangenheit drängt sich immer stärker in das Bewußtsein. Die Erkenntnis, daß Versöhnung mit unangenehmen Situationen und Personen eine Grundvoraussetzung für ein respektvolles Loslassen dieser Phase ist, wird häufig nur zaghaft angenommen und als quälend empfunden.

In dieser Phase ist die wachsende Sicherheit des Ichs hinsichtlich seiner natürlichen Neigung zur Ordnung und Sinnerfülltheit spürbar. Obwohl sich der integre Mensch der Relativität all der vielen verschiedenen Lebensformen bewußt ist, die dem menschlichen Streben einen Sinn verleihen, ist er bereit, die **Würde seiner eigenen Lebensformen** gegen alle physischen und wirtschaftlichen Bedrohungen zu verteidigen. Diese Führungskraft bekennt sich zu einer sittlichen Vaterschaft der Führungskultur, die im Unternehmen vorherrscht.

Im Gegensatz dazu stellen sich Gefühle von **Verzweiflung** ein, wenn ein Empfinden vorherrscht, den Sinn des eigenen Daseins verfehlt zu haben. Je weniger Integrität entstanden ist, desto mehr ergreifen schleichende Verzweiflung, aber auch Zynismus und Lebenshaß von der Persönlichkeit Besitz. Letztendlich ist dies Ausdruck einer unverarbeiteten Angst vor dem Abschied, vor der Pensionierung beziehungsweise vor dem Tod. Verzweiflung entspringt aus dem Gefühl, daß die Zeit zu kurz ist, um ein neues, anderes Leben versuchen zu können, in dem andere Wege der Integrität eingeschlagen werden könnten.

Der integre Mensch besitzt eine Kraft der Weisheit, also jene seelische Stärke vor allem der älteren Menschen, die sich im gereiften Witz beziehungsweise Urteil und im distanzierten Befaßtsein mit dem Leben ausdrückt, befreit von zeitlichen Relativismen, wobei diese Haltung mit einem tiefen persönlichen Glauben und Wertempfinden verbunden ist. Um eine starke Identität bilden zu können, ist gerade die junge Generation auf die Existenz solcher integrer Vorbilder, von wahren Persönlichkeiten, angewiesen.

## 4.2 Die „systemischen Basiskulturen"

### 4.2.1 Das Modell der Ich-Zustände

Dieser Ansatz ist aus der systemischen Sichtweise von Organisationskulturen entstanden. Er zeigt auf, daß sich in jeder Organisation bestimmte „Basiskulturen" entwickeln, die repräsentativ für kollektive Werte und ein gemeinsames Kulturverständnis sind.

Obwohl der Mensch individuelle und somit zum Teil auch grundverschiedene Wertmaßstäbe, Wünsche und Einstellungen hat, ergeben sich in Unternehmen seltsamerweise immer wieder **bestimmte Typen von Kulturen, die in sich homogen und äußerst stabil sind.**

Diese Basiskulturen haben einerseits für das ganze Unternehmen, andererseits für bestimmte Subkulturen dieses Systems Gültigkeit und bestimmen entscheidend das Engagement und die Identifikation der einzelnen Mitarbeiter.

Hierbei wird deutlich, daß in einem Unternehmen sehr wohl verschiedene (Sub-)Kulturen herrschen können, die allerdings auch unterschied-

86  4. Die Diagnoseinstrumente der mental-kulturellen Identität

Abb. 22: Ich-Zustände beim Menschen

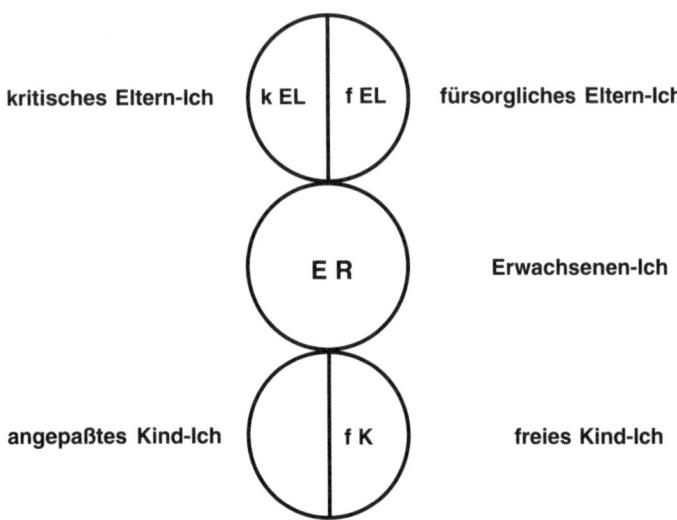

lich krisenanfällig sind und erhebliche Reibungsverluste hinsichtlich der Zusammenarbeit (z.b. zwischen einzelnen Abteilungen) nach sich ziehen können.

Das Modell macht deutlich, welchen Einfluß bestimmte Mitglieder der Organisation auf das Gesamtsystem haben, und wie groß die Möglichkeiten im Falle einer notwendigen Veränderung sind. Anders formuliert stellt sich somit die Frage: „Was muß das System lernen, um die nächste Entwicklungsstufe erfolgreich nehmen zu können?"

Abgeleitet wurden diese Basiskulturen aus den Erkenntnissen der Transaktionsanalyse und dem darin zugrundeliegenden Modell der drei „Ich-Zustände" beim Menschen:

Die Ich-Zustände sind das Erklärungsmodell der Transaktionsanalyse für die menschliche Persönlichkeitsstruktur. Sie sind in sich festgefügte und deutlich voneinander abgegrenzte Erlebens- und Verhaltensweisen.

In der Transaktionsanalyse wird davon ausgegangen, daß jeder Mensch aus drei verschiedenen Ich-Zuständen besteht, die sein Denken, Fühlen und Handeln beeinflussen. Alle drei Ich-Zustände (elterliche, erwachsene und kindliche Anteile) bilden zusammen die Persönlichkeit des Menschen und äußern sich in verschiedenen Verhaltensweisen.

- **Das Eltern-Ich**

Jemand verhält sich wie eine Mutter oder ein Vater – Orientierung gebend oder beschützend: Das **Eltern-Ich** bildet den Bereich der Normen, Werte und Überzeugungen. Es kann **kritisch, orientierend** oder **fürsorglich** sein.

- **Das Erwachsenen-Ich**

Jemand plant Dinge, überprüft Fakten, stellt Fragen, insbesondere „W"-Fragen (Wer?, Wo?, Wann?, Was?, Warum?),und trifft klare Entscheidungen wie ein Erwachsener: Das **Erwachsenen-Ich** ist der Sitz von Logik, Überlegung, sachlicher Untersuchung und Entscheidung. Es ist der Bereich der autonomen Verantwortung.

- **Das Kindheits-Ich**

Jemand verhält sich wie ein Kind – spielend, lachend oder weinend: Das **Kindheits-Ich** enthält Stimmungen, Bedürfnisse, Gefühle. Es ist unser Reservoir an Kreativität und Vitalität. Es kann als **freier** oder **angepaßter** Ich-Zustand auftreten.

In jedem Unternehmen gibt es prinzipiell alle drei Ich-Zustände. Es hat sich gezeigt, daß in verschiedenen Unternehmenskulturen bestimmte Ich-Zustände häufiger vertreten sind als in anderen Kulturen.

Das wesentliche Unterscheidungskriterium dieser Basiskulturen ist das zugrundeliegende unternehmerische Weltbild/Paradigma.

### 4.2.2 Die Typologie der Basiskulturen

Kernhypothese für die Basiskulturen ist, daß in jeder Organisationseinheit möglichst alle Ich-Zustände verfügbar sein sollten. Dadurch wären größte Flexibilität und Angemessenheit im Denken, Fühlen und Verhalten gewährleistet. Potentiell stehen alle Ich-Zustände zwar zur Verfügung. Sie sind in der Regel aber durch Trübungen und Abwertungen real eingeschränkt und stellen damit in der Zusammenarbeit zwischen den Organisationseinheiten eine wesentliche mental-kulturelle Barriere dar.

Sobald ein Typ der Basiskulturen in einer Organisationseinheit dominant wird, ist eine Störung in der Effizienz und in der Zusammenarbeit mit anderen programmiert. Diese Dominanz kann auch in der eigenen Organisationseinheit erst störend und später fatal wirken, da dadurch das Denk- und Verhaltensrepertoire stark eingeschränkt wird.

Mißerfolge sind über kurz oder lang die Folge, da die selektive Wahrnehmung der Umfeldrealität und -anforderungen aufgrund einschränkender Denkrahmen zu Inflexibilität in den Problemlösungansätzen führt.

Mit Hilfe von Teamentwicklung kann die Dominanz von Basiskulturen in einer Organisationseinheit reguliert werden mit dem Ziel, alle Ich-Zustände angemessen verfügbar zu haben. Derselbe Ansatz gilt auch für die Zusammenführung von mehreren Organisationseinheiten mit derselben Problematik.

Abb. 23: Die Typologie der Basiskulturen

| Typ \ Faktoren | Typ 1 | Typ 2 | Typ 3 | Typ 4 |
|---|---|---|---|---|
| dominanter Ich-Zustand | kritisches Eltern-Ich | fürsorgliches Eltern-Ich | freies Kind-Ich | Erwachsenen-Ich |
| Weltbild Paradigma | "gut funktionierende Maschine" | "Großfamilie/ Clan" | "bunte Spielwiese" | "Gutachter" |
| Kulturbestimmende Faktoren | - Management By Objectives<br>- Quantitative Ausrichtung<br>- Controlling hat großen Stellenwert<br>- Führung ist wichtig | - Treue<br>- Loyalität<br>- Tradition (viele Clubs, Vereine)<br>- Leitidee "Wir sind die Nr. 1"<br>- Grandiosität<br>- Ausgeprägte Bindung an Unternehmen<br>- Ausrichtung auf den Patriarchen<br>- "weiche" Führung | - Kompetenz<br>- Spaß<br>- Faszination an den Produkten<br>- große Freiräume<br>- Bindung ans Unternehmen ist gering<br>- Häufiges job-hopping<br>- Hohe permanente Arbeitsbelastung<br>- wenig Synergien<br>- kaum Führung | - Sachlichkeit<br>- Rationalität<br>- Logik<br>- Zweckorientierung<br>- ausgeprägtes Input/Output-Denken<br>- Menschlichkeit wird oft vermißt<br>- Straffe Führung |

Die Diagnose und Entwicklung der Basiskulturen besitzen auch bei der Gestaltung von Veränderungsprozessen eine große Bedeutung.

Im **Typ 1** (Schwerpunkt: Orientierendes Eltern-Ich) wird das Unternehmen als „gut funktionierende Maschine" angesehen. Jeder Mitarbeiter ist dementsprechend ein Teil dieser Maschine und funktioniert mehr oder weniger gut. Führung, im besonderen realisiert durch Management by Objectives, steht dabei im Vordergrund. Da das Unternehmen in der Regel stark quantitativ ausgerichtet ist, hat Controlling einen zentralen Stellenwert.

Für den Fall, daß das Unternehmen nicht entsprechend funktioniert (Indikator: die Zahlen stimmen nicht!), werden oftmals die „Schuldigen" schnell gefunden und ausgetauscht. Fluktuation ist keine Besonderheit. Im zweiten Schritt besinnt man sich auf ausgeklügelte Personalsysteme, die zunächst eher materiell orientiert sind (vgl. Incentive-/Vergütungsprogramme).

Erst im letzten Stadium wird die Frage aufgeworfen: „Wie muß eigentlich die Maschine aussehen, damit sie funktioniert?"

Typische Beispiele:

## 4.2 Die „systemischen Basiskulturen"

Abb. 24: Klassifikationsschema der Basiskulturen (nach R. Balling)

| Typ<br>Faktoren | Typ 1 | Typ 2 | Typ 3 | Typ 4 |
|---|---|---|---|---|
| dominanter Ich-Zustand | kritisches Eltern-Ich | fürsorgliches Eltern-Ich | freies Kind-Ich | Erwachsenen-Ich |
| Weltbild Paradigma | "gut funktionierende Maschine" | "Großfamilie/Clan" | "bunte Spielwiese" | "Gutachter" |
| Wie kündigt sich die Krise an? | - Zahlen stimmen nicht ↓ | - Zahlen stimmen nicht<br>- Gründerpersönlichkeit weg (Generationenwechsel, Tod)<br>- Leitidee nicht mehr stimmig<br>- Plötzliche Fluktuation (= Verräter) ↓ | - Wachstumsprobleme<br>- Spaß und Faszination gehen verloren<br>- Arbeitsüberlastung ↓ | - Zahlen stimmen nicht<br>- Hohe Fluktuation aufgrund fehlender Berücksichtigung menschlicher Werte<br>- Hoher Grad an innerer Kündigung |
| Welche Reaktionen erfolgen? | Reaktionen:<br>1. Schuldige werden gefunden und ausgetauscht<br>2. Materielle Anreizsysteme<br>3. Wie muß die Maschine konstruiert werden, damit sie funktioniert? | Reaktionen:<br>1. Durchhalteparolen<br>2. Aktionismus | Reaktionen:<br>1. Recruiting<br>2. Suche nach mehr Führung<br>3. Bürokratie | Reaktionen:<br>1. Ignorieren der Probleme<br>2. Austausch der Mitarbeiter |

- Procter & Gamble
- Unilever

Beim **Typ 2 (Schwerpunkt: Fürsorgliches Eltern-Ich)** wird das Unternehmen als „Großfamilie/Clan" angesehen. Entsprechend sind Loyalität und Treue in diesem Kultursystem die höchsten Werte. Die Mitarbeiter weisen meist eine überdurchschnittlich lange Unternehmenszugehörigkeit auf. Tradition wird großgeschrieben. Firmeneigene Vereine sind keine Seltenheit. Oftmals hat man es auch mit charismatischen Gründerpersönlichkeiten zu tun, auf die sich alle Mitglieder der Organisation mehr oder weniger stark ausrichten. Anpassung wird in diesem System erwartet und eingefordert. Es ist wichtig, daß alle Mitarbeiter die grundlegenden Werte voll mittragen. Die wichtigste Frage bei neuen Mitarbeitern lautet daher: „Paßt der zu uns?" Entsprechend verhält sich die Organisation nach außen, in dem sie sich gerne mit einem Anflug von Grandiosität umgibt, etwa nach dem Motto: „Wir sind etwas ganz besonderes!". Nicht selten spielt die Leitidee (z.B. „Wir sind die Nr. 1!") eine entscheidende Rolle.

Problematisch wird es in diesen Systemen, wenn die Leitidee nicht mehr stimmig ist oder gar die Leitfigur nicht mehr im Unternehmen ist (z.B. Generationenwechsel, Tod). Eine andere wunde Stelle ist die Treue zur Firma. Ein Ausscheiden aus dem Unternehmen ist häufig mit negativen und unschönen Begleiterscheinungen verbunden (man gilt schnell als Verräter!). Fluktuation ist also ein zentrales und wichtiges Thema.

Typische Beispiele:

- Porsche
- Adidas
- C & A
- Nixdorf (früher)

Der **Typ 3 (Schwerpunkt: Freies Kind-Ich)** kann am ehesten mit der Metapher einer „lebhaften Spielwiese" verglichen werden. Hier stehen Spaß und individueller Freiraum im Vordergrund, die Begeisterung für die Produkte und Ideen (quasi die bunten Spielsachen) ist sehr groß, die Bindung an das Unternehmen selbst meist sehr gering. Fluktuation (ausgeprägtes job-hopping) ist daher nicht weiter ungewöhnlich (fachlich verständlich und nachvollziehbar), obwohl es auf der menschlichen Seite oft als bedauerlich empfunden wird.

Im Vordergrund dieser Kultur steht neben der Faszination vor allem die Kompetenz der einzelnen Mitglieder. Professionalität wird in jeder Hinsicht angestrebt, wenngleich die Synergieeffekte in diesem System äußerst gering sind. Gleichzeitig zeichnet sich diese Kultur durch eine permanent hohe Arbeitsbelastung aus. Das System wird anfällig, wenn der Spaß und die Faszination verlorengehen und die einzelnen Mitglieder den Arbeitsaufwand nicht mehr tolerieren.

Die Problematik dieser Kultur besteht meist darin, daß trotz des individuellen Anspruchs auf Professionalität diese mitunter nicht sehr stark ausgeprägt ist. Eine extrem hohe Fachkompetenz macht eben noch lange keine gute Führungskraft aus, die verantwortlich handelt. In diesem Kultursystem muß die Frage somit lauten: „Was müssen die Kinder jetzt lernen, um endlich erwachsen zu werden?"

Typische Beispiele:

- Werbeagenturen
- Computer-und Softwareunternehmen (z.B. Apple, Microsoft)

## 4.2 Die „systemischen Basiskulturen" 

Der **Typ 4** (**Schwerpunkt: Erwachsenen-Ich**) kann am ehesten mit der Metapher eines „Gutachters" charakterisiert werden. In dieser Kultur haben Rationalität und Logik absoluten Vorrang. Alles Tun wird gemessen an der Zweckorientierung, verbunden mit einem ausgeprägten Input-/Output-Denken bzw. angemessenen Kriterien der Wirtschaftlichkeit.

Die ausdrückliche Betonung der Sachlichkeit und der Zweckorientierung läßt sehr oft das Gefühl von Menschlichkeit und Geborgenheit in der Organisation vermissen. Dieses Faktum, verbunden mit geringen Freiräumen aufgrund von straffer Führung, führt auch dazu, daß Fluktuation nichts Außergewöhnliches ist; im Gegenteil!

Das größere Problem stellt sich allerdings durch vergleichsweise hohe Anteile von inneren Kündigungen dar, da in solchen Systemen eine Sinnvermittlung oft als Zeitverschwendung angesehen wird.

Typische Beispiele:

- Steuerberatung
- Wirtschaftsprüfungsgesellschaften
- Controlling-Abteilungen
- Meß-/Regeltechnik

Die Analyse der systemischen Basiskulturen von Organisationen ist vor allem wichtig zur Beurteilung von Problemen bei der Zusammenarbeit unterschiedlicher Abteilungen/Organisationseinheiten. Jedem dieser vier Typen liegt ein unterschiedliches Weltbild sowie ein unterschiedliches Wertesystem zugrunde, welches es für die Betroffenen so schwierig macht, durch die „Brille des anderen" zu sehen und auch dessen Standpunkt zu respektieren und sich darauf einzustellen.

Ein vom Autor entwickeltes Diagnoseverfahren zu den Basiskulturen, das verschiedene Implikationen der einzelnen Basiskulturen testet und die Ergebnisse zu einem Gesamtbild der Kultur des Unternehmens und seiner Organisationseinheiten zusammenfaßt, hat sich in langjähriger Praxis bewährt.

Sind die Subkulturen von Organisationseinheiten, die miteinander kooperieren, sehr unterschiedlich, ist vor dem Start von Veränderungsprozessen eine Teamentwicklung angezeigt, die hinsichtlich der Basiskulturen mehr Wahlfreiheiten und somit Verständnis für den jeweils anderen Partner erzeugt.

Es sei betont, daß die Diagnose einer bestimmten Ausprägung der Basiskultur, also z.B. „bunte Spielwiese" (vgl. Abb. 23), keinerlei Wertung im Sinne von „gut" oder „schlecht" beinhaltet. Jedoch besteht eine Vielzahl von Vorteilen, wenn in einem Unternehmen, einer Organisationseinheit und auch bei einer Person alle Basiskulturtypen repräsentiert sind, sodaß situationsangemessene Wahlfreiheit besteht.

## 4. Die Diagnoseinstrumente der mental-kulturellen Identität

Abb. 25: Konflikt durch unterschiedliche Basiskulturen

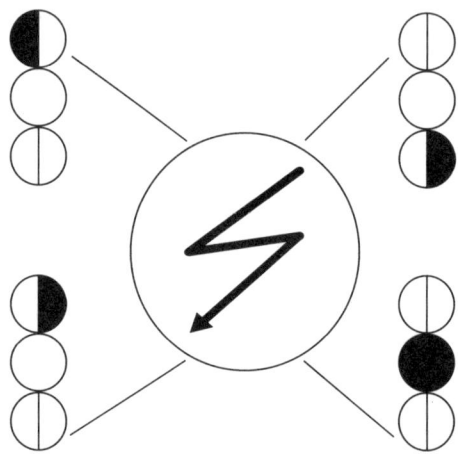

Die Berücksichtigung der systemischen Basiskulturen ist auch bei der Einstellung neuer Mitarbeiter wichtig. Durch eine **gezielte kulturorientierte Stellenbesetzung** können unnötige Frustrationen (auf beiden Seiten) schon im Vorfeld ausgeschaltet und verhindert werden.

### 4.3 Das Unternehmens-Struktogramm

#### 4.3.1 Das Modell

Die Technik des Unternehmens-Struktogramms ist eine Weiterentwicklung der Biostruktur-Analyse, die auf den amerikanischen Hirnforscher *Paul D. Mac Lean* zurückgeht und von *W. Schirm* als Persönlichkeitstest ausgebaut wurde. Ausgangsthese ist, daß jedes menschliche Verhalten seinen Ursprung im Gehirn hat, weil dort die vielfältigen Signale aus der Umwelt verarbeitet werden. *Mac Leans* Forschungsarbeiten zeigen, daß beim menschlichen Hirn nach drei eigenständigen Bereichen unterschieden werden kann, denen man zur leichteren Orientierung Farben zugeordnet hat:

- Stammhirn (Grün)
- Zwischenhirn (Rot)
- Großhirn (Blau)

Die einzelnen Hirnbereiche sind verantwortlich für die jeweiligen Verhaltenstendenzen der Menschen. Man spricht in diesem Zusammenhang von individuellen Dominanzen (z.B. Rot-Dominanz), die Ausdruck der Persönlichkeit eines Menschen sind.

Diese „drei Gehirne", die sich aus ganz speziellen evolutionären Erfordernissen entwickelt haben, arbeiten trotz großer Unterschiede in Aufbau und Funktion quasi als ein „dreieiniges" Gehirn zusammen.

**Das Stammhirn (Farbe Grün)**

Das Stammhirn ist das entwicklungsgeschichtlich älteste Gehirn. Entsprechend sind darin alle Erfahrungen repräsentiert, die der Mensch im Laufe seiner Existenz und Evolution gemacht hat:

- Aufgabe: Selbsterhaltung
- Zeitbezug: Vergangenheit
- Gewohnheiten, Tradition, Erfahrung
- Gefühle und Stimmungen
- Bedürfnis nach Nähe
- Instinkte
- Sympathie

**Das Zwischenhirn (Farbe Rot)**

Das Zwischenhirn dient der Selbstbehauptung und der Orientierung in der Gegenwart:

- Aufgabe: Selbstbehauptung
- Zeitbezug: Gegenwart
- Spontaneität
- Rivalitäts-Tendenz
- Bedürfnis nach Status
- Unmittelbare Reaktion auf die Notwendigkeiten des Augenblicks
- Schnelligkeit/Dynamik
- Digitale Entscheidungen (Freund oder Feind, Flucht oder Kampf)

**Das Großhirn (Farbe Blau)**

Das Großhirn ist der Sitz des Bewußtseins, arbeitet logisch und ist der Ursprung allen rationalen Denkens:

- Aufgabe: Selbstverwirklichung
- Zeitbezug: Zukunft
- Planung, Voraussicht
- Analytik, Logik, Abstraktion
- Ordnung, Systematik

Entsprechend dieser Strukturen lassen sich auch für Unternehmen Dominanzen ermitteln, die wiederum ergänzende Aussagen über die mental-kulturelle Identität des Unternehmens erlauben. Gerade bei der immer wichtiger werdenden Anforderung an Kooperation und Zusammenarbeit unterschiedlichster Disziplinen und Bereiche (z.B. Entwicklung und Ver-

Abb. 26: Merkmale der drei Hirnbereiche

| | Stammhirn-Steuerung | Zwischenhirn-Steuerung | Großhirn-Steuerung |
|---|---|---|---|
| Zwischenmenschliche Beziehungen | **Kontakt** Sucht und findet menschlichen Kontakt, hat ein "Gespür" für Menschen, ist beliebt. | **Dominanz** Sucht Überlegenheit, besitzt natürliche Autorität, mißt sich gern mit und an anderen. | **Distanz** Braucht Abstand, gewinnt erst bei längerem Kennen, läßt nicht in sich hineinschauen |
| Vorherrschende Dimension der Zeit | **Vergangenheit** Baut auf Bekanntes, wird von "Erfahrungen" bestimmt, meidet radikale Veränderungen | **Gegenwart** Erfaßt den Augenblick, entscheidet spontan, ist von mitreißender Dynamik | **Zukunft** Muß alle Konsequenzen zu Ende denken, tut nichts ohne Plan, teilt die Zeit fest ein. |
| Vorherrschende geistige Fähigkeit | **Spüren** Verfügt über Intuition und "Fingerspitzengefühl", erfaßt Signale aus dem Unbewußten, kann sich auf "erste Eindrücke" verlassen. | **Begreifen** Denkt konkret und praktisch, erkennt das "Machbare", neigt zum Probieren, ist gut im Improvisieren. | **Ordnen** Denkt systematisch, hat hohes Abstraktionsvermögen, beherrscht die Sprache als Werkzeug. |
| **Erfolg durch** | **Sympathie** | **Imponieren** | **Überzeugen** |

trieb) wird mit Hilfe des Struktogramms von einzelnen Bereichen deutlich, wo und in welchem Maße Problemzonen vorliegen.

### 4.3.2 Beispiel für ein Unternehmens-Struktogramm

Die Technik des Unternehmens-Struktogramms ermöglicht es, die einzelnen Profile verschiedener Abteilungen untereinander und mit dem Gesamtprofil des Unternehmens zu vergleichen. Daraus ergeben sich wertvolle Aussagen in bezug auf die unterschiedlichen Anforderungsprofile und Konfliktpotentiale in der Zusammenarbeit. Darüber hinaus lassen sich Aussagen im Hinblick auf die Kongruenz der verschiedener Aspekte der Unternehmensidentität ableiten (z.B. Produkte, Corporate Behavior, Werbung etc.).

Das folgende Beispiel soll diese Zusammenhänge verdeutlichen: Nehmen wir einmal an, wir hätten ein blau-dominantes Unternehmen (vgl. Abb. 27, S. 96). Dieses Unternehmen könnte ein sehr technologieorientiertes Unternehmen sein, beispielsweise ein Zulieferer hochwertiger Bauelemente für die Kfz-Industrie.

Die Struktogramme der einzelnen Abteilungen (in unserem Beispiel nur auf sechs beschränkt) haben sehr unterschiedliche Ausprägungen. Die Bereiche, die sehr stark mit Zahlen, Daten, Messungen, Prozessen und Abläufen zu tun haben, sind deutlich blau-dominant (d.h. Analytik, Logik, Ordnung, Systematik, Planung etc.).

Ganz anders dagegen ist die Verteilung im Bereich Marketing/Vertrieb. Die Rot-Dominanz signalisiert den Gegenwartsbezug, die unmittelbare Reaktion auf die Erfordernisse der augenblicklichen Situation. Gerade der Vertrieb braucht für seine Arbeit genau diese Eigenschaften wie Spontaneität, Schnelligkeit, Dynamik und Durchsetzungsvermögen. Auch ein höheres Bedürfnis nach Status kommt darin zum Ausdruck. Diese Unterschiede in den Lebenswelten lassen sich vielfach schon in äußeren Merkmalen wie z.b. der Kleidung nachvollziehen.

Während Mitarbeiter aus Marketing und Vertrieb eher als „modische Trendsetter" gelten, hat bei Mitarbeitern aus technischen Disziplinen die Kleidung oftmals einen wesentlich geringeren Stellenwert.

Der Bereich Personal weist in unserem Beispiel eine Grün-Dominanz auf, d.h. zwischenmenschliche Beziehungen, Nähe und Sympathie stehen im Vordergrund. Nun ist es nicht weiter verwunderlich, daß dieser Bereich in einem blau-dominanten Unternehmen möglicherweise Probleme hat, seine Ideen und Vorstellungen von Führungskräfteentwicklung zu verwirklichen, da er von anderen – technik-orientierten – Abteilungen eher belächelt und zur bloßen „Kostenstelle" degradiert wird, die im unternehmerischen Sinn keinen rechenbaren „Output" produziert.

Die Problematik liegt nun darin, daß die einzelnen Dominanzen mit **gegenseitigen Abwertungen** verbunden sind, die wiederum zu Konflikten führen. Beispielsweise wird eine blau-dominante Führungskraft gegenüber den rot-dominanten Personen auf Distanz gehen, ihnen die Fähigkeit zu logischem Denken und vernünftiger Planung absprechen und ihnen das „Sich-in-den-Vordergrund-Stellen" (Arroganz) ankreiden. Umgekehrt werden die Rot-Dominanten die Blau-Dominanten als Utopisten erleben, die auf der einen Seite einen „nicht zu bezahlenden" Anspruch auf Perfektion zeigen, sich auf der anderen Seite aber den Erfordernissen der Gegenwart verschließen und als ewige „Bremser" wirken.

Gleichermaßen problematisch wird es, wenn aufgrund des sich immer

96   4. Die Diagnoseinstrumente der mental-kulturellen Identität

Abb. 27: Beispiel für ein Unternehmens-Struktogramm

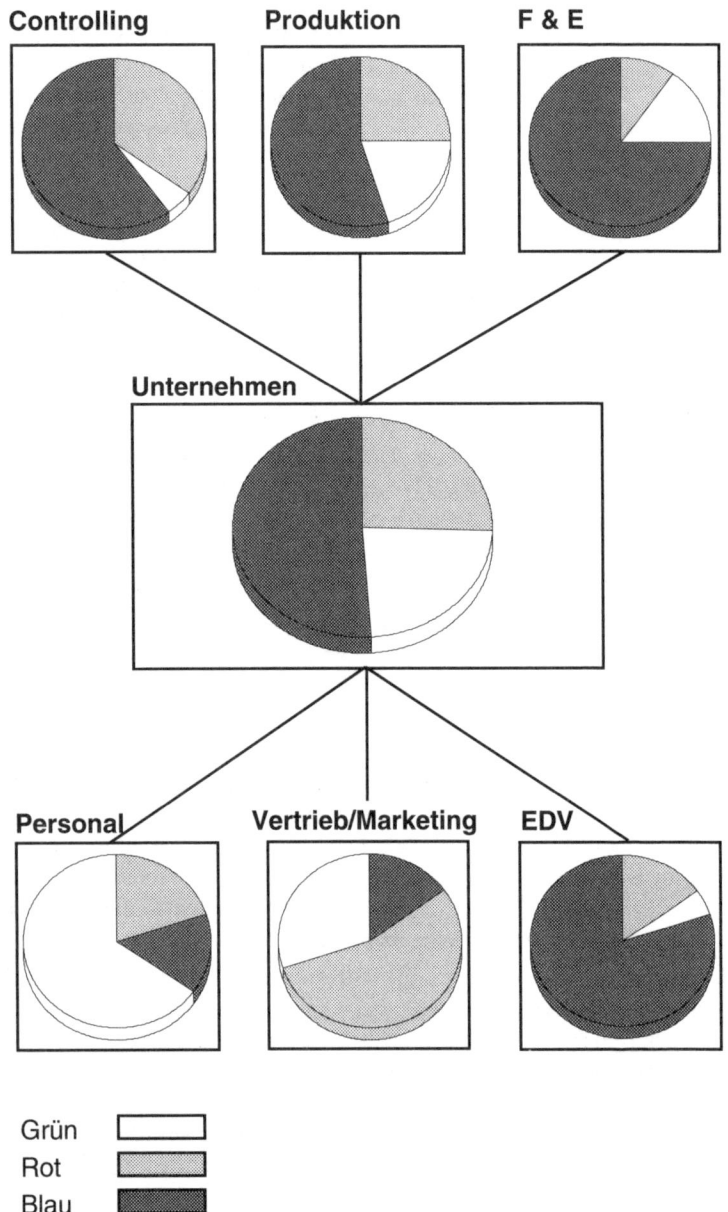

stärker durchsetzenden Gedanken der „Modul-Teams" Mitarbeiter aus Marketing/Vertrieb, Produktion, Entwicklung und Controlling stärker als bisher miteinander zusammenarbeiten müssen. Sehr schnell wird aus **Unverständnis für die Denkhaltungen der anderen Seite** eine konfliktgeladene, kontraproduktive Atmosphäre, die lediglich Kosten und schlechte Gefühle verursacht und das Unternehmen existentiell gefährden kann.

Wichtige Hinweise gibt die Struktogramm-Analyse auch im Hinblick auf **kulturorientierte Stellenbesetzungen.** Sucht man beispielsweise einen energievollen und durchsetzungsstarken Entwicklungsleiter, so muß man sich vor Augen führen, daß eine blau-dominante Führungskraft in diesem Bereich nicht den gewünschten Erfolg bringen wird, wie dies jedoch eine rot-dominante Führungskraft erwarten läßt. Letztere darf allerdings auch nur für einen bestimmten Zeitraum in dieser Position verbleiben und muß danach in ein anderes Ressort wechseln.

Auch zur Bestimmung der jeweiligen Dominanzen im Unternehmens-Struktogramm existiert ein bewährtes und effizientes Testverfahren, das aus den Antworten auf Fragen zu bestimmten Kriterien (z.B. Führungsstil, Marktverhalten, Image der Produkte des Unternehmens) die vorherrschenden Strukturen im Unternehmen und seinen Organisationseinheiten ermittelt und beschreibt.

## 4.4 Synthese der drei Diagnoseverfahren (MKI-Test, Systemische Basiskulturen, Unternehmens-Struktogramm)

Kern des diagnostischen Instrumentariums für die mental-kulturelle Identität von Unternehmen ist der MKI-Test (vgl. 4.1), der klare Aussagen zur Ausprägung der acht Dimensionen der mental-kulturellen Identität liefert und entsprechenden Handlungsbedarf signalisiert.

Die Erkenntnisse über die Ausprägung der systemischen Basiskultur(en) (vgl. 4.2) und über die Dominanz(en) im Unternehmensstruktogramm (vgl. 4.3) geben demgegenüber besonders wertvolle Hinweise über die Bedeutung und Tragweite der im MKI-Test ermittelten Verbesserungspotentiale für das jeweilige Unternehmen bzw. die betreffende Organisationseinheit sowie über die Art der einzuleitenden Maßnahmen.

Dadurch kann auf dieser umfassenden mental-kulturellen Identitätsdiagnose eine treffsichere und wirkungsvolle Dramaturgie für Veränderungsprozesse entwickelt werden.

Beispiele:
Der MKI-Test für eine Abteilung liefert die Informationen, daß Kommunikationsstrukturen und Informationssysteme stark verbesserungswür-

dig sind. Dieser Umstand hat aber in einer rot-dominierten Struktur, wo jeder sich Feedback und Informationen selbständig beschafft, sobald er sie benötigt, zweifelsohne eine andere – geringere – Bedeutung als in einer grün-dominierten Einheit, deren Mitglieder auf eine gute, offene, respektvolle, menschliche Atmosphäre angewiesen sind und daher von guter Kommunikation und klarer Information abhängen. Entsprechend unterschiedlich werden die einzuleitenden Maßnahmen zu gestalten sein.

In einer anderen Abteilung bestehen nach Meinung der Mitarbeiter recht wenig persönliche Kontakte zwischen den Arbeitskollegen. Ist die Basiskultur vom Erwachsenen-Ich dominiert, wird der genannte Umstand die Abteilungsangehörigen kaum stören, sondern ihnen eher gelegen kommen.

In Einheiten, die vom freien Kind-Ich bzw. dem fürsorglichen Eltern-Ich geprägt sind, kann geringe persönliche Bindung der Kollegen untereinander ein Indiz für ernsthafte und folgenschwere Krisen oder Problemkonstellationen sein.

So stellen die Erkenntnisse über die Ausprägung der systemischen Basiskultur und die Dominanz im Unternehmens-Struktogramm wertvolle Interpretationshilfen dar, wenn es gilt, die Erkenntnisse des MKI-Tests in geeignete Maßnahmen der Verbesserung und Entwicklung umzusetzen.

## 5. Management von Veränderungsprozessen

### 5.1 Ein Modell für Veränderungsmanagement

Veränderungen sind vielfältig und äußerst komplex. Sie reichen beispielsweise von der einfachen Initiierung eines Projektteams (mit zeitlich befristeter Aufgabenstellung) über die Umstrukturierung des Vertriebs bis zur Reorganisation des gesamten Unternehmens. Aber auch die Einführung neuer Systeme (z.B. Total Quality Management) oder die Erarbeitung (und vor allem Umsetzung) einer erfolgreichen Unternehmensvision fallen hierunter.

Alle diese Veränderungen haben eines gemeinsam. Immer sind die Art und Weise der Zusammenarbeit, das jeweilige Wertesystem, der Umgang mit Konflikten und Barrieren, die Qualität der Führung, kurz gesagt, die mental-kulturelle Unternehmensidentität betroffen.

Immer wenn es darum geht, Unternehmen und deren innere Strukturen auf Veränderungen des Umfeldes hin anzupassen bzw. auch neu auszurichten, handelt es sich um massive Eingriffe in die bestehende interne Struktur und das betriebliche Zusammenspiel aller Beteiligten. Ausgelöst durch eine bedeutende, oft existenzbedrohende Störung (Konflikt, Krise etc.) muß ein Unternehmen aus einem früheren fließenden Gleichgewichtszustand (Ausgangssituation) in einen neuen fließenden Gleichgewichtszustand (Vision) überführt werden und somit einen Wechsel in die erneute Aufstiegsphase vollziehen.

Gleichgewicht bedeutet hier, daß die Umfeldanforderungen (z.B. Kundenanforderungen an Qualität) mit der angebotenen Qualitätsleistung des Unternehmens weitgehend übereinstimmen. Dieser Zustand ist bekanntermaßen nie von langer Dauer, da der Wettbewerb nicht schläft bzw. sich die Anforderungen ständig wandeln.

Jede mental-kulturelle Unternehmensidentität baut auf einer spezifischen Tradition auf, ist geprägt durch unterschiedliche Mentalitäten, die ethnisch oder regional begründet sind, ist gekennzeichnet durch unterschiedliche Werthaltungen, Glaubenssätze, Prinzipien, Rituale, also Denkhaltungen und Verhaltensweisen, die als für sie typisch oder charakteristisch zu bezeichnen sind. Je älter ein Unternehmen ist, um so ausgeprägter sind meist die Tradition und Rigidität des Unternehmens.

## 5. Management von Veränderungsprozessen

*Abb. 28:* Veränderung als Prozeß zwischen zwei fließenden Gleichgewichtszuständen

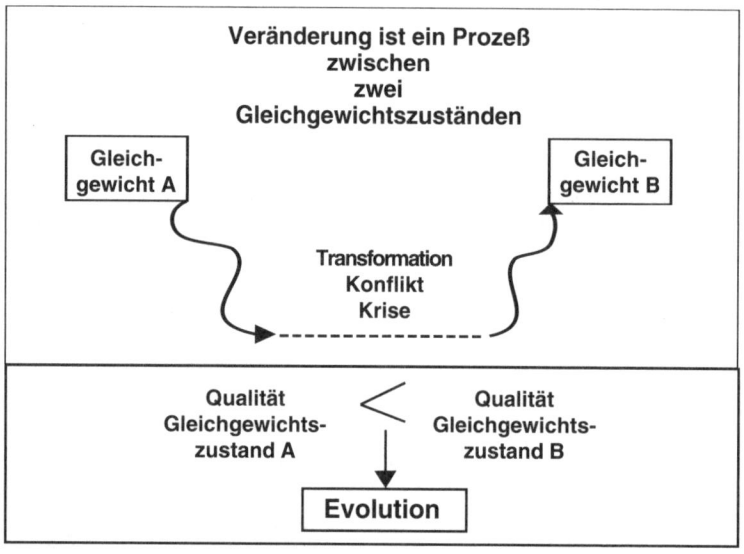

*Abb. 29:* Modell für Veränderungsmanagement

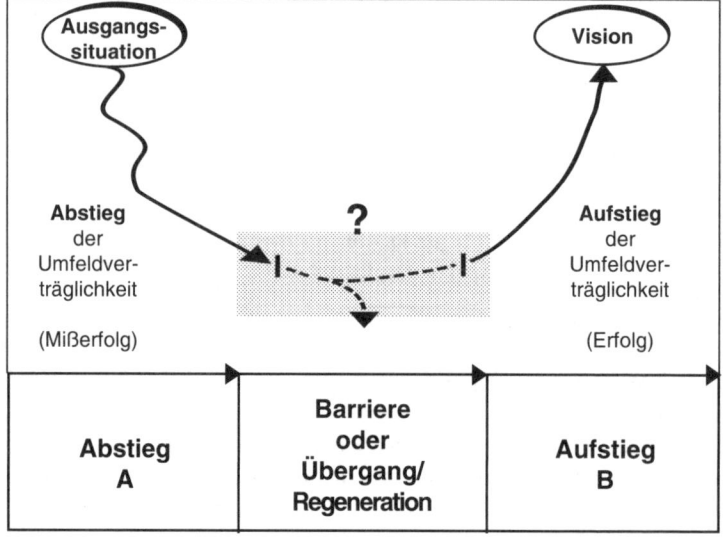

Entscheidende Fragen für den Veränderungsprozeß von A nach B sind z.B.:
1. Welche Barrieren gibt es?
2. Welche Chance könnten wir wie nutzen, um die Barrieren zu überwinden? (Unter welchen Bedingungen?)
3. Wie müßte die Regeneration gestaltet werden?
4. Welche Führungskräfte schaffen die Regeneration unter welchen Bedingungen?
5. Wieviel Zeit und Mittel haben wir für die Regeneration?
6. Wie attraktiv ist die Vision des Zustandes danach?

Aus der Erfahrung ist allgemein bekannt, daß Veränderungen bei vielen Mitarbeitern nicht oder nur sehr ungern vollzogen werden. Jede Veränderung bedingt, daß bestehende, eingefahrene und vertraute Gewohnheiten, Verhaltensweisen und Strukturen in Frage gestellt, modifiziert und möglicherweise durch neue ersetzt, eben verändert werden.

Dies hat zur Folge, daß Ängste (in erster Linie Verlustängste von bestehenden Freiräumen) und Unsicherheiten (durch negative Fantasien über die Zukunft) über die eigene Rolle und Bedeutung im und vor allem nach dem Veränderungsprozeß beim einzelnen auftreten.

Dies betrifft sowohl die konkreten Arbeitsinhalte als auch die Art und Weise der Arbeitsteilung in einer Organisation. Es stellt sich die Frage, ob der einzelne als Gewinner oder womöglich als Verlierer aus dem Prozeß hervorgehen wird. Entsprechend werden seine Energien förderlich für den Veränderungsprozeß sein oder der Mitarbeiter wird mit Widerstand reagieren.

Insgesamt lassen sich 15 verschiedene Phasen während des Übergangs von einem Gleichgewichtszustand in den anderen unterscheiden:

Nach einem Ereignis, das die Störung des Gleichgewichtszustandes (z. B. Marktanteilsverluste, Kritik der internen Kunden) hervorgerufen hat, wird im Anschluß an eine Phase der persönlichen Betroffenheit (Konfusion/Zweifel) das Problem zunächst genau umschrieben und definiert. Unsicherheiten über die Machbarkeit des Neuen und Zweifel über die eigenen Fähigkeiten führen in der Regel leicht zu massiven Einwänden, die entweder zur Verteidigung der ursprünglichen Situation („das haben wir jahrelang erfolgreich praktiziert ...") oder zur Passivität („das funktioniert ja sowieso nicht ...") führen.

Ist man einmal in dieser Schleife gefangen, so sind ein weiterer Abstieg und eine Zuspitzung der Krise wahrscheinlich, was letztlich die Konfusion und Zweifel nur noch weiter verstärken. Oftmals wird zu allem Überfluß in dieser Situation die gesamte Energie zur Identifikation vermeintlich „Schuldiger" verwendet.

## 5. Management von Veränderungsprozessen

Abb.30: Phasen bei Veränderungsprozessen

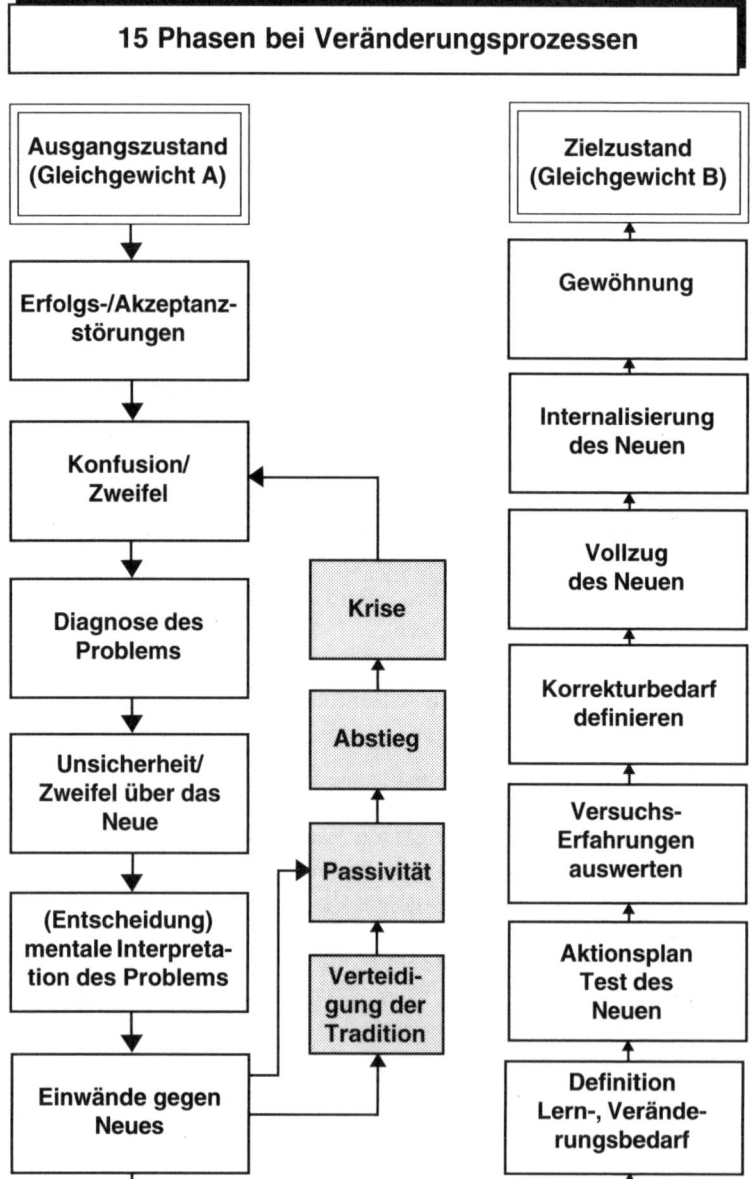

Erfolgreiche Manager hingegen nutzen die (oftmals durchaus berechtigten) Einwände zur Definition des Lern- und Veränderungsbedarfs (s. Abb. 31, S. 104). Wichtig hierbei ist die emotionale Einsicht der Betroffenen in die Veränderungsnotwendigkeiten. Häufig unterliegen Manager dem Aberglauben, daß die Kenntnis über den Veränderungsbedarf ausreicht, um die Veränderung mit Eigeninitiative anzustreben. Dabei werden folgende mentale Barrieren übersehen:

1. Wird die Existenz des Veränderungsbedarfs von allen gleichermaßen eingeschätzt?
2. Messen alle Beteiligten dem Veränderungsbedarf dieselbe Bedeutung bei?
3. Ist die Veränderung überhaupt möglich und erlaubt?
4. Haben wir die Fähigkeiten, um die Veränderungen mit Erfolg durchzuführen?

Nur so wird es möglich, die negative Schleife der Ignoranz zu durchbrechen und letztlich das Neue erfolgreich zu implementieren und einen erneuten Gleichgewichtszustand zu erreichen. Entsprechend wechselhaft sieht der Emotionsverlauf bei Veränderungen aus.

Ein Beispiel dafür wären die Konsequenzen für den einzelnen, wenn in Zukunft die meiste Arbeit in Projektgruppen erfolgen würde.

Stellen Sie sich doch bitte einmal vor, daß die Wertschätzung Ihrer Tätigkeit vom Erfolg der Arbeit eines gesamten Projektteams abhinge. Traditionelle, funktionale und nur machtorientierte hierarchische Strukturen würden fast gänzlich verschwinden. Derjenige Mitarbeiter genießt das höchste Ansehen im Unternehmen, der von möglichst vielen (und wichtigen) Projektteams nachgefragt wird und gleichzeitig in verschiedenen Arbeitsgruppen tätig ist.

Dabei wäre es vollkommen natürlich, wenn sich die Projektverantwortung ständig änderte. So könnten Sie beispielsweise für eine bestimmte Aufgabe jemandem unterstellt sein, der in einem anderen Projekt umgekehrt Ihr Mitarbeiter ist, wo Sie die Leitung und Verantwortung hätten. Dies hätte auch vollkommen neue Formen der Vergütung zur Folge. Für die Beurteilung könnte beispielsweise neben dem Feedback des jeweils verantwortlichen Projektleiters auch eine Leistungsbewertung durch die übrigen Teammitglieder erfolgen.

In der Weise, wie die neuen Aufgaben umverteilt werden, kommt es zwangsläufig zu neuen Rolleninhalten, die nicht unbedingt den eigenen Vorstellungen entsprechen. Je geringer die individuelle Attraktivität der neuen Funktionsrolle ist, desto stärker kann ein Mitarbeiter in eine Identitätskrise geraten. Wenn die hierarchische Einordnung für die Mitarbeiter ein wesentlicher Bezugsrahmen zum Beispiel für die persönliche

## 5. Management von Veränderungsprozessen

Abb. 31: Voraussetzungen für den Lern- und Veränderungserfolg

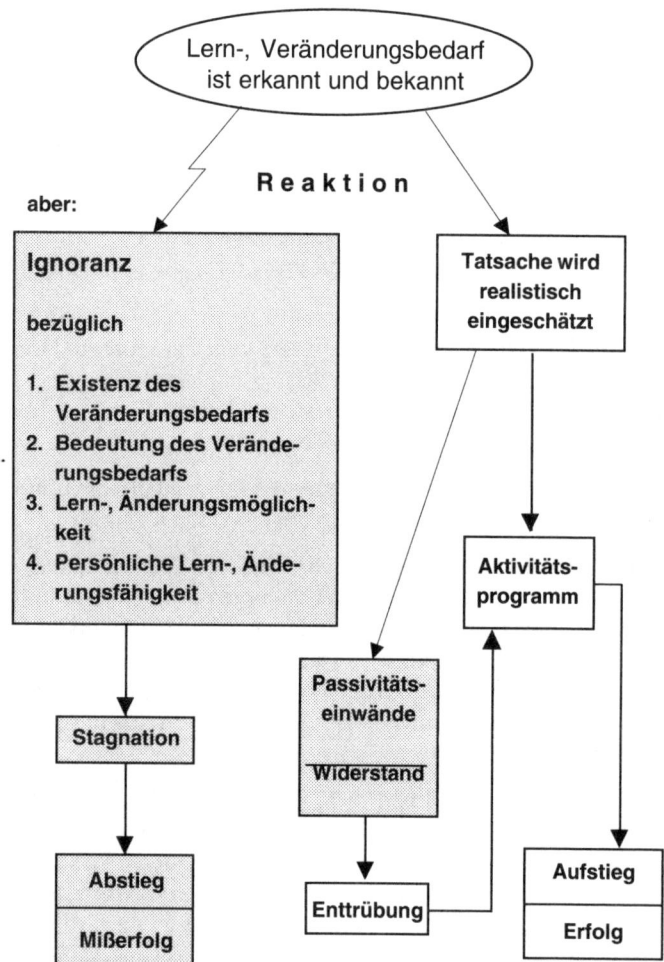

Identität im Unternehmen war, werden sicherlich Fragen nach der Sinnhaftigkeit der beruflichen Zukunft in diesem Unternehmen akut werden.

## 5.2 Konzeptionsphasen für Veränderungsprozesse

Damit Veränderungsprozesse von Organisationen erfolgreich sind, müssen folgende, wesentliche Konzeptionsphasen berücksichtigt werden.

Zunächst ist es notwendig, den Zustand möglichst exakt zu beschreiben, der **nach** einer Veränderung herrschen soll. Nur wenn es gelingt, eine für die Betroffenen faszinierende und erstrebenswerte **Vision** über den Zielzustand nach der Veränderung zu entwerfen, wird die für den Prozeß notwendige Energie bereitgestellt werden. Dies beinhaltet, daß die Vision über diesen Zustand ein Zukunftsbild verkörpert, das die individuellen Wertvorstellungen der Betroffenen berücksichtigt und das in deren Augen auch wert ist, angestrebt zu werden. Die Folge ist, daß die Mitarbeiter aus sich heraus (Selbstmotivation) den Willen aktivieren, diese Vision Realität werden zu lassen.

Im nächsten Schritt erfolgt eine detaillierte Systemdiagnose, d.h. es wird festgestellt, welche Ausgangssituation (z.B. Reifegrad der Organisation, mental-kulturelle Unternehmensidentität) für den Veränderungsprozeß vorherrscht. Für diese Analyse eignet sich das in Kapitel 4 beschriebene Diagnoseinstrument, welches neben dem mental-kulturellen Entwicklungszyklus und den systemischen Basiskulturen auch das Unternehmens-Struktogramm beinhaltet.

Daneben ist es sinnvoll, ein weiteres vom Autor entwickeltes Tool einzusetzen, das geeignet ist, das **Veränderungspotential von Gruppen** (Arbeitsfamilien/Projektteams) exakt zu **bestimmen**. Mit diesem Diagnosesystem wird deutlich, welche Personen bzw. -gruppen geplante Veränderungen mental auf welche Weise blockieren und welche Widerstände und Einwände zu erwarten sind. Bezüglich der geplanten Veränderung wird eine Kraftfeldanalyse durchgeführt, die den Einfluß einzelner auf das Projekt transparent macht. Sie dient dazu, Interventions-Ansätze zu finden, die die Bereitschaft der Mitarbeiter erhöhen, mit voller Energie den Veränderungsprozeß durchzuführen.

Das Ergebnis dieser Phase ist ein genauer Überblick über den **Veränderungsbedarf** auf den einzelnen Gestaltungsebenen: Identität, Glaubenssätze, Fähigkeiten, Verhalten (siehe nächstes Kapitel) und das hierfür erforderliche Veränderungspotential aller an diesem Prozeß beteiligten Gruppen (d.h. einzelne Personen/Teams, Abteilungen oder das gesamte Unternehmen).

Erst dann ist es möglich, präventiv Maßnahmen für Interventionen zu

## 5. Management von Veränderungsprozessen

Abb. 32: Konzeptionsphasen für Veränderungsprozesse

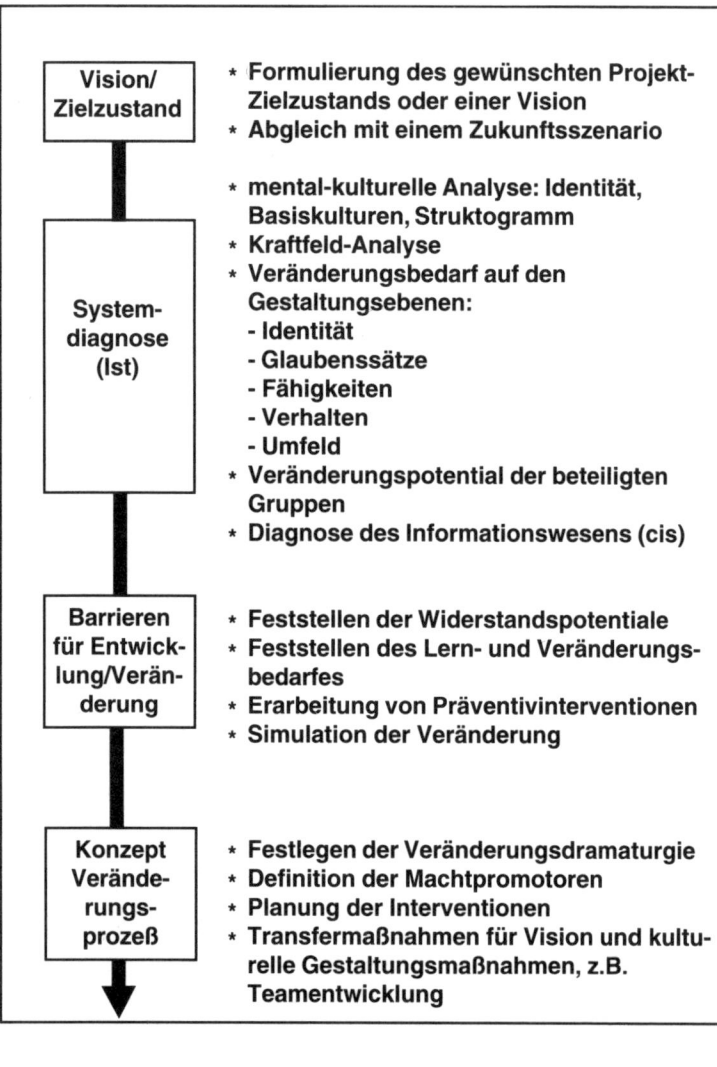

## 5.2 Konzeptionsphasen für Veränderungsprozesse

Abb. 32: Konzeptionsphasen für Veränderungsprozesse (Fortsetzung)

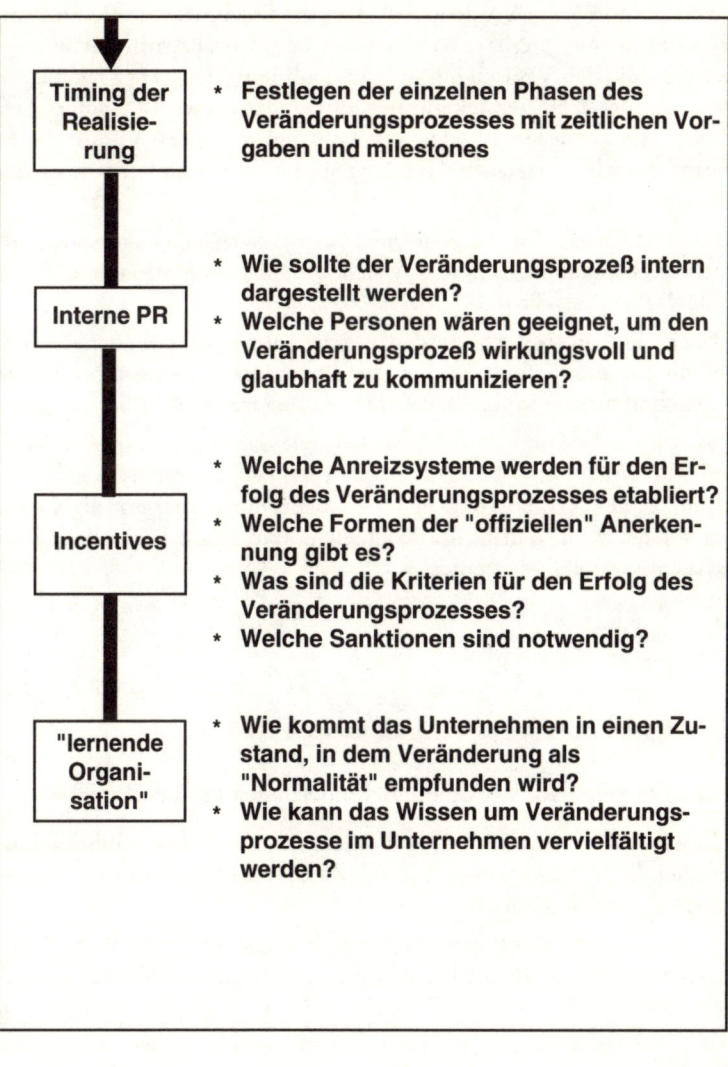

| | |
|---|---|
| Timing der Realisierung | * Festlegen der einzelnen Phasen des Veränderungsprozesses mit zeitlichen Vorgaben und milestones |
| Interne PR | * Wie sollte der Veränderungsprozeß intern dargestellt werden?<br>* Welche Personen wären geeignet, um den Veränderungsprozeß wirkungsvoll und glaubhaft zu kommunizieren? |
| Incentives | * Welche Anreizsysteme werden für den Erfolg des Veränderungsprozesses etabliert?<br>* Welche Formen der "offiziellen" Anerkennung gibt es?<br>* Was sind die Kriterien für den Erfolg des Veränderungsprozesses?<br>* Welche Sanktionen sind notwendig? |
| "lernende Organisation" | * Wie kommt das Unternehmen in einen Zustand, in dem Veränderung als "Normalität" empfunden wird?<br>* Wie kann das Wissen um Veränderungsprozesse im Unternehmen vervielfältigt werden? |

erarbeiten, die helfen, mögliche Barrieren bzw. Widerstände des geplanten Prozesses abzubauen bzw. aufzulösen.

Im nächsten Schritt erfolgt die eigentliche **Konzeption des Veränderungsprozesses**, d.h. die Festlegung der Dramaturgie und die Auswahl geeigneter Promotoren. Im Vordergrund steht die Frage, wie die Veränderung ins Unternehmen getragen werden kann, damit aus Betroffenen Beteiligte werden, die den Veränderungsprozeß voll mittragen. Hier hat sich die Methode der Teamentwicklung bewährt. Zunächst wird auf unterschiedlichen Hierarchieebenen (d.h. vertikal) und anschließend auf gleicher Ebene zwischen einzelnen Abteilungen (d.h. horizontal) Teamentwicklung durchgeführt.

Damit verbunden ist die **Festlegung eines geeigneten Timings** sowie der internen Kommunikation (d.h. welche Personen wären glaubhafte Vorreiter?) für diesen Prozeß.

Gleichzeitig muß bedacht werden, welche **Anreizsysteme** (materiell/immateriell) für den Erfolg des Veränderungsprozesses eingeführt werden sollen und welche Sanktionen es für „Saboteure" und Mißerfolg gibt.

Letzlich ist die Frage zu beantworten, wie das Unternehmen (oder die einzelne Organisationseinheit) zu einer lernenden Organisation werden kann, in der Veränderung nicht als Bedrohung, sondern als Chance verstanden wird, und in der Kompetenz und Know-how effektiv und effizient vervielfältigt werden.

Die vorstehende Abbildung 32 zeigt noch einmal alle Konzeptionsphasen auf einen Blick.

## 5.3 Organisation des Veränderungsprozesses

### 5.3.1 Physiologisch bedingte Behinderungen der Lernfähigkeit

Ein wichtiger Erfolgsfaktor für die Realisierungswahrscheinlichkeit der gewünschten und geplanten Veränderung ist die Gestaltung der Organisation des Veränderungsprozesses.

Wir alle wissen, wie oft geplante Veränderungen versandet sind, obwohl wir sie wirklich wollten. Dies gilt nicht nur für unsere Silvesterschwüre für das neue Jahr.

An dieser Stelle sei auf ein biologisches Phänomen hingewiesen, das uns Menschen Erfolge besonders schwer macht. Wir unterliegen in unserem Verhalten zwei Hauptantrieben:
1. Vermeiden von Schmerz
2. Sehnsucht nach Lust, Spaß, Vergnügen.

Schmerz ist ein elementares Grundprinzip unseres Körpers, das im

Nervensystem biologisch verankert ist. Wegen der damit verbundenen starken negativen Kognitionen aber laufen von frühester Kindheit an Lernprozesse ab, die eine Verhaltensanpassung mit dem Ziel der weitgehenden Vermeidung von Schmerz zur Folge haben. Die so entstandenen Verhaltensanteile besitzen überragende Priorität.

Beispiele:

- Lieber gehe ich keine persönliche Beziehung ein – aus Angst vor Ablehnung, Enttäuschung (=Schmerz) –, als mit Mut und Schmerzrisiko die vielen lohnenden Erlebnisse einer guten Beziehung anzustreben.
- Lieber verzichte ich auf das Gipfel-Glück in den Bergen, als die „schmerzhafte" Mühe des Aufstiegs in Kauf zu nehmen.
- Lieber vermeide ich ein kritisches, schmerzhaftes Gespräch, als eine klare, offene, gute Beziehung zu haben.
- Ich verdränge den Schmerz des Kunden, da er zu meinem Schmerz (Fehler) werden könnte, anstatt den Kundenbedürfnissen mit Freude und Zuversicht zu begegnen und Erfolg zu haben.
- Lieber vermeide ich jetzt den schmerzlichen Verlust des hierarchischen Status (Besitzstand), indem ich eine Reorganisation verhindere, statt in Zukunft Erfolg zu haben und im Unternehmen attraktiv zu sein.
- Ich vermeide jetzt den Schmerz des Nicht-mehr-Rauchens, anstatt mit Freude gesund zu sein.

Der Primat des Schmerzvermeidens macht biologisch natürlich Sinn. Schmerz ist ein Warnsignal, verursacht durch bedrohliche Zustände im Körper. Insofern ist die biologische Überlebensfrage sinnvollerweise mit höchster Priorität versehen.

Es geht im Kontext der Veränderungsprozesse aber nicht unbedingt um konkrete Körperschmerzen, sondern vor allem um Schmerzen im übertragenen Sinne, also auch psychische und kulturelle Schmerzen oder organisatorische Schmerzen, Markt-, Produkt-, Qualitäts-Schmerzen etc. Nachdem wir das Vermeiden des Schmerzes i.d.R. dem echten Erfolg, Spaß, der Lebensqualität etc. vorziehen, ist es m. E. überaus hilfreich und erfolgssichernd, wenn wir durch eine kleine List in der Organisation des Veränderungsprozesses dieses Dilemma zu lindern, manchmal sogar ganz aufzulösen versuchen.

Hauptziel von Veränderungen ist die **Revitalisierung** des Systems Unternehmen oder Organisationseinheit. Aus diesem Grund bezeichnen wir die Projektgruppen, auch wegen der Signalwirkung und ständigen Erinnerung an die Notwendigkeit von Veränderungen – im Sinne der lernenden Organisation –, als REVIT-Gruppen (s. Abb. 33, S. 111 f.).

Die überbereichliche, interdisziplinäre Zusammensetzung von REVIT-Gruppen besteht immer aus Mitarbeitern der von geplanten Veränderungen betroffenen Organisationseinheiten. Sie sind, wenn wir es mit der

Gentechnologie vergleichen, wie eine isolierte Zelle, die, mit einem positiven neuen Gencode versehen, reimplantiert wird und durch die natürliche Zellteilung sich im Körper vermehrt und zielgemäß das Überleben des Körpers wesentlich unterstützt.

Die REVIT-Gruppen sind diese zuerst isolierten Zellen, die durch Teamentwicklung in ihrem Immunsystem (= Gruppenkultur) stabilisiert werden, sodaß die Basis gelegt wird für einen erfolgreichen Lern- bzw. Veränderungsprozeß, der ja mit viel Unsicherheit verbunden ist. Wenn die geplanten Veränderungen durch Simulationsprozesse in den REVIT-Gruppen erprobt und als systemverträglich beurteilt werden, kommt der spannende Prozeß der Reimplantierung der REVIT-Gruppe in das Unternehmenssystem mit dem Auftrag, das neue Modell oder Konzept in den Körper des Unternehmens per geistiger Zellteilung zu übertragen.

Entwicklung, Betreuung und Reimplantierung der REVIT-Gruppen sollten von professionellen Trainern begleitet (Coaching, Trainings, Teamentwicklung etc.) und supervidiert werden.

Die Aufgabe der REVIT-Gruppen und der Trainer besteht u.a. darin, bei den Betroffenen die Haltung des Schmerz-vermeiden-Wollens durch permanente Interventionen und positive „Verführungskünste" in eine Haltung des Schmerzwahrnehmens und -annehmens so zu verändern, daß die Schmerzempfindung positiv konditioniert wird. Dadurch kann das Bedürfnis nach Lust auf Leistung, des Lernen- und Verändern-Wollens stimuliert werden, die ohne Zweifel die Voraussetzung langfristigen Erfolgs sind.

Auch hier ist deutlich erkennbar, wie unmittelbar Veränderungserfolge im Unternehmen mit der Lust zur und dem Stand der Persönlichkeitsentwicklung bei den Führungskräften verbunden ist.

### 5.3.2 Organisationsprinzip für Veränderungsprozesse

Ein vielfach bewährtes zeitliches und organisatorisches Prinzip für die erfolgreiche Durchführung von Veränderungsprozessen in Unternehmen zeigt Abbildung 33.

Besondere Beachtung verdient hierbei die zentrale Rolle der REVIT-Gruppen (s. Kap. 5.3.1) und die sie führenden Komitees für die Analyse des Veränderungsbedarfs und die Bildung einer lernenden Organisation (Metagruppen), die Entwicklung einer geeigneten Vision (Pioniergruppen) sowie die Planung und Implementierung der Optimierungsprozesse im Gesamtsystem des Unternehmens (Optimierungsgruppen).

## 5.3 Organisation des Veränderungsprozesses

Abb. 33: Organisationsprinzip für Veränderungsprozesse

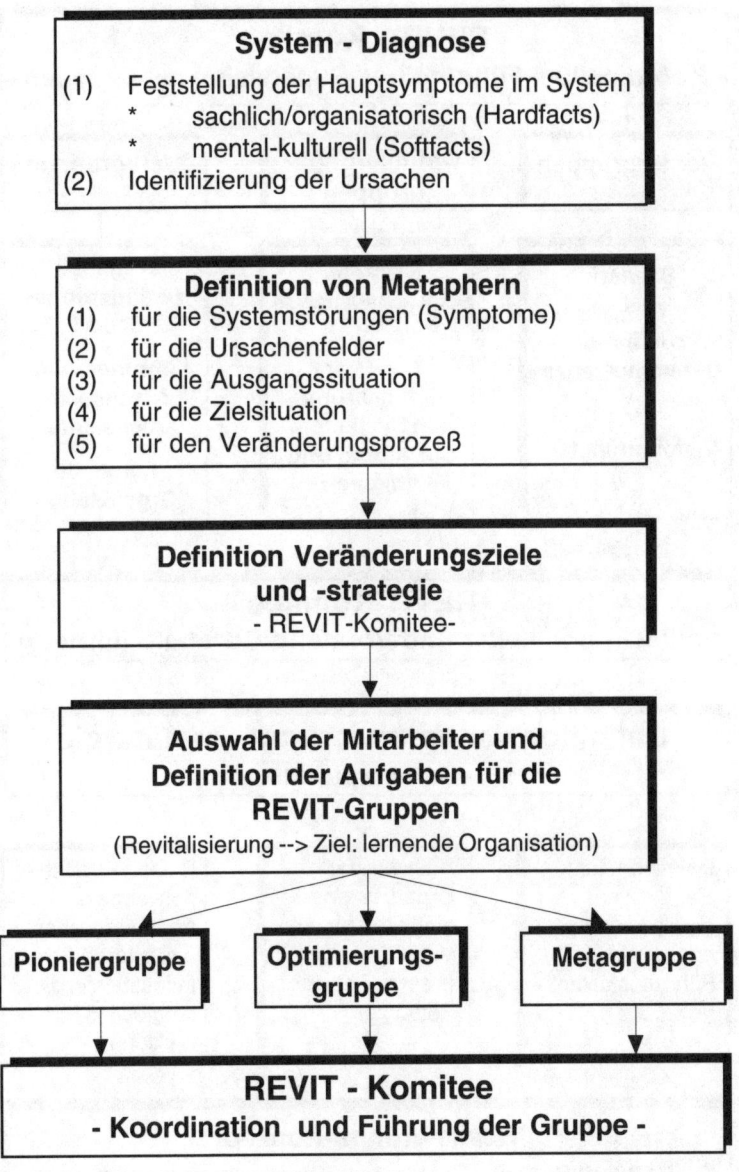

Fortsetzung auf der nächsten Seite

112  5. Management von Veränderungsprozessen

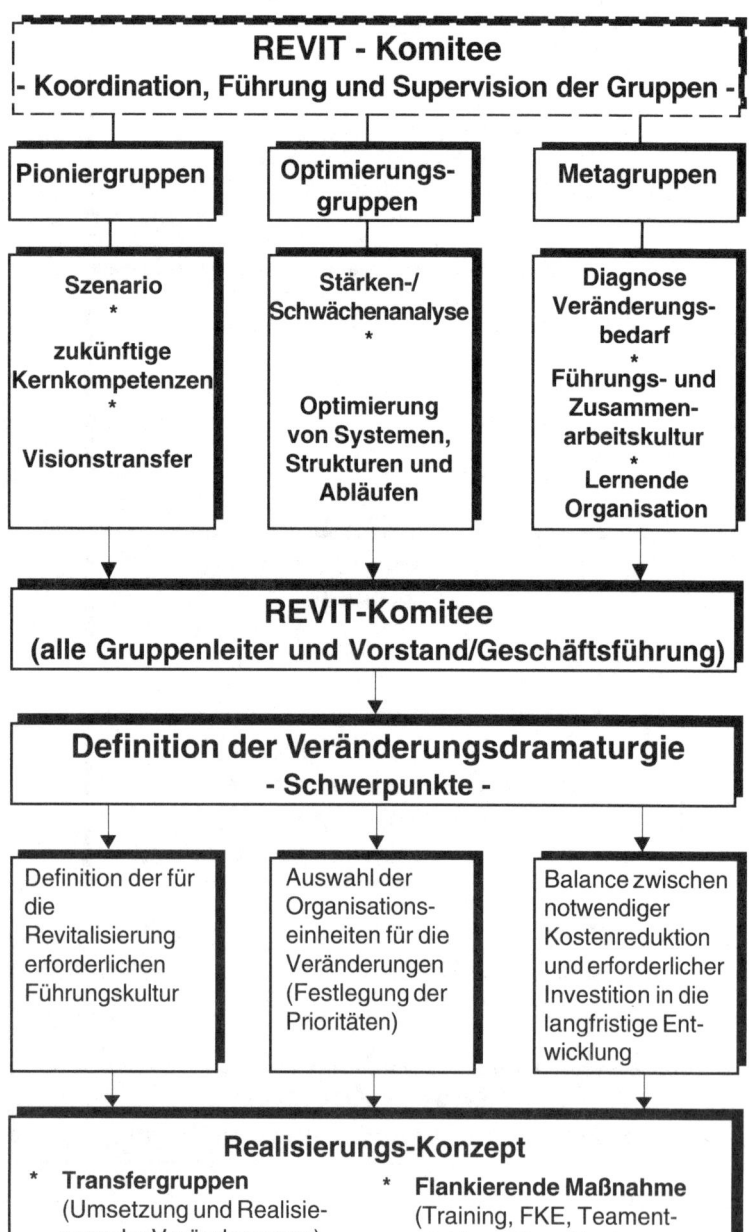

Abb. 33: Organisationsprinzip für Veränderungsprozesse (Fortsetzung)

## 5.4 Gestaltungsebenen beim Veränderungsprozeß

Das Management von Veränderungen in bestehenden Organisationen bzw. Organisationseinheiten stellt außerordentlich hohe Anforderungen an die Führung. Daraus läßt sich leicht ableiten, daß Professionalität die wichtigste Größe für den Erfolg eines solchen Veränderungsprozesses ist. Die wenigsten Führungskräfte haben sowohl methodisch als auch psychologisch das Wissen und Können, diese hochkomplexen Aufgaben in einem Veränderungsprozeß zu bewältigen.

Von einer gelungenen Veränderung kann erst dann gesprochen werden, wenn sowohl die Architektur der geplanten Veränderung Zustimmung und Akzeptanz gefunden hat, als auch deren Umsetzung mit dem vorher festgelegten Endzustand übereinstimmt.

Darüber hinaus ist ein Faktor zu berücksichtigen, der geradezu zu einer Zeitbombe im Unternehmen werden kann, weil man ihn zum Zeitpunkt der scheinbar erfolgreich durchgeführten Veränderung ohne psychologische Kompetenz noch nicht erkennen, höchstens erspüren kann: die Steuerung durch Machtdynamik.

Nach unseren Erfahrungen kommt es bei wichtigen Veränderungsprozessen ohne spezifisches, professionelles Veränderungsmanagement zu zahlreichen Engpässen bzw. zu Enttäuschungen; gravierender jedoch sind die bewußt oder unbewußt, in jedem Falle aber unbemerkt gelegten „Tretminen". Die Engpässe und Enttäuschungen werden bei bedeutenden Veränderungen zumeist auf der Verhaltensebene sichtbar, d.h. Mitarbeiter reduzieren ihr Engagement, gute Führungskräfte wandern ab, Kunden sind irritiert, Machtkämpfe innerhalb der Organisation werden initiiert und vieles mehr. Meistens ist zumindest eine Tendenz zur Passivität, wenn nicht sogar zur Sabotage („denen zeigen wir schon, daß dies nicht funktionieren wird!") zu erkennen.

Alle Veränderungsprozessse in Unternehmen unterliegen bestimmten Gesetzmäßigkeiten, die bei nichtpsychologisch orientierter Annäherung der Analyse häufig verborgen bleiben. So fragen sich z.B. viele Führungskräfte, warum bestimmte, objektiv hervorragende Ideen in der Architektur von Veränderungen später nicht oder nur gegen massive Widerstände bestimmter Mitarbeiter in die Praxis umgesetzt werden.

Grund dafür ist meist die unzulängliche Analyse der Ausgangssituation. Welche Einwände kommen (möglicherweise) von den Betroffenen? Werden die Betroffenen überhaupt gefragt? So wie jede Veränderung eine bestimmte Veränderungsdramaturgie benötigt, um dem Prozeßcharakter gerecht zu werden, muß sie auch auf verschiedenen Gestaltungsebenen gleichzeitig durchgeführt werden.

Die erfolgreiche Veränderung findet nicht nur auf der Ebene des Verhal-

Abb. 34: Gestaltungsebenen beim Veränderungsprozeß

---

**1. IDENTITÄT**
(z.b. Mission, Vision, Tradition)

**2. GLAUBENSSÄTZE**
(z.B. Führungskultur, Veränderung, Sicherheit)

**3. FÄHIGKEITEN**
(z.b. Kernkompetenzen)

**4. VERHALTEN**
(z.b. Produkte, Märkte)

**5. UMFELD**
(z.b. Marktbedingungen)

---

tens statt, sondern ganzheitlich auf insgesamt fünf Gestaltungsebenen, die in Abbildung 34 wiedergegeben werden.

Die meisten Veränderungsprozesse scheitern daran, daß zum einen nicht genau analysiert wird, auf welcher Gestaltungsebene das eigentliche Problem liegt, zum anderen werden oft nur Ebene 3 (teilweise), Ebene 4 und Ebene 5 berücksichtigt. Unberücksichtigt bleiben jedoch die Ebenen 1 (Identität) und 2 (Glaubenssätze) sowie Teile von Ebene 3 (Fähigkeiten). Ein Beispiel soll das verdeutlichen:

In einer Außendienstorganisation sollen zur Verbesserung von Effizienz und Wirtschaftlichkeit handliche Kleincomputer (z.b. Hand-Held-Computer oder Laptops zur mobilen Datenerfassung) eingeführt werden. Jeder Außendienstmitarbeiter soll in Zukunft Informationen mit einer einheitlichen Software per Datenfernübertragung an den Zentralrechner weitergeben. Routinearbeiten wie das Erstellen von Tagesberichten, Spesenabrechnungen, Listen oder Statistiken entfallen jetzt weitgehend im Außendienst. Die Vertriebsleitung entschließt sich daher zu einem zweitägigen EDV-Training.

Der Außendienstmitarbeiter A erkennt die Vorteile eines solchen Computers für seine Arbeit und das Unternehmen, obwohl er bislang noch keine EDV-Erfahrung hat (Ebene 3: Fähigkeiten).

Ein Kollege B aus der gleichen Verkaufsmannschaft sieht keinen Sinn für den PC-Einsatz im Vertrieb. Er fühlt sich durch den Computer ständig kontrolliert und zum „gläsernen" Außendienst degradiert. Seiner Meinung nach ist man entweder ein guter Verkäufer oder eben nicht, da kann ein Computer auch nichts ändern (Ebenen 1 und 2: Identität als Verkäufer und Glaubenssätze).

## 5.4 Gestaltungsebenen beim Veränderungsprozeß

Welche Erfolgschance geben Sie persönlich einem Training bei Mitarbeiter B?

So wundert man sich vielfach, warum die „besten Trainings der Branche" nichts genutzt haben. Veränderungen auf einer höheren Ebene haben immer Veränderungen auf den unteren Ebenen zur Folge. Deswegen muß von oben nach unten vorgegangen werden. Die Einwände und Widerstände des Mitarbeiters liegen auf den Ebenen 1 und 2 und müssen dort bearbeitet werden. Oder anders formuliert: Solange der Mitarbeiter B sich nicht mit dem Einsatz von PCs identifiziert (Ebene 1) oder glaubt, Computer störten seine Arbeit (Ebene 2), hat es keinen Sinn, ihn in Techniken zu schulen, die seine Fähigkeiten (Ebene 3) und sein Verhalten beeinflussen (Ebene 4).

**Hingegen haben Veränderungen auf einer nachgeordneten Ebene nicht zwangsläufig Veränderungen auf der darüberliegenden Ebene zur Folge.**

Auch hierzu wieder ein kleines Beispiel:

Ein Abteilungsleiter hat neu gelernt, mit schwierigen Konfliktsituationen in Gruppen auch autoritär umzugehen (Ebenen 3 und 4). Dadurch verändert sich aber nicht zwangsläufig sein Glaubenssatz (Ebene 2), daß jeder Mitarbeiter soviel Eigenverantwortung und Autonomie wie möglich haben muß, um sich mit seiner Aufgabe zu identifizieren.

Umgekehrt kann man jedoch sagen, daß **Veränderungen auf einer höheren Gestaltungsebene immer Veränderungen auf den nachfolgenden Ebenen zur Folge haben.**

Für unser Beispiel heißt das:

Sehr wohl wird sich das Verhalten des Abteilungsleiters in den angesprochenen Konfliktsituationen verändern (Ebene 4); er hat nun alternative Reaktionen zur Auswahl.

Wichtig bei der Gestaltung von Veränderungsprozessen ist es, die Ursachen und nicht die Symptome anzugehen. Das Kurieren an Symptomen verstärkt lediglich die Negativwirkungen und beseitigt nicht deren Ursache. Die Ursachen für die Symptome sind aber in der Regel auf der darüberliegenden Gestaltungsebene bzw. in einer der Ebenen darüber (Ursachenebene) zu finden und müssen dort behandelt werden. Für eine dauerhafte Symptombekämpfung muß demnach immer auf einer höheren Ebene gearbeitet werden.

Somit wird deutlich, daß der Energieaufwand (s. Abb. 35, S. 116) bei der ersten Ebene, der Identität, am größten ist – verglichen mit allen anderen Ebenen – und nach unten immer mehr abnimmt.

Auf der Ebene der Identität sind für das Individuum beispielsweise Fragestellungen nach der Aufgabe und dem eigenen Selbstverständnis (z.B. als Verkäufer) enthalten. Auf Unternehmensebene sind damit Fragen nach

# 5. Management von Veränderungsprozessen

Abb. 35: Energieaufwand beim Veränderungsprozeß

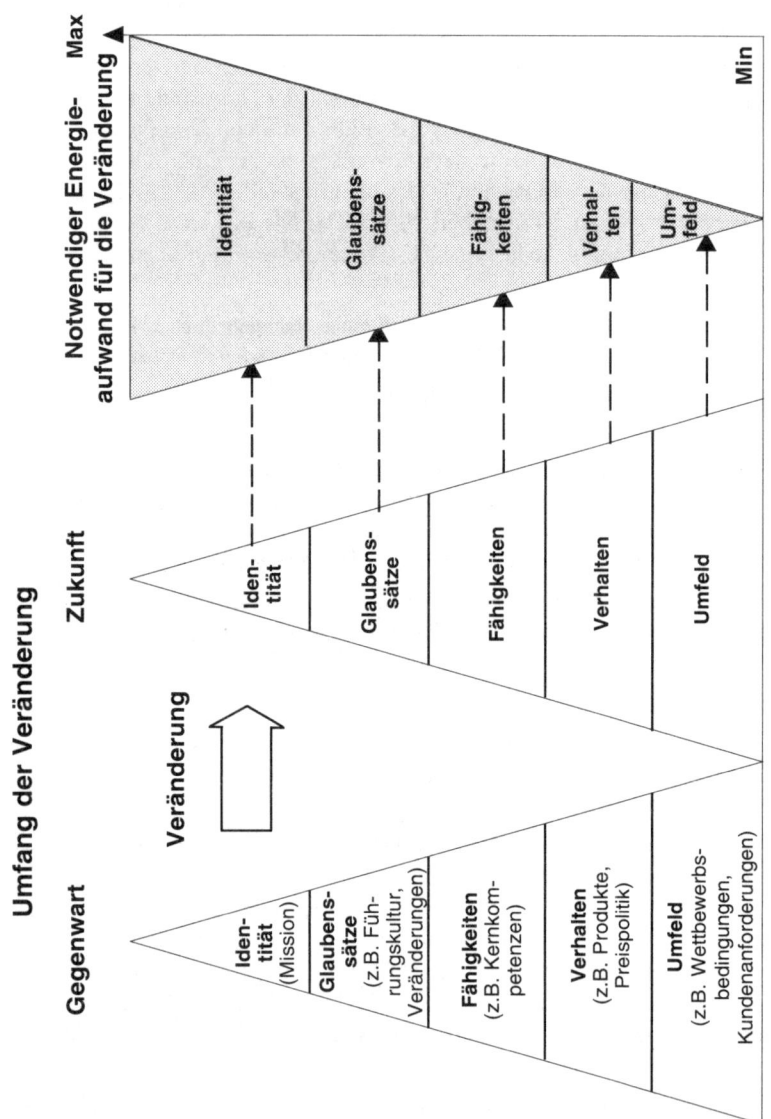

### 5.4 Gestaltungsebenen beim Veränderungsprozeß

Abb. 36: Gestaltungsebenen bei Veränderungsprozessen und zugehörige Fragestellungen

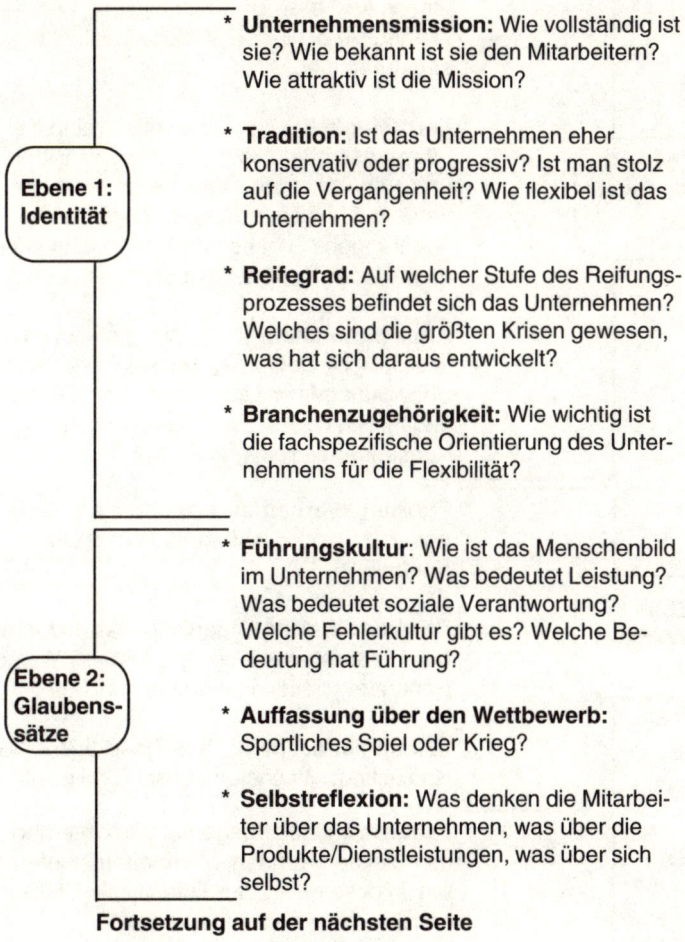

**Ebene 1: Identität**

* **Unternehmensmission:** Wie vollständig ist sie? Wie bekannt ist sie den Mitarbeitern? Wie attraktiv ist die Mission?

* **Tradition:** Ist das Unternehmen eher konservativ oder progressiv? Ist man stolz auf die Vergangenheit? Wie flexibel ist das Unternehmen?

* **Reifegrad:** Auf welcher Stufe des Reifungsprozesses befindet sich das Unternehmen? Welches sind die größten Krisen gewesen, was hat sich daraus entwickelt?

* **Branchenzugehörigkeit:** Wie wichtig ist die fachspezifische Orientierung des Unternehmens für die Flexibilität?

**Ebene 2: Glaubenssätze**

* **Führungskultur:** Wie ist das Menschenbild im Unternehmen? Was bedeutet Leistung? Was bedeutet soziale Verantwortung? Welche Fehlerkultur gibt es? Welche Bedeutung hat Führung?

* **Auffassung über den Wettbewerb:** Sportliches Spiel oder Krieg?

* **Selbstreflexion:** Was denken die Mitarbeiter über das Unternehmen, was über die Produkte/Dienstleistungen, was über sich selbst?

**Fortsetzung auf der nächsten Seite**

*Abb. 36*: Gestaltungsebenen bei Veränderungsprozessen und zugehörige Fragestellungen (Fortsetzung)

**Ebene 3: Fähigkeiten**

* **Kernkompetenzen:** Welche Kernkompetenzen sind bewußt, welche nicht? Wie werden sie bewertet? Welche Suchfeldstrukturen gibt es?

* **Lernfähigkeit:** Wie selbstkritisch sind die Führungskräfte/Mitarbeiter? Wie sensibel und aufnahmebereit sind sie für die Wahrnehmung und Reflexion von Umfeldveränderungen? Gibt es eine ausgeprägte und respektvolle Feedback-Kultur?

* **Antizipationsfähigkeit:** Wie stark ist das strategische Denken entwickelt? Werden Entwicklungen im Unternehmensumfeld gedanklich vorweggenommen und auf Konsequenzen hin abgeprüft?

**Ebene 4: Verhalten**

* **Führungsverhalten:** Abwertungen, Vertrauen, Mikropolitik, Informationspolitik, Kontrolle?

* **Struktur:** Welche Organisationsstruktur hat das Unternehmen? Wie groß ist es? Welche Bedeutung haben Hierarchie und Titel?

* **Erfolgskennzahlen:** Betriebserträge, Kapitalkraft, Wachstumsgeschwindigkeit?

**Ebene 5: Umfeld**

* **Image:** Welches Image hat das Unternehmen bei den Kunden, Mitarbeitern, Lieferanten, in der Presse, der Öffentlichkeit? Wie sensibel reagiert die Umwelt auf Imagekorrekturen?

* **Kunden:** Welchen Kundennutzen bieten wir, sollten wir bieten? Welche Zielgruppen gibt es, welche Segmentierungskriterien sind dafür maßgeblich?

* **Wettbewerbsposition:** In welcher Branche wird welche Position eingenommen? Welche Wettbewerbsbedingungen herrschen?

## 5.4 Gestaltungsebenen beim Veränderungsprozeß

der Mission (also der Unternehmensaufgabe), der Vision oder auch dem Reifegrad der Organisation (z.B. Qualität der Führung) tangiert.

Die Abbildung 36 vermittelt einen Eindruck über relevante Fragestellungen der einzelnen Gestaltungsebenen.

Die Regeln für Veränderungsprozesse und die entsprechenden Interventionen sind auf jeder Ebene verschieden. Deshalb ist es sehr wichtig, sich bei der Planung von Veränderungen bewußt zu sein, auf welche Ebene man einwirken möchte, um sinnvolle Maßnahmen ergreifen zu können. Ein weiteres Beispiel soll die Zusammenhänge der einzelnen Ebenen in umgekehrter Reihenfolge aufzeigen. Denken Sie beispielsweise einmal an eine Besprechungssituation.

**Ebene 5:**

Diese Besprechung findet in einer bestimmten Umgebung (Kontext) statt: Die Einrichtung des Raumes, die Temperatur, die Anwesenheit bestimmter Personen, die Atmosphäre, in der das alles stattfindet, sind Elemente auf die Sie – häufig ganz unbewußt – **reagieren**.

**Ebene 4:**

Sie werden in dieser Besprechung bestimmte **Verhaltensweisen** zeigen; indem Sie (z.B. laut oder leise, schnell oder langsam, engagiert oder monoton) reden, indem Sie zuhören, gestikulieren. Vielleicht werden Sie lächeln, sich entspannt zurücklehnen oder mit der Faust auf den Tisch schlagen. Sie werden auf jeden Fall in irgendeiner Form **agieren**.

**Ebene 3:**

Egal, wie Sie sich verhalten, Sie werden geleitet sein von Ihren **Fähigkeiten und Stärken**, d.h. von Ihrem erworbenen Wissen und Ihren Erfahrungen, Ihrem Können. Ihre Kreativität, Ihr Entscheidungsvermögen, Ihre Durchsetzungsfähigkeit, Ihr Urteilsvermögen, Ihre Aufnahme- und Lernfähigkeit werden bestimmen, was Ihnen in dieser Besprechung möglich ist und welche **Richtung** Ihr Verhalten nehmen wird.

**Ebene 2:**

Diese Fähigkeiten werden eingesetzt, um zu verwirklichen, was Ihnen wichtig und wertvoll ist, um Ihre **Wert- und Glaubensvorstellungen** umzusetzen. Wenn Ihnen Sicherheit und Harmonie wichtig sind, wird sich das anders auswirken, als wenn Neugierde und persönliche Entwicklung für Sie im Vordergrund stehen. Wenn Ihre Überzeugung heißt: „man kann niemandem trauen" oder „man muß für alles bezahlen", werden sich daraus andere Konsequenzen ableiten, als wenn dieser Glaubenssatz „wir werden nur gemeinsam zum Ziel kommen" lauten würde. Auf dieser Ebene entstehen Ihre **Motivation** und die **Erlaubnis**, etwas zu tun oder nicht zu tun. Hier entscheiden Sie, ob etwas für Sie gut oder schlecht,

falsch oder richtig ist, ob Sie etwas tun **müssen, sollen** oder **dürfen.** Wenn Sie also bei sich oder anderen Formulierungen hören, wie z.B.:
- „man kann doch nicht einfach ...",
- „wir müssen aber doch ...",
- „wir sollten jetzt aber ...",

dann wissen Sie, daß Sie auf Glaubenssätze – in der Regel einschränkende – gestoßen sind.

**Ebene 1:**

Den Überbau dieser Werte und Überzeugungen wiederum bildet Ihr grundlegendes Selbstverständnis und Selbstbild. Die Frage „was für ein Mensch bin ich?" gibt Aufschluß über Ihre **Identität:**

- „Ich bin ein Praktiker"
- „Ich bin nie zufrieden mit dem Erreichten"
- „Ich bin gläubig"
- „Ich bin ein Kaufmann"
- „Ich bin liebenswert, so wie ich bin"
- „Ich bin Einzelkämpfer"

Hier drücken sich die Überzeugungen aus, die Sie über sich als Mensch haben, hier entscheiden Sie, ob Sie sich mit etwas identifizieren können, ob es zu Ihnen paßt. Sind Sie ein Bittsteller, der froh sein muß, wenn man ihm zuhört? Oder vielleicht ein einsamer Kämpfer, der alle anderen besiegen muß? Sind Sie der Perfektionist, der erst zufrieden sein kann, wenn alles 100%ig ist? Oder gehören Sie zu den Menschen, die es anderen immer recht machen wollen?

Sind Sie mehr oder weniger wert als andere Menschen? Wieviel Glück und Erfolg stehen Ihnen im Leben zu? Haben Sie das Recht, der Mensch zu sein, der Sie sind?

Die Antworten auf diese und ähnliche Fragen werden entscheiden, welchen Sinn Sie Ihrem Leben geben werden.

Am **Beispiel von Führungsprinzipien** lassen sich folgende Aspekte in den einzelnen Gestaltungsebenen wiederfinden:

**Identität**

Führungsstil: charismatisch / visionär
Große persönliche Ausstrahlung und Überzeugungskraft als Leader
„Ausgeprägtes Selbstwertgefühl"
„Ich bin ein Techniker"
„Ich bin ein Vertriebs-Mensch"

**Werte / Glauben**

Abhängig von der Grundhaltung:
z.B. Autorität, mißtrauisch, zuverlässig, partnerschaftlich, eigenverant-

wortlich, positives Menschenbild, Vertrauen ist gut, Kontrolle besser, Gesundheit geht vor, Respekt vor sich und anderen.

**Fähigkeiten**

Delegation, Zielvereinbarungen, Management by Objectives, Diagnose von Führungsproblemen, Führungsstrategien entwickeln und umsetzen können, Mut, Diagnosetechniken, fachliche Kompetenz, soziale Kompetenz, Führungskompetenz, strategische Kompetenz.

**Verhalten**

Lob, Anerkennung und Kritik, Konflikte respektvoll austragen, Fehler wahrnehmen, zuhören, abwerten, bei Fehlern den Schuldigen suchen, anklagen, verteidigen, effizient arbeiten.

**Umfeld- / Kontextbedingungen**

Kunden, Lieferanten, Öffentlichkeit, Arbeitsdruck, Streß, Lautstärke, Großraum- oder Einzelbüro, offene oder geschlossene Türen, Marktsituation, Wettbewerb, politische Rahmenbedingungen.

## 5.5 Wesentliche Managementfehler bei Veränderungsprozessen

Die Planung und Durchführung von Veränderungsprozessen in Organisationen ist eine sehr vielschichtige und äußerst komplexe Aufgabe. Neben den sachbezogenen Problemstellungen geht es bei diesem Prozeß vor allem um die richtige Diagnose und das gezielte Ausbalancieren der Probleme auf der mental-kulturellen Ebene. Während Manager auf der sachbezogenen Ebene die Probleme in den meisten Fällen noch in den Griff bekommen, bereitet die Gestaltung der mental-kulturellen Ebene erhebliche Probleme.

Es ist ein bekanntes Phänomen aus der Zusammenarbeit im Unternehmen, daß der überwiegende Teil auftretender Probleme nicht aus Mißverständnissen oder unterschiedlichen Problemsichten (Sachebene), sondern aus Defiziten auf der mental-kulturellen Ebene (Beziehungsebene) resultiert.

Obwohl hinreichende negative Erfahrung über die Bedeutung dieser nicht-sichtbaren Ebene vorhanden ist, wird sie bei Veränderungsprozessen nach wie vor zu stark vernachlässigt.(*)

Meist ist die Verteilung des Energieaufwandes bei Veränderungsprozessen für die Sach-, Fach- und Methodenebene 70% und für die mental-

---

\* Obwohl in vielen Projekten nachgewiesen wurde, daß 1 DM Investition in die Verbesserung der mental-kulturellen Ebene 5 DM und mehr an Effizienzgewinn bzw. Einsparung bringen!

## 5. Management von Veränderungsprozessen

Abb. 37: Bedeutung und notwendiger Energiebedarf unterschiedlicher Ebenen des Veränderungsprozesses

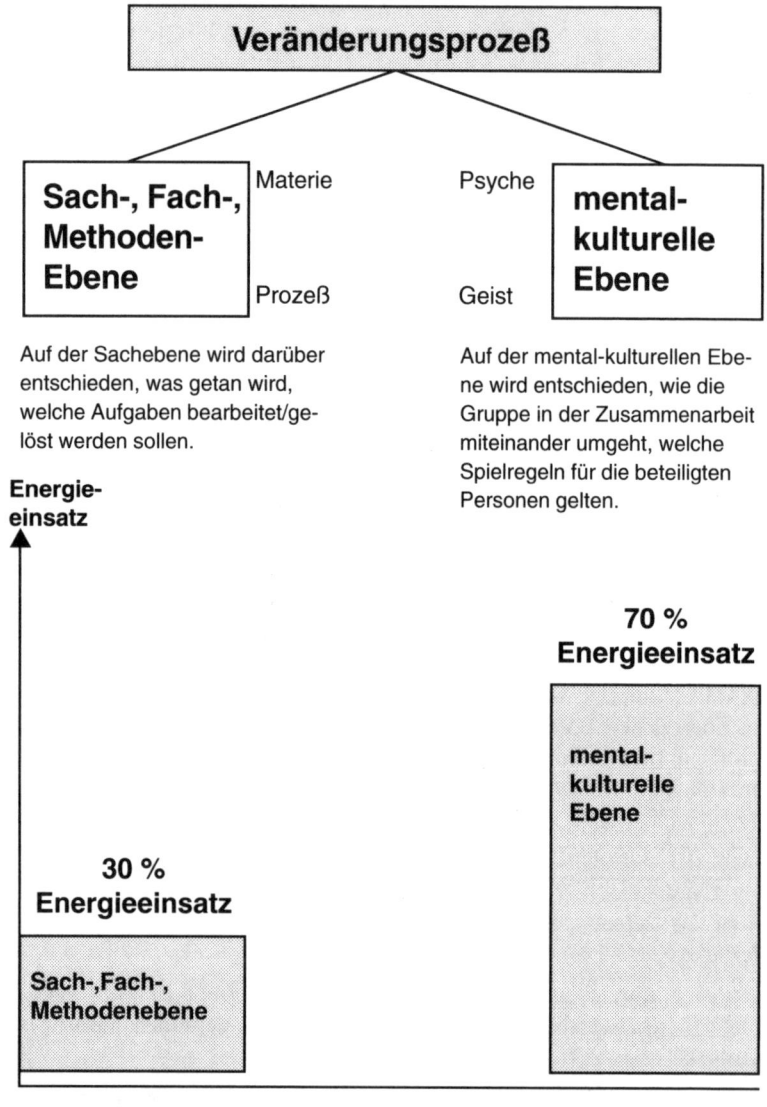

## 5.5 Wesentliche Managementfehler bei Veränderungsprozessen

kulturelle Ebene 30%! Das **umgekehrte Verhältnis** ist jedoch die Voraussetzung für den nachhaltigen Erfolg des geplanten Veränderungsprozesses. Wer diese Regel bei der Planung von Veränderungsprozessen nicht berücksichtigt, wird scheitern.

Das Bewußtsein einer Notwendigkeit von Veränderungen kommt häufig in einer Situation, in der das Problem meist schon relativ weit fortgeschritten ist (d.h. der ursprüngliche Gleichgewichtszustand wurde schon längst verlassen). Beispielsweise ist die Produktivität um 15% zurückgegangen, die Überlagerung der Entwicklungen von Kosten und Erlösen ist bereits über die kritische Grenze hinausgewachsen, die Ergebnissituation ist sehr beunruhigend, wenn nicht sogar dramatisch.

Entsprechend wechselhaft sieht der Emotionsverlauf bei Veränderungen aus. Konfusion und Zweifel begleiten und verstärken die Abstiegsphase.

*Abb. 38:* Emotionsverlauf bei Veränderungen

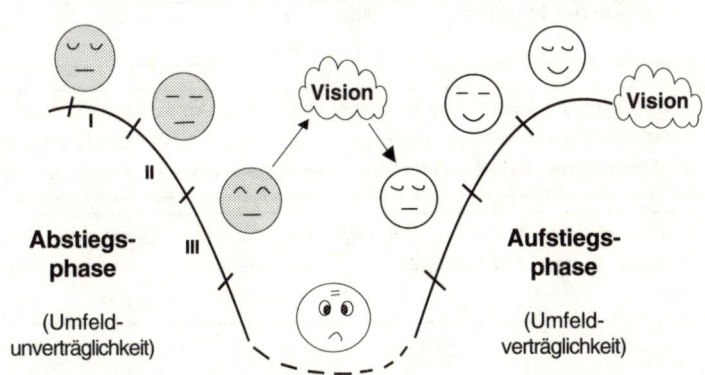

**Thesen hierzu:**
* **Die Neuorientierung (Vision) muß spätestens im letzten Drittel des Abstiegs beginnen, um die Fallkräfte des Abstiegs zu kompensieren.**
* **Die Vision gibt die innere Zuversicht für den Aufstieg und unterbricht die Negativfantasien bzw. schlechten Gefühle des Abstiegs.**
* **Erst wenn wir das Alte loslassen, zeigen wir die Reife, das Neue verdient zu haben.**

Gerade die Maßnahmen, die während der Abstiegsphase getroffen werden, sind entscheidend für das Gelingen des Veränderungsprozesses. In einer Phase, wo Menschen (meist noch in einer ausgesprochenen Streßsituation) durch (Rollen-) Unsicherheit und Zweifel bezüglich des Neuen sowie den zeitweiligen Verlust der eigenen Identität besonders sensibel und verletzlich sind, ist es äußerst wichtig, für die Regeneration auf die in Abbildung 39 wiedergegebenen Verhaltensaspekte zu achten.

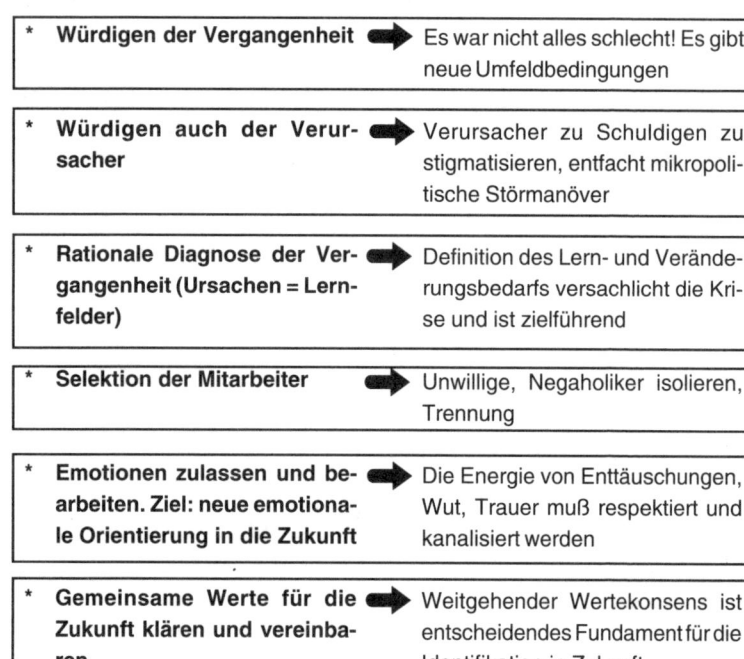

Abb. 39: Regeneration in der Transformationsphase

Besonders wichtig ist bei Veränderungsprozessen die Würdigung der Vergangenheit. Dabei ist herauszustellen, daß nicht alles schlecht war, was in der Vergangenheit gemacht wurde. Anderenfalls ist die Gefahr der Resignation riesengroß (z.B. Glaubenssatz: „Alles war umsonst"), was ein positives Denken für den Veränderungsprozeß blockiert (z.B. Glaubenssatz: „Nichts macht mehr einen Sinn") und die eigenen Fähigkeiten abwertet (z.B. Glaubenssatz: „Ich bin ein Versager"). Emotionen müssen zugelassen und bearbeitet werden. In solchen Situationen kann es vorkommen, daß regelrechte Trauerarbeit geleistet werden muß, bei der die ursprüngliche Situation gewürdigt wird, anschließend jedoch die Energien auf die neuen Umfeldbedingungen gerichtet werden und somit der Veränderungsprozeß von „Altlasten" befreit wird.

Des weiteren ist es sehr wichtig, eine rationale Diagnose der kritischen Situation vorzunehmen und daraus den Veränderungsbedarf abzuleiten. Die Stigmatisierung möglicher „Schuldiger" verursacht nur Unruhe und

## 5.5 Wesentliche Managementfehler bei Veränderungsprozessen

Abb.39: Regeneration in der Transformationsphase
(Fortsetzung)

| | |
|---|---|
| * Strategische Neupositionierung, abgeleitet aus der (neuen) Vision | Der Glaube an diese Zukunft und deren Attraktivität ist ein wesentlicher Motivationsfaktor |
| * Identifizierung von vorhandenen und in Zukunft erforderlichen Kernkompetenzen | Dadurch kann Stärkenbewußtsein aufgebaut werden |
| * Einwände respektieren (heißt nicht: akzeptieren!), reflektieren und als Chance sehen | Ignoranz, Abwertung von Einwänden führt zum Frust bis zur inneren Kündigung |
| * Lernen als Philosophie des Unternehmens und Führungs-Maxime postulieren und institutionalisieren | Lernen des einzelnen, der Arbeitsfamilien und die "lernende Organisation" sind die Erfolgsfaktoren der Zukunft |
| * Entwicklung neuer Corporate Identity oder Modifikationen | Wichtiges Signal dafür, daß ein neuer Anfang vollzogen wird |
| * Veränderung der Strukturen, Systeme, Abläufe | Veränderung muß das Bewußtsein und die Flexibilität für die neuen Anforderungen schärfen. Aber: Veränderung muß Sinn machen! |
| * Beteiligung der Betroffenen an der Veränderung | Die Mitverantwortlichkeit aller für den Erfolg muß immer wieder betont und demonstriert werden |

vergrößert die Angst vor Übernahme neuer Aufgaben- und Verantwortungsbereiche. Trotzdem muß man mit aller Konsequenz diejenigen Mitarbeiter im Unternehmen selektieren, die lediglich Barrieren für den Veränderungsprozeß aufbauen und permanent im Widerstand sind. Solche „Negaholiker" müssen mit ihrer Einstellung zum Veränderungsprozeß konfrontiert werden. Gelingt es nicht, diese Mitarbeiter für den Veränderungsprozeß zu gewinnen, muß man sich von ihnen trennen.

Die Entwicklung eines neuen, gemeinsamen Wertesystems und die Definition der neuen mental-kulturellen Identität bilden ein entscheidendes Fundament für die zukünftige Identifikation aller am Veränderungsprozeß beteiligten Personen und setzen ein wichtiges Signal für einen Neubeginn.

## 5. Management von Veränderungsprozessen

Abb. 40: Wesentliche Managementfehler bei Veränderungen

| | |
|---|---|
| Die Komplexität von Systemen wird unterschätzt oder zu stark simplifiziert | Veränderung gefährdet die Identität |
| Wichtige Traditionen im Unternehmen werden respektlos über Bord geworfen | Einwände/Widerstände bei Mitarbeitern werden ignoriert oder verharmlost |
| Zu schnelles Vorgehen, um sichtbare Erfolge kurzfristig zeigen zu können | Die Beteiligung der Betroffenen erfolgt zu spät |
| Methodische Defizite bei ganzheitlichen Systemdiagnosen | Die Lern-, Veränderungsvorbereitung der Betroffenen erfolgt zu spät |
| Zu geringes Know-how für die Entwicklung von ganzheitlichen Veränderungsstrategien | Negative Glaubenssätze über Möglichkeit von Veränderungen herrschen vor |
| Veränderungsprozeß wird als Gewinner-Verlierer-Spiel inszeniert | Veränderungen werden als "Bombenwurf"-Aktion herbeigeführt |
| Die bestehende Konfliktkultur erlaubt nicht, Konflikte als Chance zu sehen | Fehlende oder zu unattraktive Vision über den Zustand danach |

## 5.5 Wesentliche Managementfehler bei Veränderungsprozessen

Die entscheidende Komponente ist, den Veränderungsprozeß mental, also in den Köpfen der Menschen, zu vollziehen und somit Betroffene zu Beteiligten zu machen, die in Eigenverantwortlichkeit handeln und die Veränderung als Herausforderung für sich persönlich betrachten.

Leider ist immer wieder zu beobachten, daß Effizienz und Effektivität der Vorgehensweise darunter leiden, daß die Beteiligten sich selbst überfordern oder von außen überfordert werden. Die in Abbildung 40 wiedergegebene Zusammenstellung wesentlicher Fehler erhebt keinerlei Anspruch auf Vollständigkeit.

Ein typisches Beispiel ist das für Außenstehende plötzliche, überhastete Agieren des Managements, das ohne Vorankündigung – quasi wie ein Bombenwurf – ins Unternehmen platzt. Die geplante Veränderung wird geheimgehalten, solange es geht. Es erfolgt bewußt keine Information, auch nicht an die Betroffenen, in dem Irrglauben, somit die „Gerüchteküche" ausschalten zu können und Einbrüche bei der Produktivität (z.B. durch Irritation und Unsicherheit) verhindern zu können.

Aber genau das Gegenteil ist der Fall. Die Mitarbeiter haben das Gefühl (meist zu Recht), daß ohne Rückkopplung mit ihnen einfach über ihren Kopf hinweg entschieden worden ist. Entsprechend wird Widerstand erzeugt, die Mitarbeiter fühlen sich übergangen und haben wenig bis kein Vertrauen in den „von oben" vorgegebenen Veränderungsprozeß.

Die Folge ist, daß es weiter bergab geht und die Krise sich noch mehr zuspitzt. Der Ruf nach erneuter Änderung wird laut, ebenso wie der nach den „Schuldigen" für Verzögerungen und den hohen Aufwand. Von kurzen Zwischenhochs abgesehen, wird das Leistungsniveau gegenüber der Ausgangssituation eher fallen als steigen.

Genau diese negativen Effekte hätten vermieden werden können, wenn man z.B. mit einer Teamentwicklung den Veränderungsprozeß eingeleitet und permanent begleitet hätte.

Werden z.B. in der Planungs- und Vorbereitungsphase die Betroffenen mit eingebunden, so kann eine Würdigung ihrer Erfahrungen und des vorhandenen Know-hows erfolgen. Die Mitarbeiter können sich einbringen und fühlen sich nicht übergangen. Ihre Einwände werden respektiert und als wichtiger Input für den Veränderungsprozeß angesehen.

Um sich die Flexibilität zu erhalten, sollten Entscheidungen phasenweise getroffen werden. Über den Entwicklungsprozeß der Veränderung sollte laufend umfassend und offiziell informiert werden.

Die kontinuierliche Teamentwicklung erlaubt es, in den einzelnen Phasen gemeinsam (d.h. im Team) Probleme zu lösen und – falls nötig – Unterstützung zu geben. So fühlt sich während der Umsetzung keiner mit seinen Problemen alleingelassen. Ganz wichtig ist es, die vollbrachten

5. Management von Veränderungsprozessen

Abb. 41: Unterstützende Interventionen bei Veränderungsprozessen

| Welche Hilfe brauchen die Betroffenen bei Veränderungen? | |
|---|---|
| | **Nicht** |
| * Respektieren (≠ Akzeptieren!) der Vergangenheit | * Vorwürfe über Versäumnisse |
| * Information über das Neue (rechtzeitig, vollständig, laufend) | * Gerüchte als Informationsquelle (zu spät, teilweise) |
| * Verständnis für aufkommende Unsicherheit | * Anweisung, Zwang, sich auf das Neue einlassen zu müssen |
| * Attraktive Ideen über den Nutzen des Neuen | * Überrumpelung mit vordergründigen Argumenten (Killerphrasen) |
| * Individuelle Beratungsgespräche über die eigene Zukunft | * Sich allein gelassen fühlen |
| * Respekt für sachlich berechtigte Einwände | * Ignoranz, Mißachtung |

## 5.5 Wesentliche Managementfehler bei Veränderungsprozessen

Leistungen anzuerkennen und zu verstärken. Auch bei eventuellen Rückschlägen oder Engpässen wird somit ein Klima erzeugt, welches dem Veränderungsprozeß zum Erfolg verhilft.

Schlüsselstelle für den Erfolg eines Veränderungsprozesses ist der Umgang mit Einwänden und Widerständen der beteiligten Personen. Nur wenn dies auf eine respektvolle Art und Weise geschieht, in der auch Verständnis für die aufkommende Unsicherheit entwickelt wird, hat die Veränderung Aussicht auf Erfolg. Die in Abbildung 41 wiedergegebene Übersicht zeigt noch einmal die wesentlichen Aspekte, die es zu beachten gilt.

Darüber hinaus ist zu bedenken, auf welchen Gestaltungsebenen des Veränderungsprozesses gearbeitet werden muß, um nicht an Symptomen, sondern an Ursachen arbeiten zu können (vgl. Kapitel 5.4). So wie jede Veränderung eine bestimmte Veränderungsdramaturgie benötigt, um dem Prozeßcharakter gerecht zu werden, muß sie auch auf verschiedenen Ebenen gleichzeitig durchgeführt werden. Die erfolgreiche Veränderung findet nicht nur auf der Ebene des Verhaltens statt, sondern ganzheitlich auf den fünf Gestaltungsebenen.

Für den Erfolg eines Veränderungsprozesses ist eine ganzheitliche Betrachtung aus drei Blickwinkeln erforderlich:

1. Die **Veränderungsarchitektur** muß stimmen (Diagnose: Macht es überhaupt Sinn? Ist es der Mühe wert, das Neue anzustreben?).
2. Der **Umgang mit Macht** bei den Führungskräften muß seriös sein (Diagnose: Gewinner-Verlierer-Denken oder Schulterschluß).
3. **Prozeßdramaturgie und -moderation** müssen professionell sein (Diagnose: Wann ist für welche Maßnahme der richtige Zeitpunkt?).

Erst wenn alle drei Blickwinkel stimmig sind, gelingt die Veränderung mit optimalem Effekt.

Ich möchte an dieser Stelle auf eine weitverbreitete Fehlbewertung und Trübung hinweisen, die i.d.R. zu massivem Widerstand gegenüber Veränderungen führt:

Aussage: „**Wir waren doch bisher erfolgreich...**",

Fehlschluß 1:
Also kann das **Was** und **Wie** wir es getan haben doch nicht falsch gewesen sein!

Fehlschluß 2:
Also **wozu jetzt** etwas ändern?

Fehlschluß 3:
Noch dazu etwas ändern, von dem wir gar nicht wissen, ob es tatsächlich **besser** sein wird und ob es bei **uns** (denn bei uns ist alles anders) funktionieren wird?

Bei der Gestaltung von Veränderungsprozessen ist sehr wichtig, Deutungen und Bedeutungen von Tradition/Vergangenheit, Gegenwart und Zukunft zu berücksichtigen.

Eine wirkungsvolle Interventionskette gegenüber der o.g. Aussage könnte z.B. sein:

1. **Würdigung der Vergangenheit:**
   Es geht nicht darum, daß etwas falsch gemacht wurde, sondern darum festzustellen, wie die Umfeldbedingungen in der Vergangenheit waren, weshalb unsere spezifische Art, Dinge zu tun, Erfolg erzielt hat.
2. **Enttrübung:**
   Was hat sich im Umfeld geändert?
   Wenn wir unser Tun anpassen müssen an veränderte Umfeldanforderungen (= Hypothese), um erfolgreich zu bleiben, woran könnten wir jetzt feststellen, ob Veränderungs- bzw. Anpassungsbedarf besteht?
   Welche Bedeutung könnte ein Unterlassen für unsere Zukunft haben?
3. Wie könnten wir feststellen, daß eine notwendige Veränderung für uns sinnvoll und systemverträglich ist?
4. Welche möglichen Vorteile/Nachteile könnten aus der geplanten Veränderung entstehen?

## 5.6 Veränderungen von Einstellungen und Bedingungen für persönliche Veränderungsprozesse

Neben einer präzisen Diagnose auf den Gestaltungsebenen, der Definition des Veränderungsinhaltes (von A nach B), der Planung entsprechender ebenenspezifischer Interventionen und Metaphern und einer eleganten Prozeßdramaturgie liegt der Schlüssel für den Erfolg bei Veränderungsprozessen vor allem darin, Schlüsselpersonen mit auffälligem Widerstandspotential in Bewegung zur „Neuen Denke" zu bringen und im Unternehmen eine Kontinuität der Veränderung als Grundhaltung bei möglichst vielen Mitarbeitern zu erzeugen.

Hierfür gibt es natürlich kein Patentrezept. Aber es gibt eine Palette von Instrumenten und mentalen Techniken, die eine relativ große Erfolgschance bieten.

Der bittere Tropfen im Wein ist aber ein Faktum, das diejenigen Manager wahrscheinlich sofort frustriert, die Kurzfristerfolge wollen: Diese persönlich orientierten Veränderungsprozesse erfordern Zeit und die Bereitschaft der Vorgesetzten, anders zu führen als früher, also nicht nur aufgabenorientiert, sondern vor allem respektvoll lern- und entwicklungsorientiert.

## 5.6 Veränderungen von Einstellungen

Es würde ein eigenes Buch füllen, das Repertoire an Methoden zur Veränderung von Einstellungen und Haltungen darzustellen. An dieser Stelle mögen ein paar Grundansätze genügen.

Einen Hilfskompaß für Veränderung stellt nachfolgendes Modell dar (vgl. hierzu auch Abb. 42, S. 132):

Ausgangspunkt der Betrachtung des Modells ist die **Person** (1), die eine Veränderung anstreben soll. Jeder Mensch bildet kognitive Landkarten von den sinnesspezifisch wahrgenommenen Informationen. Dabei ist wichtig zu wissen, daß diese Landkarte nicht identisch ist mit der sogenannten Realität. Auf dieser Landkarte werden Deutungen (Glaubenssätze) und Bedeutungen (Werte) über uns selbst, die anderen, die Arbeit etc. in Netzwerken dargestellt. Jede Information wird an den vorhandenen Referenzerfahrungen abgeprüft und entsprechend bewertet. Je stärker die Generalisierung einer Referenzerfahrung ist (z.b. Vorurteile), um so stärker führt sie zur Einengung der Flexibilität des Verhaltens.

Diese Erkenntnisse sind beim **Verhalten** (2) zu berücksichtigen: Besitzen wir die Fähigkeiten und das Zutrauen in unser Verhalten, die Voraussetzungen dafür sind, das Veränderungsziel zu erreichen? Wenn nicht, dann ist zu überprüfen, ob z.b. einschränkende Glaubenssätze den Zugang zu den Fähigkeiten behindern.

**Ziel/Ergebnis** (3): Hier sind folgende Fragen zu klären: Ist die Zieldefinition (-vereinbarung) wohlformuliert? Ist es möglich und wahrscheinlich, das Ziel zu erreichen? Hierbei ist wichtig (wie bei (2)), das Feedback realistisch zu gestalten, um mögliche Trübungen in der Landkarte zu entdecken und sie korrigieren zu können (z.B. Veränderung der negativen Glaubenssätze oder der Rangfolge innerhalb der Wertehierarchie).

In der Vorbereitung auf die möglichen **Konsequenzen** (4) ist es wichtig, vorab eine **Als ob**-Simulation durchzuführen, um die Verträglichkeit der Konsequenzen für sich/das Team akzeptabel gestalten zu können. Die erlebten Konsequenzen werden i.d.R. mit Hilfe der selektiven Wahrnehmung (bedingt durch die Glaubenssätze) zur Bestätigung früherer, gefestigter Referenzerfahrungen führen; dies gilt für positive und für negative Erfahrungen. Das heißt, ein wesentliches Ziel bei der gewünschten neuen Einstellung/Denke von Mitarbeitern ist das bewußte Wahrnehmen/Aufnehmen neuer positiver Referenzerfahrungen.

Über dem gerade beschriebenen Prozeß liegt die **Motivationsebene 1**, in der meist bewußte Erwartungshaltungen manifestiert sind.

Die Bereiche der **Motivationsebene 2** sind relevant, wenn Einwände auf der Ebene 1 nicht genügend erklärt werden können. Denn dann liegt die Quelle für den Einwand im vor- bzw. unbewußten Bereich der Ebene 2. Der Einwand ist dann auf dieser Ebene zu behandeln. Übrigens: Das Respektieren von Einwänden ist die Grundvoraussetzung für deren

132  5. Management von Veränderungsprozessen

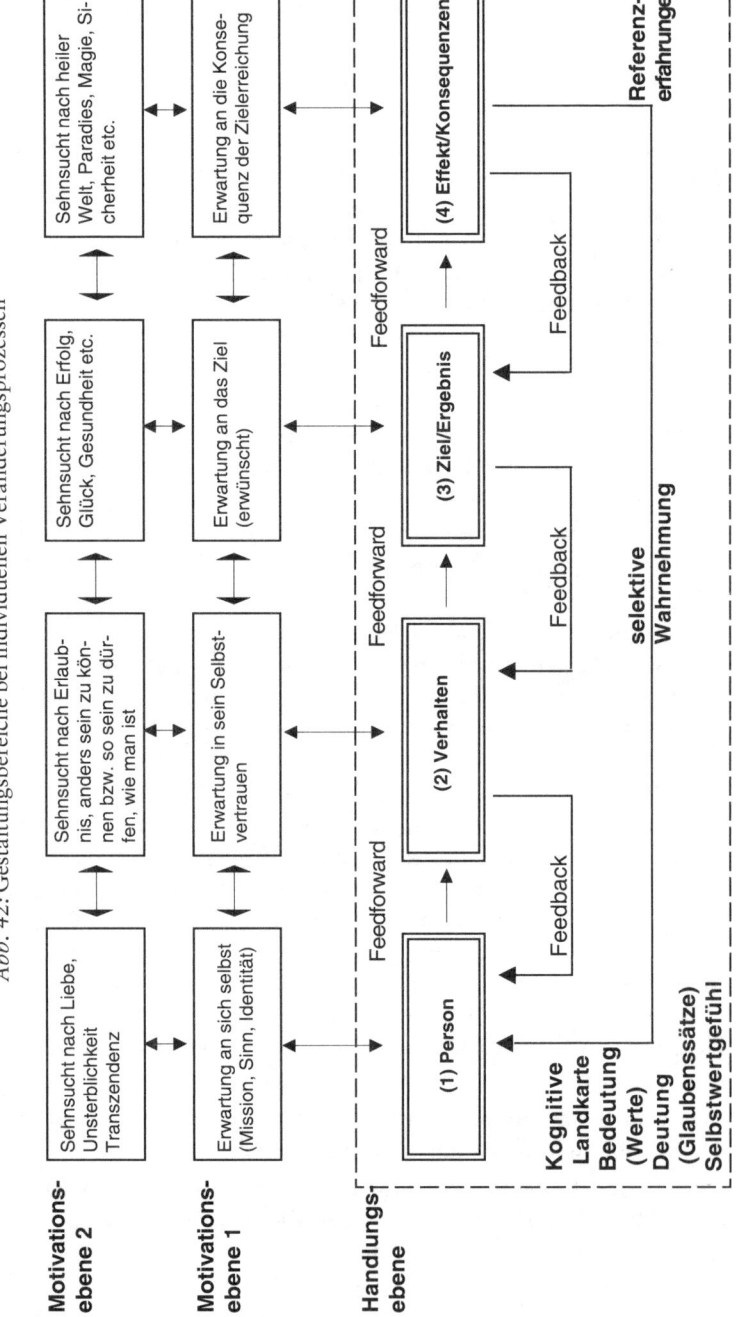

Abb. 42: Gestaltungsbereiche bei individuellen Veränderungsprozessen

Behebung! Die Frage könnte lauten: „Unter welchen Bedingungen wären Sie bereit, ...?"

Diese vereinfachten Ansätze gelten natürlich auch für Veränderungsprozesse bei Gruppen im Rahmen von Teamentwicklung bzw. Coaching von Einzelpersonen. Als kleine praktische Checkliste für Veränderungsprozesse möchte ich Ihnen nachfolgende Fragen anbieten.

Die **zwölf Testfragen** vor dem geplanten Veränderungsprozeß helfen im Sinne einer Schnell-Diagnose, wesentliche kurzfristige Interventionen zu finden:

1. Wie klar und eindeutig ist unser Veränderungsziel formuliert?
2. Ist es der Mühe wert, das Veränderungsziel zu erreichen?
3. Haben wir die Erlaubnis, etwas zu ändern?
4. Welche Fähigkeiten haben/bräuchten wir (Kernkompetenzen), um das Veränderungsziel erreichen zu können?
5. Welches Vertrauen haben wir in unser Tun und in unsere Fertigkeiten (Professionalität), um das Veränderungsziel zu erreichen?
6. Wie groß ist die Möglichkeit (z.B. in dieser Organisation), das Veränderungsziel zu erreichen?
7. Für wie wahrscheinlich halten wir es, daß wir das Veränderungziel erreichen?
8. Ist die Zielerreichung bzw. das Ergebnis wirklich erwünscht?
9. Haben wir den Erfolg verdient?
10. Sind die möglichen Konsequenzen aus der Zielerreichung für uns/unser Unternehmenssystem verträglich und annehmbar?
11. Sind meine/unsere Werte positiv/negativ beeinflußt durch die Erreichung des Veränderungszieles?
12. Woran werden wir erkennen, daß wir das Veränderungsziel erreicht haben?

## 5.7 Bedeutung von Visionen beim Veränderungsprozeß

In den vorangegangenen Kapiteln wurde im Zusammenhang mit erfolgreich gestalteten Veränderungsprozessen immer wieder ein zentraler Erfolgsfaktor genannt, der im folgenden etwas eingehender behandelt werden soll. Dies ist die Frage nach der **richtigen Vision**.

Immer wenn ein Veränderungsprozeß initiiert werden soll, muß zunächst geklärt werden, in welche Richtung die Veränderung erfolgen soll.

Wie schon mehrmals angesprochen, lösen Veränderungen bei vielen Menschen oft Ängste und negative Fantasien aus, die den Veränderungsprozeß behindern oder sogar blockieren können. Schon allein aus diesem Grund muß ein möglichst konkretes Zukunftsbild für den **Zustand nach** der **Veränderung** (Ziel, Perspektive, Vision) entworfen werden, um die Unsicherheiten aufzulösen und Energien für den Prozeß zu mobilisieren, oder anders formuliert: Das Licht am Ende des Tunnels muß schon erkennbar sein.

Damit die entworfene Vision aber tatsächlich Energien bei den Mitarbeitern für diesen Prozeß freisetzen kann, ist eine ganz entscheidende Voraussetzung notwendig: Die Vision muß für die Mitarbeiter **attraktiv** und **faszinierend** sein.

Eine Vision lebt von der Faszination und der Anziehungskraft auf die Mitarbeiter. Die Begeisterung für die Vision ist ein Gradmesser für die innere Identifikation und das Engagement, mit der sich die Mitarbeiter für die Vision einsetzen. Dies beinhaltet, daß die Vision ein Zukunftsbild verkörpert, das es auch wert ist, angestrebt zu werden.

Die Erfahrungen zeigen, daß bei Mitarbeitern ebenfalls Visionen (also Vorstellungen über einen zukünftigen Zustand) entstehen, ob das nun gewünscht ist oder nicht. Jeder Mitarbeiter wird für sich persönlich eine Vorstellung darüber gewinnen, ob die angestrebte Vision ihm letztlich mehr nutzt oder schadet. Wie wird er aus dem Veränderungs-

*Abb.43*: Elemente erfolgreicher Visionen

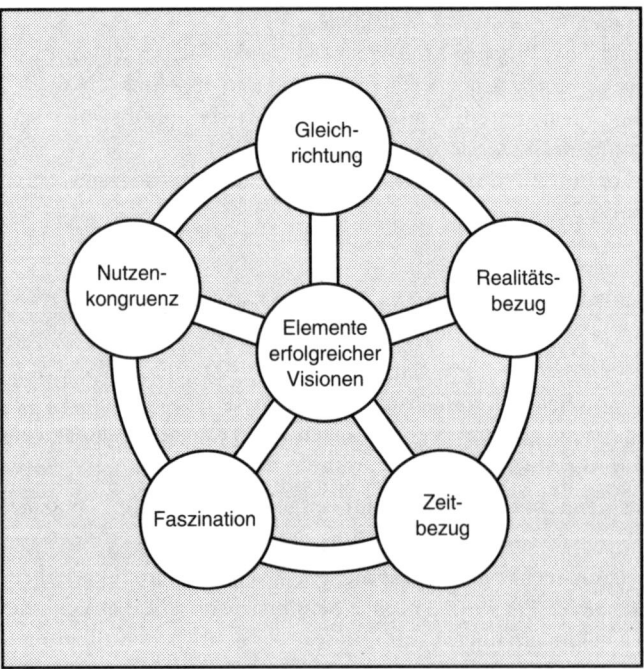

## 5.7 Bedeutung von Visionen beim Veränderungsprozeß

prozeß hervorgehen? Wird er eher zu den Gewinnern oder zu den Verlierern zählen? Inwieweit korrespondiert bzw. kollidiert der eingeschlagene Kurs der Veränderung mit den eigenen Zielen, Wünschen und Hoffnungen?

In dem Maße, wie dem Mitarbeiter transparent wird, daß das, was angestrebt wird, für ihn auch Sinn macht und mit den eigenen Wertvorstellungen und Zielen weitgehend harmonisiert, wird er mit aller Kraft für die Verwirklichung der Vision eintreten.

Wenn also die individuelle Attraktivität einer Vision davon abhängt, wie sehr diese den eigenen Neigungen, Zielen und Wertvorstellungen entspricht (**Nutzenkongruenz**), muß man sich folglich über die jeweiligen Zukunftsvorstellungen, Wünsche und Werte im klaren sein.

Oftmals ist dies eine der zentralen Aufgaben von Führung, nämlich den Mitarbeitern, die ihre funktionale und soziale Rolle für den Veränderungsprozeß und die Vision nicht erkennen können, die persönlichen Chancen, aber auch die daran geknüpften Anforderungen deutlich zu machen und sie somit für den Prozeß zu gewinnen.

Psychologisch ist das Geheimnis um die Wirkung von Visionen bereits klar erkannt. Das Phänomen der **selbsterfüllenden Prophezeiung** (Self-fulfilling Prophecy) bewirkt, daß beim Menschen entsprechend seiner persönlichen Glaubenssätze und inneren Bilder sein Handeln wie durch ein psychisches Betriebssystem gesteuert wird, mit dem Ziel, daß die Glaubenssätze bzw. inneren Bilder und Fantasien in der persönlichen Erfahrung Bestätigung finden. Die Mitarbeiter aktivieren von sich aus den Willen, die Vision zur Realität werden zu lassen, wenn diese für sie faszinierend und erstrebenswert ist.

Ein weiteres Kriterium für eine erfolgreiche Vision ist der **Realitätsbezug**. Eine Vision zu entwickeln, die Aussicht auf Erfolg haben soll, heißt gleichzeitig, eine kritische Überprüfung bezüglich der Realisierbarkeit vorzunehmen. Dazu ist es notwendig, die Dinge so zu beurteilen, wie sie tatsächlich sind, und nicht, wie sie in den Vorstellungen und Wünschen sein sollten.

Nicht wenige Unternehmen sind allein deshalb gescheitert, weil sie von „Visionären" ohne Sinn für die Realität (Luftschlösser) geführt wurden oder man nicht in der Lage war, die Vision dem Verständnis der Mitarbeiter nahezubringen. Sie müssen volle Klarheit darüber gewinnen, was Sie sich genau als Ergebnis des Veränderungsprozesses vorstellen. Je genauer Sie diesen Zustand beschreiben können, desto besser. Die Vision wird um so eher Realität werden, je stärker Sie sich mit dem Inhalt identifizieren. Überlegen Sie sich genau, durch welche Ereignisse Ihre Vision möglicherweise gefährdet werden könnte. Was müssen Sie tun, damit die Vision doch erfolgreich sein kann?

Dem Anspruch auf Realitätsbezug ist nicht immer ganz einfach zu entsprechen. Einerseits sollte eine Vision sicherlich möglichst konkret umrissen und der Realitätsbezug daraus ableitbar sein, andererseits benötigt eine wirklich faszinierende Vision auch Freiheitsgrade in ihrem Anspruch.

Eine faszinierende Vision enthält immer auch, aus der gegenwärtigen Realität heraus betrachtet, gewisse irreale, neue und überraschende Aspekte. Ein Visionär strebt immer nach Superlativen, damit auch größte Energien ausgelöst und freigesetzt werden können. In der Retrospektive erscheinen berühmte Visionäre deshalb auch oft als Leute, die etwas Unmögliches (bezogen auf ihre Zeit) möglich machen wollten (z.B. Martin Luther King mit seiner berühmten Rede „I had a dream").

Der Prozeß der Visionsfindung kann auch als ständige Gratwanderung zwischen Realität und Utopie charakterisiert werden, wobei darauf geachtet werden muß, daß die Vision zu keiner Zeit mit dem Attribut „utopisch" versehen werden darf. Dies hätte unweigerlich das Scheitern des Veränderungsprozesses zur Folge.

Je nach Ausgangslage muß man bei der Fokussierung der Vision sowohl die mental-kulturelle Unternehmensidentität als auch die individuellen kulturellen und mentalen Zustände der Organisationsmitglieder berücksichtigen. Gibt die bisherige bzw. jüngste Unternehmensentwicklung Anlaß zur Sorge (vielleicht ist die Krise auch schon voll da), müssen Visionen stärkere konkrete Anteile im Sinne einer herausfordernden Aufgabe enthalten. Die Mitarbeiter brauchen konkrete, oft quantitativ untermauerte bzw. festgeschriebene Anhaltspunkte für den Veränderungsprozeß und eine möglichst genaue Beschreibung des Nutzens (für das Unternehmen und individuell) aus der Veränderung. Eventuell müssen vorher „Nahziele" gesetzt werden (eine demoralisierte Truppe braucht schnelle Erfolge als neue Referenzerfahrung für die eigene Leistungsfähigkeit).

Stellen Sie sich bitte ein Unternehmen vor, daß sich in einer wirklich existenzbedrohenden Krise befindet, die, sollten die Probleme nicht binnen zwei Jahren beseitigt sein, unweigerlich zum Konkurs des Unternehmens führen würde. Würde die Unternehmensleitung in einer solchen Situation eine sehr abstrakte, mehr an ideelle und sinnhafte Komponenten angelehnte Vision verkünden, die eine offene Zeitkomponente beinhaltet (da sie nur beliebig annäherbar, aber nie ganz erreichbar wäre), ist die Gefahr sehr groß, daß ihr der „Realitätssinn" (d.h. die Bodenhaftung) abgesprochen würde, etwa nach dem Motto: „Jetzt spinnen die da oben völlig." Die Energie für den Veränderungsprozeß und das Vertrauen in die Unternehmensleitung wären gleich null.

War die bisherige Unternehmensentwicklung sehr positiv und ist die mental-kulturelle Ebene für einen Veränderungsprozeß gut ausgeprägt,

## 5.7 Bedeutung von Visionen beim Veränderungsprozeß

Abb.44: Fokussierung der Vision

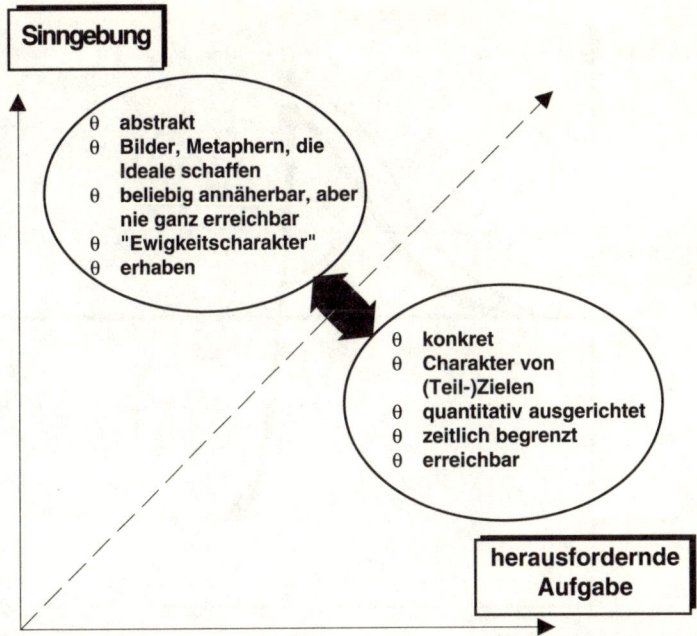

sollte mehr die „Sinn"-Komponente betont werden. Eine solche Vision wäre beliebig annäherbar, aber nie ganz erreichbar und hätte somit eine Art „Ewigkeitscharakter". Gleich einem Stern würde sie ständig die Richtung und den Weg weisen, den Stern selber würde man jedoch nie erreichen können.

Diese Erkenntnis macht ein weiteres Kriterium erfolgreicher Visionen deutlich: den **Zeitbezug**.

Visionen müssen zwei gegensätzlichen Anforderungen gleichzeitig gerecht werden. Einerseits sollen sie fern genug sein, um die Begeisterung für etwas Außergewöhnliches, die neue Wirklichkeit, zu wecken. Andererseits müssen sie nah genug sein, damit die Mitarbeiter die Erreichung der Vision auch als wahrscheinlich ansehen und nicht resignieren. So wird sich beim Veränderungsprozeß jeder Mitarbeiter fragen, ob ihn diese Veränderung überhaupt noch betrifft oder nicht. Wird er die Realisierung der Vision noch erleben? Welche Konsequenzen hätte dies dann für ihn? Das bedeutet, daß die zeitliche Vorgabe der Vision auch gleichzeitig die Länge des Motivationsbogens der Mitarbeiter bestimmt.

In Abbildung 45 (S. 138) sind beispielhaft die Verläufe der Motivationskraft bei Visionen dargestellt.

## 5. Management von Veränderungsprozessen

Abb. 45: Verlauf der Motivationskraft von Visionen

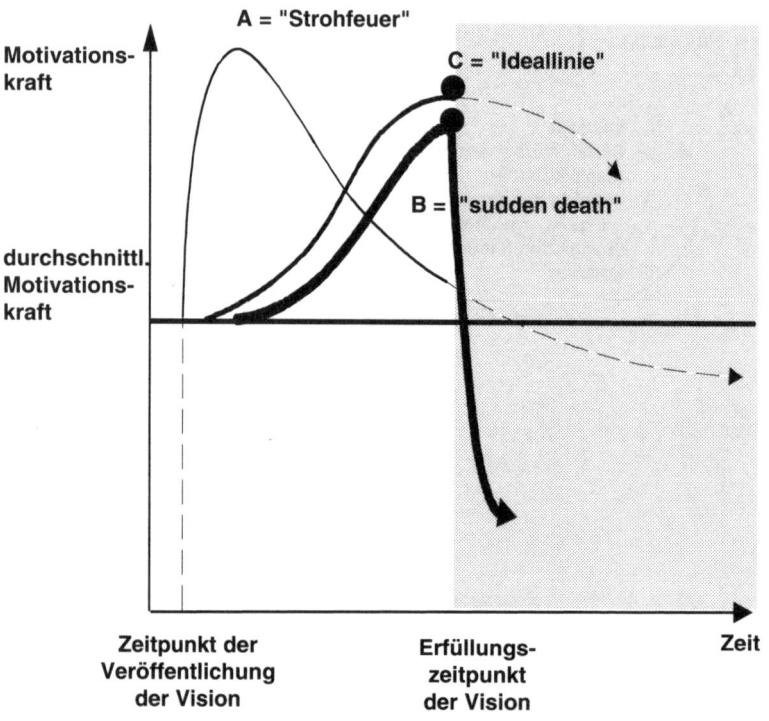

Der Verlauf der **Kurve A** ist typisch für viele Veränderungsprozesse in Unternehmen. Er ist dadurch gekennzeichnet, daß zunächst eine hohe Motivation durch die Verkündung der Vision eintritt. Aufgrund von vorher nicht berücksichtigten Problemen durch zu schnelles Vorgehen ohne professionelle Unterstützung, einer unzureichenden Prozeßdramaturgie und ständig neu formulierten Aufgaben und damit einhergehend neu festgelegten Prioritäten nimmt die Motivation allerdings rapide ab. Der eintretende Frust über das Scheitern des Prozesses führt oft genug in eine Demotivation (unterhalb der Motivation des Ausgangszustandes). Die Vision erweist sich als „Strohfeuer".

Bei **Kurve B** entsteht die Krise durch das Erreichen der Vision. Plötzlich fehlt das Ziel, an dem die Richtung und die Energie für weitere Entwicklungen abgeleitet werden können. Orientierungslosigkeit und eine fehlende Zukunftsperspektive führen zu einem dramatischen Motivationsverlust („sudden death"). Mit diesem Problem war auch die NASA konfrontiert. Das Erreichen der gemeinsamen Vision vom „ersten Amerikaner auf dem Mond" stürzte die amerikanische Raumfahrt nach der

## 5.7 Bedeutung von Visionen beim Veränderungsprozeß

ersten erfolgreichen Mondlandung in eine schwere Identitäts- bzw. Akzeptanzkrise.

Ein weiteres Element erfolgreicher Visionen ist die **Gleichrichtung**, d.h. die Vision über den Zustand nach dem Veränderungsprozeß und die Teilvisionen der Mitarbeiter (oder einzelner Ressorts) müssen in der komplementären strategischen Richtung liegen. Im Idealfall sind sie sogar deckungsgleich. Dazu ist es notwendig zu erfahren, welche Teilvisionen die Mitarbeiter haben. Es ist von entscheidender Bedeutung, daß im Unternehmen der größte Teil der Mitarbeiter von derselben Vision fasziniert und motiviert wird.

Wenn eine definierte und von den Führungskräften gelebte Vision für die Orientierung des Veränderungsprozesses fehlt, entstehen auf den nachfolgenden Hierarchieebenen unweigerlich Teilvisionen (z.B. Bereichs-/ Abteilungsvisionen), die in der Regel konkurrierend (d.h. ressortegoistisch) gestaltet werden. Dies hat zwangsläufig zur Folge, daß die Ausrichtung aller Ressourcen und das Engagement der Mitarbeiter nicht in eine gemeinsame strategische Richtung gebündelt werden. Es entsteht ein

*Abb.46:* Ressourcenverlust durch Teilvisionen

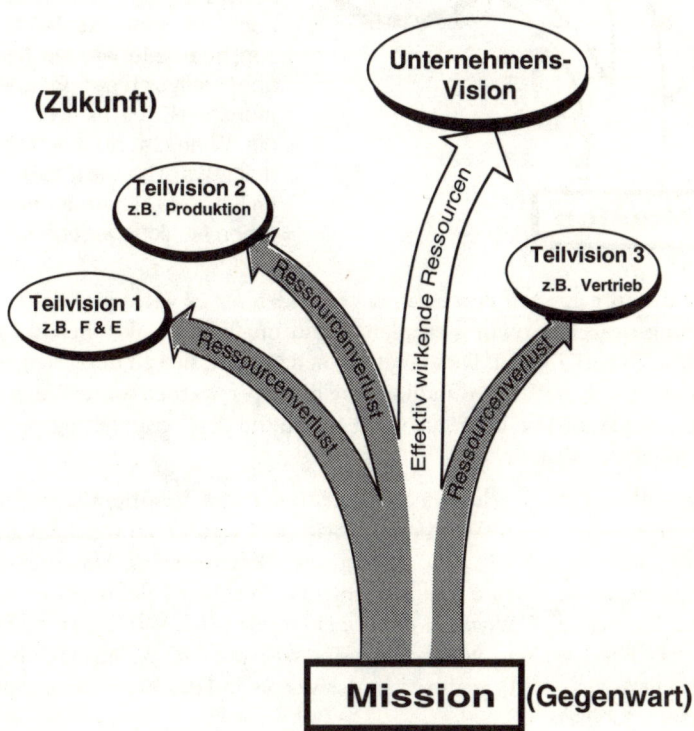

mehr oder weniger ineffektiver Prozeß, der zu einem kontraproduktiven Wettbewerb zwischen den einzelnen Bereichen führen kann, etwa nach dem Motto: „Wer hat die bessere Vision?" Dabei geht wertvolle Energie für die eigentliche Vision unweigerlich verloren.

Gleichermaßen interessant wie paradox ist die Tatsache, daß hierbei die Verfolgung jeder Teilvision durchaus sehr effizient erfolgen kann, die Effektivität im Hinblick auf die Unternehmensvision jedoch nicht oder nur unzureichend gegeben ist. Darum ist es wichtig, die Effektivität des Handelns beim Veränderungsprozeß im Hinblick auf die Vision ständig zu hinterfragen.

*Abb.47:* Effizienzfalle

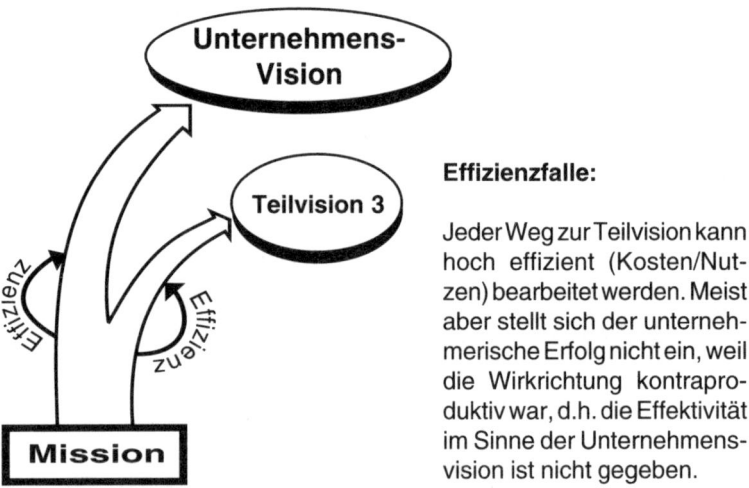

**Effizienzfalle:**

Jeder Weg zur Teilvision kann hoch effizient (Kosten/Nutzen) bearbeitet werden. Meist aber stellt sich der unternehmerische Erfolg nicht ein, weil die Wirkrichtung kontraproduktiv war, d.h. die Effektivität im Sinne der Unternehmensvision ist nicht gegeben.

Um die aufgezeigten Probleme zu vermeiden, ist es wichtig, den Veränderungsprozeß sorgfältig zu planen und mögliche Reaktionen auf die Vision zu antizipieren. Dies fängt schon damit an, sich zu überlegen, wer in den Prozeß der Visionsfindung miteinbezogen werden sollte. Wer wäre z.B. eine glaubhafte, überzeugende Leitfigur für den Veränderungsprozeß im Sinne der Vision?

Ebenfalls gut zu überlegen ist der Zeitpunkt der Veröffentlichung der Vision (wichtig auch: Welche Informationen werden zu welchem Zeitpunkt weitergegeben?). Wie werden die Mitarbeiter im Unternehmen möglicherweise auf die Vision reagieren? Wer wird Befürworter, wer wird Gegner sein? Welche Koalitionen werden sich vermutlich bilden? Welche Barrieren und Widerstände sind zu erwarten? Welche Glaubenssätze bezüglich der Erreichbarkeit der Vision und des Veränderungsprozesses existieren?

5.7 Bedeutung von Visionen beim Veränderungsprozeß 141

Abb. 48: Zusammenhang von mental-kultureller Unternehmensidentität und Vision

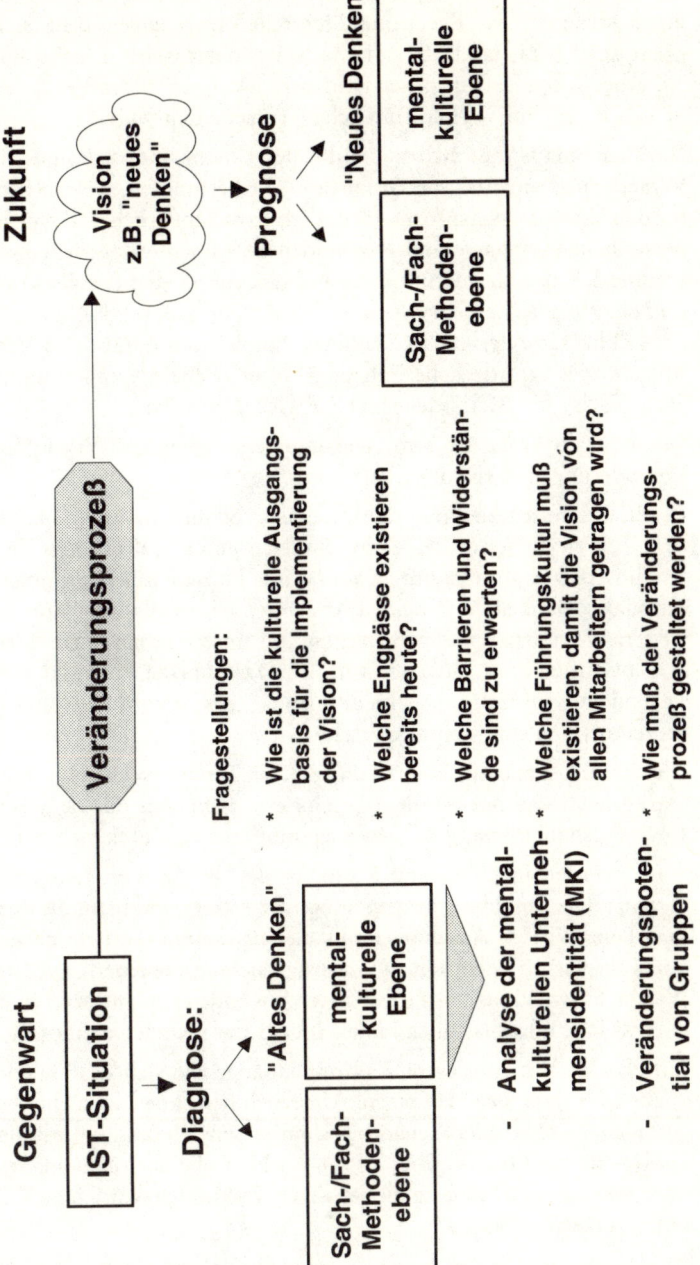

Es geht also darum, die „psychische Struktur" der Mitarbeiter zu erfassen. Um genau diese Fragen beantworten zu können, ist im Detail zu diagnostizieren, wie die **mental-kulturelle Unternehmensidentität** ausgeprägt ist (IST-Zustand). Es ist nicht weiter überraschend, daß z.b. durch ein erhebliches Defizit in der Dimension Vertrauen der Veränderungsprozeß bereits im Vorfeld zum Scheitern verurteilt wäre.

Darüber hinaus läßt sich mit Hilfe des Untersuchungsdesigns für das **Veränderungspotential von Gruppen** exakt bestimmen, welche Personen für den Veränderungsprozeß förderlich bzw. hinderlich und welches die persönlichen Engpässe sind. Aus beiden Instrumenten läßt sich dann eine geeignete Prozeßdramaturgie entwickeln, die in den jeweils kritischen Phasen erfolgreiche Interventionen bereitstellt (z.b. mit Hilfe von Teamentwicklungen oder auch Coaching). Somit kann die für den Veränderungsprozeß erforderliche Führungskultur festgelegt und simultan zur Sach-/Fach- und Methodenebene entwickelt werden.

Die zentrale Frage ist nun, wie man eine geeignete Vision für den Veränderungsprozeß entwickeln kann.

Durch unsere soziale Prägung (Erziehung, Schule, Beruf etc.) haben wir zum Teil große Schwierigkeiten, einmal weniger auf unseren Verstand und unsere Vernunft zu hören, sondern auf unsere innere Stimme: Denn rationales Denken hilft beim Prozeß der Visionsfindung nur bedingt weiter. Wir müssen vielmehr lernen, auf unsere **Intuition** zu vertrauen, auch wenn es manchmal schwerfällt. Das enorme Potential mentaler Techniken wird im Management – im Gegensatz zum Leistungssport – derzeit noch viel zu wenig genutzt.

Gleichwohl ist es einleuchtend, daß z.b. ein Tennisspieler neben mentaler Stärke auch das notwendige Geschick im Umgang mit dem Schläger sowie Ausdauer/Kondition beweisen muß, um erfolgreich zu sein.

Somit werden Intuition und Ratio für den Prozeß der Visionsfindung verlangt. Die Abbildung 49 zeigt mögliche Ansatzpunkte für die Entwicklung einer Vision. Ausgangspunkt hierfür könnte die Betrachtung der (zukünftigen) Kunden sein. Wie werden sich unsere Kunden verändern? Welche Entwicklungen sind bei unseren Kunden geplant bzw. zu erwarten? Welche Informationen habe ich über die Visionen meiner Kunden?

Entscheidend ist in diesem Zusammenhang, wie sich das Umfeld entwickelt, in dem sich das eigene Unternehmen, aber auch die Kunden befinden. Mit Hilfe der **Szenario-Technik** lassen sich bestimmte konsistente Hypothesen über die Zukunft entwickeln, die in Ergänzung mit den oben formulierten Fragestellungen den in Zukunft gewünschten Kundennutzen erkennen lassen.

Ausgangspunkt ist die Frage: Wie wird sich die **Bedürfnisstruktur** in unserer Gesellschaft entwickeln?

## 5.7 Bedeutung von Visionen beim Veränderungsprozeß

Abb.49: Ansatzpunkte für die Entwicklung einer Vision

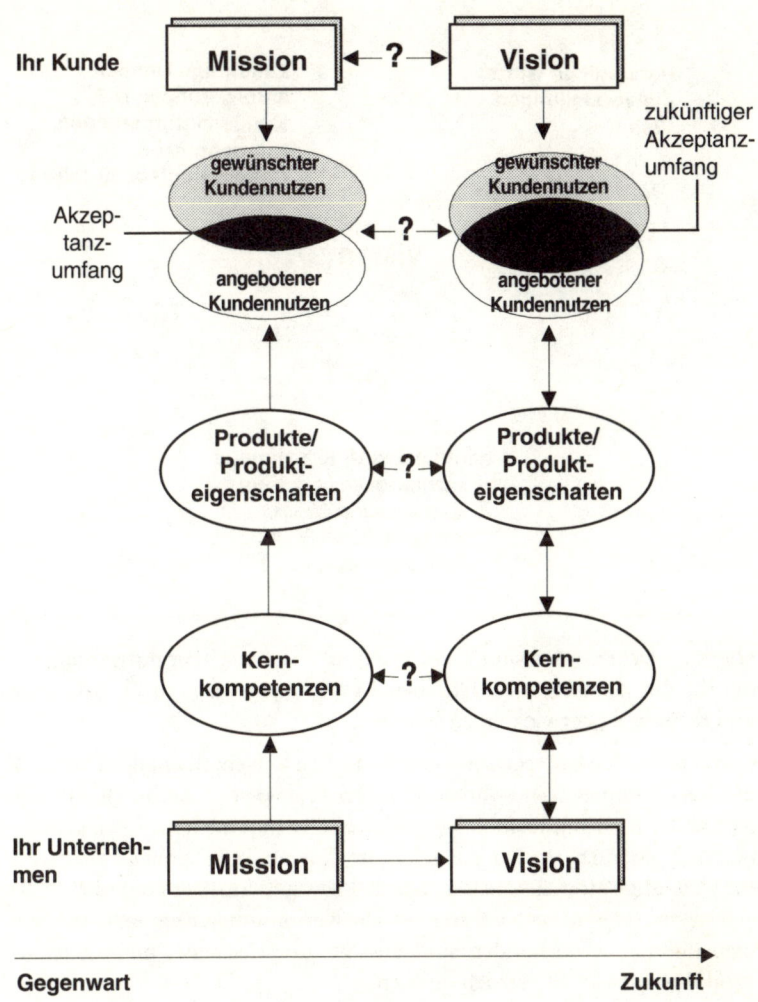

Daraus läßt sich wiederum ableiten, welchen Nutzen zukünftig die eigenen Produkte dem Kunden verschaffen müssen (zukünftiger Akzeptanzumfang) bzw. welche Produkte mit welchen spezifischen Eigenschaften in Zukunft am Markt benötigt werden.

Um diese bereitstellen zu können, ist die Frage nach den **Kernkompetenzen** entscheidend. Die Erfahrung zeigt allerdings, daß gegenwärtig nur wenige Unternehmen ein (kongruentes) Bewußtsein darüber haben, welche Kernkompetenzen im Unternehmen (geschweige denn beim Wettbewerb)

## 5. Management von Veränderungsprozessen

Abb. 50: Vision als Synthese unterschiedlicher Einflußfaktoren

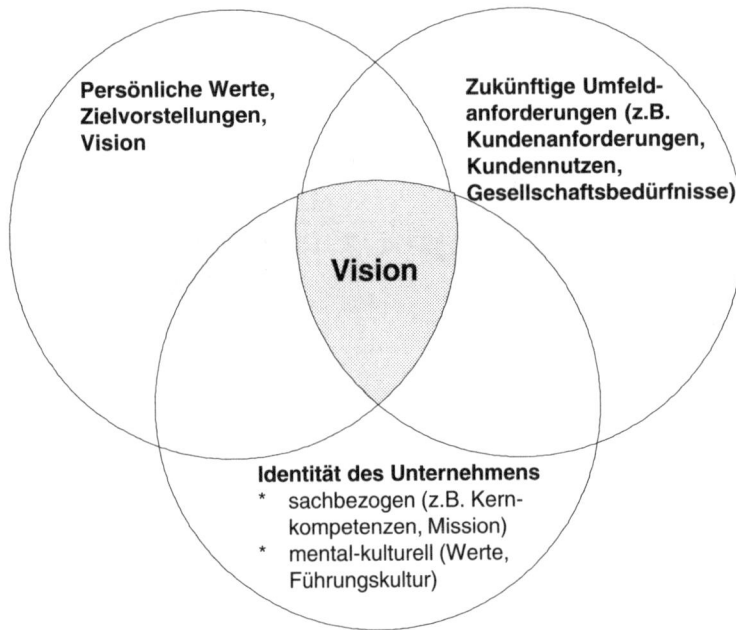

überhaupt vorhanden sind. Gerade dieses Wissen ist aber notwendig, um die für die Zukunft erforderlichen Kernkompetenzen zu identifizieren und rechtzeitig entwickeln zu können.

Oftmals werden Unternehmen erst im akuten Krisenfall mit der Thematik der Kernkompetenzen konfrontiert. Der schlagartige Einbruch auf dem Markt der Rüstungstechnik beispielsweise zwingt die betroffenen Unternehmen plötzlich, vorher nie gekannte Anwendungsbereiche als Ersatz für ehemalige strategische Geschäftsfelder zu identifizieren und zu belegen. Jetzt erst wird recherchiert, welche Kernkompetenzen im Unternehmen überhaupt vorhanden sind und wie daraus neue, marktgerechte Produkte entwickelt werden können.

Machen Sie doch einmal das Experiment und bitten Sie einige Ihrer Kollegen, die für den Unternehmenserfolg entscheidenden Fähigkeiten – eben die Kernkompetenzen des Unternehmens – zu benennen!

Schätzen Sie vorab, welchen Grad an Übereinstimmung sie erhalten, wenn sich Ihre Kollegen bei der Nennung der Kernkompetenzen auf maximal fünf festlegen sollten!

Diese Vorgehensweise zur Entwicklung einer Vision mag zunächst sehr rational erscheinen. Bei genauerer Betrachtung wird jedoch deutlich, daß

## 5.7 Bedeutung von Visionen beim Veränderungsprozeß

in diesem Prozeß wieder die mental-kulturelle Identität eine wesentliche Rolle spielt. Die mental-kulturelle Unternehmensidentität erst schafft die Voraussetzung für die erfolgreiche Gestaltung des „Veränderungsmilieus".

Damit eine Vision Leben bekommt, muß sie innere Bilder von der Realität der Zukunft auslösen. Folgende Fragestellungen sind z.b. damit verbunden: Welche Führungskultur herrscht zum Zeitpunkt der Vision? Wie ist das Klima bei den Mitarbeitern? Welchen Eindruck machen die Mitarbeiter jetzt auf Sie? Wie sehen ihre Gesichter aus? Welche Lebensqualität herrscht im Unternehmen? Wie sind die Bedingungen im Unternehmen, unter denen jetzt Leistung erbracht wird?

Nur wenn diese Facetten der Zukunft dem Visionär bewußt sind, werden Bilder von der Zukunft des Unternehmens entstehen, die Emotionen auslösen und Energien mobilisieren, dieses Bild der Zukunft auch Realität werden zu lassen. Letztlich entsteht die Vision als Synthese der in Abbildung 50 aufgeführten Einflußfaktoren.

Die folgende Abbildung 51 (S. 146) gibt einen Anhaltspunkt dafür, welche Fragestellungen im Zusammenhang mit einer Unternehmensvision beantwortet werden müssen.

# 5. Management von Veränderungsprozessen

Abb. 51: Fragestellungen im Zusammenhang mit der Unternehmensvision

# 6. Veränderungsmanagement bei Fusionen und Übernahmen

Wenn aus zwei oder mehr Unternehmen bzw. Unternehmensteilen eine Einheit erwachsen soll, besteht für **alle** Beteiligten maximaler Veränderungsbedarf. Streng genommen geht es hierbei nicht mehr um Veränderung als Adaptation an gewandelte Bedingungen, sondern – so sollte es zumindest sein – um die Kreation einer **neuen** mental-kulturellen Unternehmensidentität, in der sich alle beteiligten Organisationseinheiten und Individuen mit ihren Kernkompetenzen und ihrer Mission repräsentiert sehen.

Fusionen, und damit sind hier alle Formen von Akquisitionen, Firmenkäufen, Beteiligungen oder Übernahmen jeglicher Rechtsnatur zu verstehen, gewinnen ständig an Bedeutung.

Der Erfolg der Transaktion – ob Eingliederung oder Übernahme – entscheidet oft über existentielle Fragen der Unternehmen. Deshalb sind vor allem die Erfolgsfaktoren von Bedeutung, die die beteiligten Personen betreffen.

Neben den oft zitierten betriebswirtschaftlichen und rechtlich relevanten Kriterien wiegen die kulturellen und psychologischen Prozesse letztlich schwerer, dies zeigt die Analyse zahlreicher Beispiele. Ausschließlich diesem System von Ursachen und Wirkungen sind die nachfolgenden Ausführungen gewidmet.

Bedeutungsvoll ist zuerst die Frage, ob das übernehmende Unternehmen eine hinreichende Flexibilität, Lernfähigkeit und Ethik besitzt, um sowohl die strategischen Absichten differenziert, sinnvoll und planmäßig umzusetzen als auch eine respektvolle Inszenierung der mental-kulturellen Integration der beiden Unternehmen anzustreben.

Darüber hinaus sollte im nächsten Schritt reflektiert werden, welches offene oder geheime Ziel das übernehmende Unternehmen verfolgt (ähnliches gilt für Joint Venture-Partner).

Wesentliche Alternativen hierbei sind z. B.:

1. **Eroberung und Eliminierung bzw. Teil-Eliminierung**
2. **Eroberung und Kolonisierung**
3. **Eroberung und spätere Integration**
4. **Partnerschaftliche Integration und neue, gemeinsame Identität**

## 6. Veränderungsmanagement bei Fusionen und Übernahmen

## 6.1 Die Synergiefalle

Es ist eine bewiesene Erkenntnis aus der Kulturanthropologie, daß „gesunde" ethnische Gruppen bei drohendem Identitätsverlust durch Eroberer/Übernehmer ihr Identitätsbewußtsein durch verstärkte Bildung von Subkulturen pflegen oder sogar militant verteidigen.

Je mehr die Identität der Subkultur vom Übernehmer respektiert und demnach nicht abgewertet wird, um so größer ist die Chance, die übernommene Gruppe mit ihren Erfolgspotentialen für die Übernehmer nutzbar zu machen.

Im Falle der Unterdrückung der Subkultur durch die Übernehmer wird nach der Fusion der mikropolitische Anteil in der Zusammenarbeit überproportional ansteigen, die Effizienz wird damit drastisch absinken, der angestrebte Synergienutzen bleibt eine Fata Morgana.

Eine **Synergiefalle** bei Fusionen besteht häufig darin, daß die zuständigen Manager die Fusion als rein mechanistisches Problem einer neuen Ressourcenverteilung sehen. Immer dann, wenn psychologische und die Unternehmenkultur betreffende Phänomene bei der Gestaltung einer Fusionsdramaturgie vernachlässigt oder unbeachtet bleiben, schnappt die Synergiefalle zu und beweist damit den Aberglauben der Fusionsmechaniker, daß es eben mit „den anderen" wegen deren Insuffizienz nicht gehe.

Entscheidend für alle Beteiligten bzw. Betroffenen bei einer Fusion ist, ob die Vision, also die Vorstellung über die zukünftige Gestalt des Unternehmens nach der Fusion, für den einzelnen wesentlich attraktiver ist als der Zustand vor der Fusion.

Je weniger Sinn die Unternehmensgestalt nach der Fusion für die Betroffenen und Beteiligten macht, um so weniger Energie ist bei ihnen vorhanden, sich für die Veränderung einzusetzen.

Konkret bedeutet dies, daß die vielen kleinen Störungen, die bei einer Fusion naturgemäß eintreten, mangels Engagement nicht behoben werden. Auffällige Mißerfolgsindikatoren dazu sind: steigende Ineffizienz (Gemeinkosten, Fehlzeiten etc.) und sinkende Qualität; daneben nimmt der mikropolitische Anteil an der Arbeitszeit überproportional (35 – 50%) zu.

**Erkenntnis:** Es gibt viel zu wenige Promotoren für den Integrationsprozeß.

## 6.2 Fusion bzw. Integration als herausragender Anspruch an die Führungskompetenz

Die Integration von akquirierten Unternehmen/Organisationseinheiten in eine bestehende Organisation gehört zu den anspruchsvollsten Managementaufgaben der heutigen Zeit. Von einer gelungenen Integration kann erst dann gesprochen werden, wenn sowohl der akquirierte als auch der akquirierende Teil synergetischen Nutzen realisiert, oft in Form eines neuen gemeinsamen Unternehmens.

Gerade in den Fällen, in denen es nicht um den „Ausverkauf von Produktzweigen" oder das „Ausschlachten von Teilbetrieben" geht, sondern vielmehr eine gemeinsame wirtschaftliche Zukunft angestrebt wird, ist ein Verfehlen des Zieles teuer, wenn nicht sogar fatal.

Nach unseren Erfahrungen kommt es bei Akquisitionen/Fusionen ohne spezifische professionelle Integrationsprogramme zu zahlreichen Engpässen bzw. Enttäuschungen.

Wir untersuchten die Gründe, Ursachen und Kriterien, die Erfolg oder Mißerfolg einer Akquisition/Fusion bestimmen. Die Engpässe bzw. Enttäuschungen werden zumeist auf der Verhaltensebene sichtbar, d.h. gute Führungskräfte wandern ab, Kunden sind irritiert, Machtkämpfe werden initiiert.

Dabei gehen wir von der typischen Fallstruktur aus, daß es ein „übernehmendes Unternehmen" gibt, das auf Grund seiner Kapitalkraft, Firmengröße, Marktposition und anderer Prädispositionen einen stärkeren Einfluß bei der Veränderung in den beiden Unternehmen ausübt als der übernommene Partner.

Häufig wird gegen diese Symptome mit begrenztem oder nur sehr kurzfristigem Erfolg angekämpft. Grund dafür ist in der Regel, daß lediglich isolierte Einzelprobleme behandelt werden.

## 6.3 Fehler in der Fusionsarchitektur

### 6.3.1 Unverträgliche (konkurrierende) Konzeptionen in der strategischen bzw. visionären Ausrichtung

Wenn ein eher regional/lokal ausgerichtetes Unternehmen vom Übernehmer zu einer globalen Marktbearbeitung gezwungen wird, könnten massive Widerstände entstehen, da zwei zu unterschiedliche Welten aufeinanderprallen. Typischerweise existieren aber auch sonst Unterschiede in der Produkt-Markt-Kombination, Unterschiede in der Fertigungsphilosophie (Inselfertigung, Lean Production etc.) sowie Unterschiede in der Marktbearbeitung: Außendienst als Full-Service-Kundenberatung oder nur als Produktverkauf. Weitere „blocking points" sind unterschiedliche Vorstellungen über Unternehmenswachstum/Betriebsgröße, unterschiedliche Vorstellungen über den Grad der Internationalisierung bzw. Diversifizierung, zu geringe Transparenz über vorhandene Kernkompetenzen, weiterhin Unterschiede in der Beurteilung des zukünftigen Bedarfes an Kernkompetenzen oder unverträgliche Vorstellungen über die gewünschte Führungskultur u.a.m.

Eine wesentliche Erkenntnis unserer Untersuchungen über Visionen liegt darin, daß es wenig erfolgversprechend ist, wenn zwei Unternehmen die Fusion erzwingen wollen, obwohl ihre Einzelvisionen nicht unter dem Dach einer höheren, übergeordneten Vision integriert werden können.

### 6.3.2 Unterschiede in der Unternehmenskultur

Jede Unternehmenskultur baut auf einer spezifischen Tradition auf, ist geprägt durch unterschiedliche Mentalitäten, die ethnisch oder regional bedingt sind, außerdem geprägt durch unterschiedliche Werthaltungen, Glaubenssätze, Prinzipien, Rituale, also Denkhaltungen und Verhaltensweisen, die als für sie typisch oder charakteristisch zu bezeichnen sind.

Der grundsätzliche Fehler, der gemacht werden kann, liegt darin, daß die Unterschiede der Unternehmenskulturen nicht respektiert, sondern abgewertet werden. Die Regel ist, daß das übernehmende Unternehmen die Kultur des übernommenen Unternehmens diskreditiert oder subtil abwertet, vielleicht sogar ohne sich dessen bewußt zu sein. Konsequenz aus dieser Inszenierung ist normalerweise eine Gewinner/Verlierer-Inszenierung bei und nach der Fusion. Dies führt zu massiven Widerständen, die es in der Regel unmöglich machen, vorhandene Synergiepotentiale zu nutzen.

Die Unterschiede im Reifegrad der qualitativen Entwicklung zweier Unternehmen oder Organisationseinheiten zwingen dazu, den Fokus auf unterschiedliche Anforderungen oder Probleme (auf Grund von Engpässen, Störungen in der Entwicklung) dieser Unternehmen zu richten. Konsequenz dieser Unterschiede sind konkurrierende Prioritäten bei den Fusions-Aktivitäten. Insofern ist es wichtig, beide Unternehmen da „abzuholen", wo sie tatsächlich vom Entwicklungsstand her stehen. Erst eine rationale Diagnose der unterschiedlichen Ausgangspositionen (mental-kulturelle Unternehmensidentität) ermöglicht eine sinnvolle Definition von Prioritäten bei den Integrationsbemühungen.

### 6.3.3 Unterschiedliches Alter der Unternehmen bzw. unterschiedliche Altersstruktur der Führungskräfte

Je älter ein Unternehmen, um so ausgeprägter sind meist die Tradition und die Rigidität des Unternehmens. In solchen Unternehmen herrschen erfahrungsgemäß die konservativen Führungskräfte vor. Bei Fusionen leiden in der Regel die progressiven Führungskräfte unter den konservativen, weil das Entwicklungs- oder Veränderungstempo nicht in dem Maße realisierbar ist, wie man sich das vorstellt. Häufig kommt es zu Abwertungen der Konservativen durch die Progressiven, d.h., junge Unternehmen, die in der Regel auch eine junge Altersstruktur der Führungskräfte aufweisen, neigen dazu, ältere traditionsreiche Unternehmen abzuwerten. Ein wichtiger Integrationsansatz liegt darin, beide Parteien dazu zu bringen, die unterschiedliche Altersstruktur gegenseitig zu respektieren und die jeweiligen Vor- und Nachteile im Rahmen von Versöhnungsveranstaltungen zu fokussieren und bewußt zu machen, um sie zum beiderseitigen Nutzen zu gebrauchen.

### 6.3.4 Geringe Kompatibilität der Kernkompetenzen

In den meisten deutschen Unternehmen ist zu wenig Transparenz über die Art der Kernkompetenzen (Stärkenbewußtsein!) vorhanden. Es existiert kaum Konsens über die Bedeutung der einzelnen Kernkompetenzen im Wettbewerb und über deren Beitrag zum Unternehmenserfolg. Kernkompetenzen können nicht ohne weiteres in ein anderes Unternehmen übertragen werden, denn mit Kernkompetenzen sind implizit auch Tradition, Philosophie über die Art und Weise, Unternehmensprozesse zu gestalten, sowie Wissen und Können von Mitarbeitern verbunden.

Aus diesem Grund ist durch die Übernahme einer Kernkompetenz nicht naturgemäß und selbstverständlich auch ein Synergienutzen verbunden, wenn es sich nur um einen mechanistischen Übertrag einer Kernkompetenz von einem Unternehmen ins andere handelt. Ein Beispiel verdeutlicht dies:

Wenn in ein Unternehmen, wo traditionell Maschinenbau betrieben wurde, eine Kernkompetenz Elektrotechnik oder Elektronik des Fusions-Partnerunternehmens integriert werden soll, kann es sein, daß bei den Maschinenbauern nicht unbedingt Begeisterung entsteht. Dies hätte zur Folge, daß die Konstrukteure weiterhin maschinenbauorientiert die Anlagen konstruieren, dabei aber den Raumbedarf für Kabelbäume für Elektrik und Elektronik als wichtigen Bestandteil der Konstruktion zu wenig respektieren.

### 6.3.5 Unterschiedliche Strukturen, Systeme und Verfahren

Bei der Fusion von Unternehmen werden Bedeutungskonflikte natürlich auch auf Nebenkriegsschauplätzen ausgetragen. Sehr beliebt sind Machtspiele darüber, wer bisher besser und erfolgreicher war, oder auch die

Bewertung von Strukturen (Organisations-, Gehalts- und anderer Strukturen), Systemen und Verfahren, die vorhanden sind. Häufig ist es so, daß das übernehmende Unternehmen die Strukturen, Systeme und Verfahren dem dazukommenden Unternehmen oktroyiert, um die Durchgängigkeit und Kompatibilität der beiden Unternehmen sicherzustellen. Dies wird dann häufig von den Betroffenen so interpretiert, daß Strukturen, Systeme und Verfahren des übernommenen Unternehmens minderwertig sind. Verschärft wird diese als Niederlage empfundene Veränderung durch einen zusätzlichen Autonomieverlust, der sich darin ausdrückt, über eine sinnvolle Gestaltung von Strukturen, Systemen und Verfahren im eigenen Unternehmen nicht mehr bestimmen zu dürfen.

Diese Abwertung in der unternehmerischen Kompetenz, das eigene Unternehmen sinnvoll zu gestalten, wird in der Regel zu massiven Widerständen führen und viel Energie dafür binden, dem Übernehmer zu beweisen, daß die alten Strukturen, Systeme, Verfahren doch besser und geeigneter waren als die des Übernehmers. Die dabei entstehenden Reibungsverluste können die Produktivität des neuen Unternehmens lähmen und das Fusionstempo gefährlich verlangsamen; sie führen in der Regel zu einer Verstärkung von „Partisanen"-Tätigkeiten bis hin zur Entwicklung einer geheimen informellen Struktur und zur Sabotage an neuen Systemen und Verfahren.

### 6.3.6 Markt- und Wettbewerbspositionen der beiden Unternehmen vor der Fusion

Wenn das übernehmende Unternehmen vor der Transaktion als Rivale und Feindbild kultiviert war, kann es zu einer massiven Irritation bis hin zur Identitätskrise in beiden Unternehmen kommen. Wenn das Feindbild bisher die Hauptenergiequelle war, um Kräfte marktorientiert zu entfalten, aber auch um von internen Ineffizienzen und verdeckten Konflikten abzulenken, wird nach der Fusion die marktorientierte Energie erlahmen, und die lang verdeckten internen Konflikte werden zum Ausbruch kommen. Dies hat zur Folge, daß das „Immunsystem" des übernommenen Unternehmens mehr oder weniger kollabiert und seine Widerstandskraft gegen das übernehmende Unternehmen stark geschwächt ist, bis hin zur Resignation. Häufig erleben wir dann, daß Mitarbeiter die Flucht nach vorne ergreifen, mit den übernehmenden Kollegen konstruktiv kollaborieren, was von den alten Kollegen häufig als Verrat interpretiert wird.

Diese Flucht nach vorn ist jedoch ein zweischneidiges Schwert: Der Identitätskonflikt ist von den betreffenden Personen nicht vollständig bearbeitet, sondern nur vordergründig verdrängt mit der Folge, daß bei kleinsten Zweifeln an der Kompetenz/Leistungsfähigkeit des neuen Unternehmens, durch welche Situation auch immer, die alten Rivalitätsgefühle wieder aufbrechen und sich selbst verstärken. („Siehst Du, ich hatte mir ja gleich gedacht, daß wir mit unserer alten Positionierung für diesen Markt die besseren Lösungen hatten. Mal abwarten, was uns mit dieser neuen Ausrichtung noch so alles blüht..." )

Aber auch das übernehmende Unternehmen kann von einer Identitätskrise geschüttelt werden, wenn das neu entstandene Unternehmen für die Mitarbeiter mehr Sinn-Zweifel als Identifikationspotentiale bietet.

### 6.3.7 Marktskepsis bzw. Akzeptanz bei den Kunden

Gerade im Investitionsgüterbereich reagieren Kunden hochsensibel auf Fusionen bei Lieferanten. Berechtigte Fragen nach der zukünftigen Service- bzw. Ersatzteilsicherung bis zur Gewährleistung bei Mängeln stehen bei langfristigen Investitionen natürlich sofort im Vordergrund. Auch die Frage nach der Fortführung der bisherigen Produktpolitik und -philosophie wird bei Kunden Irritationen auslösen, vor allem dann, wenn die Dramaturgie der Fusion in der Öffentlichkeit als eher unprofessionell beurteilt wird und das Timing bis zur geordneten Inbetriebnahme des neuen Unternehmens nicht transparent und mit Zweifeln behaftet ist. In dieser Phase der Labilität des „Lieferanten" wird in der Regel der Konkurrent ein leichtes Spiel haben, mit seiner Zuverlässigkeit, Gewährleistungssicherheit, Kontinuität in der Marktbearbeitung und Produktpolitik die verunsicherten Kunden auf sich aufmerksam zu machen bzw. zu gewinnen.

Die Verluste von Marktanteilen führen dann häufig zu einer Verschärfung des Klimas in den Fusionsunternehmen und steigern die Tendenz zu militantem, autoritärem Verhalten der übernehmenden Partner. Gleichermaßen bauen sich beim übernommenen Unternehmen die entsprechenden Widerstände und Einwände auf und reduzieren die Effizienz.

### 6.3.8 Kartellrecht

Fusionsmanöver aus strategischen Gesichtspunkten zur Stärkung der Wettbewerbsposition im Zuge der EG-Entwicklung werden nicht selten nachhaltig gestört durch kartellrechtliche Restriktionen. Viele Unternehmen versäumen es, zum richtigen Zeitpunkt die ihnen in diesem Zusammenhang offenstehenden politischen Wege zu beschreiten (Bundesministerium für Wirtschaft), um die erwünschten Gestaltungsmöglichkeiten zu bekommen und für sich zu nutzen.

## 6.4 Machtdynamik bei Fusionen

### 6.4.1 Fantasien über Gewinner/Verlierer nach der Fusion

In der Regel entwickeln sich schon nach der Ankündigung einer möglichen Fusion bei den betroffenen Unternehmen Fantasien über mögliche Gewinner/Verlierer nach der Fusion.

Bei den Betroffenen, die eher eine Tendenz zur Verlierer-Fantasie entwickelt haben, gibt es relativ schnell Seilschaften mit dem Ziel, den persönlichen Schutz über Koalitionen zu erhöhen. Häufig werden dabei alte Verpflichtungen und Abhängigkeiten aktiviert, um oberste Führungskräfte an ihre Verantwortung zu erinnern, was die Zukunft der einzelnen Mitarbeiter angeht.

Analog dazu geht es bei den potentiellen Gewinnern durch die Fusion aufwärts. Es entstehen Seilschaften, die sich verbünden mit dem Ziel, durch die erhöhte Schlagkraft einer Koalition den Übernahmesieg sicher zu machen und damit auch die persönliche Karriere abzusichern.

Der Irrglaube, der bei den potentiellen Gewinnern häufig vorherrscht, liegt darin, daß sie übersehen, daß die lange gemeinsame Zukunft, die allen bevorsteht, auch eine Abhängigkeit der Gewinner von den Verlierern bedeuten kann. Vor allem, wenn die „Verlierer" wichtige Knowhow-Träger oder Galionsfiguren, also Bezugspersonen bei der übernommenen Unternehmung waren. Häufig endet dieses Machtspiel in der Ohnmacht der Mächtigen. Die Macht der Ohnmächtigen (Verlierer) liegt im subversiven und subtilen Widerstand in der Tagesarbeit, wo im tagtäglichen Zermürbungskampf den Übernehmern eines Tages auch die Lust vergehen kann.

**Wichtig:** Fusionen als Gewinner/Verlierer-Inszenierung zu gestalten, ist langfristig immer mit Rückschlägen und Verlusten und damit Ertragseinbußen verbunden. Die einzige langfristig erfolgreiche Alternative heißt: Eine Gewinner/Gewinner-Strategie entwickeln!

### 6.4.2 Konkurrierende Grundpositionen der beiden Organisationen

Das stärkere Unternehmen ist nicht immer das bessere Unternehmen. In den Fällen, in denen kapitalstarke Unternehmen die Fusion betreiben und Unternehmen akquirieren wollen, die leistungsstärker und bekannterweise innovativer im Markt sind, kommt es zu typischen gegenseitigen Plus-/Minuspositionen (d.h. wir sind o.k., die anderen nicht: +/-). Charakteristisch für diese Konstellation ist, daß jeder den anderen abwertet und versucht, seine Überlegenheit zu demonstrieren. Tagtägliche Integrationsverhandlungen in den einzelnen betrieblichen Funktionsbereichen führen bei dieser Konstellation häufig zu Situationen, in denen Rechthaberei, Besserwisserei und gegenseitige Abwertungen bzw. Machtdemonstrationen die Art und Weise des Umgangs miteinander charakterisieren.

Im zweiten Fall, wo das zu übernehmende Unternehmen ein Minderwertigkeits- oder Unterlegenheitsgefühl (-/+) entwickelt, wird es häufig nicht lange dauern, bis das übernehmende Unternehmen diese Opferhaltung registriert und ausnutzt. Falls bei dem zu übernehmenden Unternehmen eine Hoffnung auf Rettung durch dieses übernehmende Unternehmen bestand, wird es wenig Widerstände geben. Falls das übernehmende Unternehmen aber seine Überlegenheit demonstrativ ausnutzt, kann es die Minderwertigkeitsgefühle des zu übernehmenden Unternehmens bis zur Resignation steigern. Im schlechtesten Fall kann sich dadurch die Hilflosigkeit bzw. Ohnmacht des zu übernehmenden Unternehmens bis zum kostspieligen Pflegefall entwickeln.

### 6.4.3 Ungleichgewichtige Ressourcenverteilung nach der Fusion

Das konstruktive Interesse der übernommenen Unternehmung wird dann schnell an Energie verlieren, wenn spürbar wird, daß nach der Fusion die Übernehmer sich an den Ressourcen-Trögen voll bedienen können – und das öffentlich –, während das übernommene Unternehmen bei der Ressourcenverteilung mehr oder weniger als zur Eigenverantwortung noch nicht fähiges Gebilde gegängelt wird. Dieses Phänomen führt schnell dazu, daß die starken Leistungsträger des übernommenen Unternehmens das Unternehmen verlassen und sich eine Resignation aus der Ohnmacht entwickelt, was dazu führt, daß die letzten unternehmerischen Energien des übernommenen Unternehmens erlahmen.

Konsequenz dabei ist häufig, daß die verbliebenen Top-Führungskräfte des übernommenen Unternehmens wegen Mißerfolgs ausgewechselt werden.

Diese Folge stellt sich im Sinne einer Self-fulfilling Prophecy geradezu zwangsläufig ein, denn selbst bei bester Absicht ist mit dem verbliebenen Teil der Mitarbeiter die Chance gering, das angeschlagene Schiff wieder flott zu machen.

### 6.4.4 Machtinszenierungen der übernehmenden Organisation

Je geringer die Kapitalkraft bzw. die betriebswirtschaftlichen Ergebnisse der übernommenen Organisation sind, um so respektloser wird die Überlegenheit der übernehmenden Organisation in der Regel ausgenutzt. Dies wird vor allem in den Führungsebenen deutlich, wo die Funktionsmanager mit den Kollegen abstimmen, in welcher Form in Zukunft die Arbeitsteilung und die Festlegung der Gehaltsstruktur zu erfolgen hat und nach welchen Prinzipien die Zusammenarbeit zu gestalten ist. Vor allem Führungskräfte mit einer schwächer ausgebildeten Persönlichkeitsstruktur lassen sich leicht verführen, ihre mangelnde Professionalität und geringe natürliche Führungsautorität überzukompensieren durch primitive oder subtile Demonstration ihrer nicht selbst verdienten hierarchischen Machtposition.

Dabei gibt es häufig eine sehr beliebte Fehlinterpretation: Daß nämlich der unternehmerische Erfolg der übernehmenden Organisation grundsätzlich gleichbedeutend ist mit dem persönlichen Erfolg der einzelnen Führungskräfte, was aber leider nicht immer der persönlichen Realität entspricht. Man tut in diesem Fall bei den übernehmenden Führungskräften so, als ob die stärkere Machtposition, die hier im persönlichen Funktionswettkampf zu Tage tritt, das Ergebnis persönlicher Leistung sei. Die negativen „Rabattmarken", die von den im Machtkampf unterlegenen Mitarbeitern gesammelt und später eingelöst werden, kommen das übernehmende Unternehmen in der Regel langfristig meist sehr teuer zu stehen.

## 6.5 Häufige Fehler im Prozeßmanagement bei Fusionen

### 6.5.1 Identitätsverlust der integrierten Organisationseinheit oder des übernommenen Unternehmens

Unternehmen oder auch Organisationseinheiten geraten meist in eine Identitätskrise, wenn das alte Unternehmen den Firmennamen oder die Organisationseinheit ihre Stamm- und traditionelle Bezeichnung verliert. Der Name ist häufig ein Kristallisationspunkt und symbolischer Ausdruck der Identität. Es ist bei Fusionen sehr wohl zu berücksichtigen und zu reflektieren, inwieweit es für die Betroffenen Sinn macht, unter einem neuen Namen zu firmieren und damit der neuen Identität Ausdruck zu verleihen. Neben dem Namen spielen natürlich noch andere Aspekte eine wesentliche Rolle für die Identität.

Zum einen geht es um die Arbeitsinhalte und die Art und Weise der Arbeitsteilung in einer Organisation. In der Weise, wie die neuen Aufgaben umverteilt werden, kommt es zwangsläufig zu neuen Rolleninhalten, die nicht unbedingt den eigenen Vorstellungen entsprechen. Je geringer die Attraktivität der neuen Funktionsrollen ist, um so stärker kann ein Mitarbeiter in eine Identitätskrise geraten, falls er sich alleingelassen fühlt.

Ein weiteres wesentliches Kriterium für die Identität ist die Produkt-/Dienstleistungsstruktur. Wenn es bei der übernommenen Organisationseinheit zu einer wesentlichen Veränderung bzw. Straffung des Programmes kommt, können das persönliche Selbstverständnis und die traditionelle Bindung an diese Produkte/Dienstleistungen erschüttert werden.

## 6.5 Häufige Fehler im Prozeßmanagement bei Fusionen

Die Folge ist in der Regel, daß die oktroyierten neuen Produkte/Dienstleistungen nur mit Widerstand angenommen und mit wenig Identifikation produziert oder vertrieben werden.

Eine weitere Gefahr für Identitätsverlust liegt in der unterschiedlichen hierarchischen Struktur der zwei Unternehmen. Es ist nicht selten, daß bei der übernommenen Unternehmung Führungsebenen bereinigt oder korrigiert werden. Wenn diese hierarchische Einordnung für die Mitarbeiter ein wesentlicher Bezugsrahmen z.b. für die persönliche Identität im Unternehmen war, werden sicherlich Fragen nach der Sinnhaftigkeit der beruflichen Zukunft in diesem Unternehmen akut werden.

### 6.5.2 Bedeutungsverschiebung von Standorten

Bei Fusionen bzw. einer Neustrukturierung auch von Konzernen auf Grund von Fusionen verliert der Standort des Headquarters des übernommenen Unternehmens seine Bedeutung. Je größer die Tradition dieses Standortes der Unternehmenszentrale, um so größer das Verlustgefühl und die Enttäuschung. Denn durch die Verlagerung der Zentrale wird öffentlich und für alle Mitarbeiter sichtbar, daß es eine neue Machtstruktur gibt. Das Gefühl der Niederlage, das in der Regel damit verbunden ist, verführt häufig dazu, die resignative Stimmung zu kultivieren und sich gegenseitig „die Wunden zu lecken".

Neben dem eben beschriebenen Phänomen gibt es natürlich auch Bedeutungsverschiebungen von Standorten, die bedingt sind durch eine spezifische Attraktivität, entweder als Industriestandort oder als Standort mit hohem Freizeitwert.

### 6.5.3 Leader-Image des neuen Chefs

Die Gerüchteküche versorgt die Führungskräfte des übernommenen Unternehmens frühzeitig mit ausreichend Stoff für Vorurteile über den neuen Firmenchef. In der Regel werden negative Vorurteile und Zweifel über die Führungskompetenz des neuen Chefs die Oberhand gewinnen. Es kann aber auch durchaus vorkommen, daß die Mitarbeiter des zu übernehmenden Unternehmens froh sind, unter einem neuen Chef, dem viel Integrations- und Führungskompetenz zugeschrieben wird, eine faire Chance zu bekommen.

Der neue Firmenchef wäre auf jeden Fall gut beraten, im Rahmen eines Transition-Workshops für alle eine Arena zu bieten, sich relativ schnell und intensiv kennenlernen zu können. Ziel sollte dabei sein, strategische Absichten und Akzente der neuen Unternehmenskultur offen zu reflektieren und zu klaren Vereinbarungen für die gemeinsame Zukunft zu kommen.

158   6. Veränderungsmanagement bei Fusionen und Übernahmen

### 6.5.4 Mangelnde Führungskompetenz bei Veränderungsprozessen

Die wenigsten Führungskräfte haben sowohl methodisch (systemtheoretisch) als auch psychologisch das Wissen und Können, die bei einer Fusion/Übernahme entstehenden hochkomplexen Integrationsaufgaben angemessen zu bewältigen.

Was diesen Mangel betrifft, der in der Regel auch nicht bewußt ist oder zugegeben wird, so entstehen häufig unzulässige Vereinfachungen von Problemen bei der Fusion, was langfristig zwangsläufig zu massiven Systemstörungen und damit zu Ineffizienz führt. Voraussetzung für eine erfolgreiche Fusion ist sowohl eine differenzierte Systemdiagnose bei beiden Unternehmen als auch die Entwicklung einer psychologisch fundierten Fusionsdramaturgie mit dem Ziel, eine fruchtbare Integration beider Organisationen zu erreichen.

### 6.5.5 Synergie-Illusionen wegen vorzeitiger Kündigung von Know-how-Trägern

Unprofessionell inszenierte Fusionen lösen in der Regel bei den guten Leistungsträgern des zu übernehmenden Unternehmens Fluktuation aus. Die alte Regel der Negativselektion findet hier meist innerhalb des ersten Jahres statt. Dies hat zur Folge, daß der geplante Synergienutzen dann Illusion bleibt, wenn er sich vor allem auf die Know-how-Träger des übernommenen Unternehmens stützt. Dies tritt meist dann ein, wenn sich bei den Übernahmegesprächen das Positionsgerangel in neuen „Kästchen" (Organisationsplan) ausdrückt und für die Leistungsträger des Unternehmens die eigene berufliche Zukunft zu vage und unattraktiv erscheint.

### 6.5.6 Fehlen von vertrauenssichernden Fusions-Ritualen

In Ergänzung zum Transition-Workshop, der als signalgebende Startveranstaltung zu inszenieren ist, ist es spielentscheidend, während des Fusionsprozesses regelmäßige Veranstaltungen durchzuführen, die Ritualcharakter haben. Ziel dieser Veranstaltungen ist es, offen, fair und respektvoll die aktuellen strategischen, strukturpolitischen, kulturellen etc. Fragen und Aufgabenstellungen zu thematisieren und zu einem wirklich sinnvollen neuen Gebilde werden zu lassen.

Wenn diese Fusionsrituale nicht installiert werden, sind Wildwuchs und ein mikropolitischer „Buschkrieg" die Folge. Ergebnis ist in der Regel, daß die neue Firmenstruktur vor allem geprägt ist durch eine Mißtrauenskultur.

Wichtig ist bei diesen Fusionsritualen, daß sie auf allen Führungsebenen stattfinden und die Absicht dieser Rituale öffentlich auch bekanntgegeben wird.

### 6.5.7 Widerstände beim Betriebsrat

Es ist zu empfehlen, den Betriebsrat frühzeitig in Fusionsüberlegungen einzubeziehen, um rechtzeitig Präventivinterventionen in den jeweiligen Unternehmen einzuleiten, damit spätere massive Widerstände vermieden werden können.

## 6.6 Die Erfolgsfaktoren der Integration

Mein ganzheitliches Integrationsmodell für Fusionen stützt sich auf folgende Erfolgsfaktoren:

1. **Integration muß auf allen fünf Gestaltungsebenen stattfinden.**

Die erfolgreiche Fusion findet nicht nur auf der Ebene des Verhaltens statt, sondern ganzheitlich auf insgesamt fünf Gestaltungsebenen (siehe Kapitel 5.4):

1. Identität,
2. Glaubenssystem,
3. Fähigkeiten,
4. Verhalten und
5. Umfeldbedingungen.

2. **Bekämpfung von Ursachen und nicht von Symptomen (s.a. Kapitel 3)**

Das Kurieren an Symptomen verstärkt Negativwirkungen. Ursachen für die Symptome sind in der Regel auf der darüberliegenden Ebene (s.o.) zu finden und müssen dort behandelt werden. Beispiel: Solange ein Mitarbeiter sich mit dem neuen Unternehmen nicht identifiziert (Ebene der Identität), wird es Geldverschwendung sein, ihn in Verkaufstechniken zu schulen (Ebene des Verhaltens).

3. **Gleichzeitige Betrachtung des Fusionsprozesses aus drei verschiedenen Blickwinkeln**

Die ganzheitliche Integration erfordert ein vernetztes Vorgehen auf drei Ebenen:

Die **Fusionsarchitektur** muß stimmen (Analyse: Macht es überhaupt Sinn?).

Der **Umgang mit Macht** bei den Führungskräften muß seriös sein (Diagnose: Gewinner/Verlierer-Denken oder Gewinner/Gewinner-Inszenierungen).

Schließlich müssen **Prozeßdramaturgie und -moderation** professionell sein

## 160   6. Veränderungsmanagement bei Fusionen und Übernahmen

(Fragestellung: Wann ist für welche Intervention/Maßnahme der richtige Zeitpunkt?).

Erst wenn alle drei Aspekte kongruent sind, gelingt die Fusion mit optimalem Synergieeffekt.

4. **Optimaler Synergienutzen führt zum Evolutionssprung.**

Eine erfolgreiche Fusion heißt nicht, daß das übernehmende Unternehmen die Organisationseinheit des akquirierten Unternehmens ohne größere Reibereien „geschluckt" hat. Bei einer gelungenen Fusion machen beide Unternehmen oder Organisationseinheiten einen Evolutionssprung zu einer neuen, stärkeren Organisation.

### 6.7   Integrations-Grid für Fusionen

Untersuchungen belegen, daß rund 80% der geplanten Fusionen bzw. Integrationen mehr oder weniger scheitern. Die erwarteten Synergieeffekte bleiben aus, Enttäuschung greift um sich, denn jeder gescheiterte Versuch hat langfristig erhebliche negative Konsequenzen. Eines der Hauptprobleme als Folgelast ist der spürbare Vertrauensverlust der Führung des Unternehmens. Dieser Schaden für die Kultur steht zwar nicht direkt – verursachungsgerecht – in der Kostenrechnung, beeinträchtigt jedoch indirekt Identifikation und Engagement der Mitarbeiter und das Image bei den Kunden.

Um eine nachhaltige Integration zweier unterschiedlicher Kulturen zu erreichen, sollten vorher so genau wie möglich Gemeinsamkeiten und Unterschiede diagnostiziert werden. Wenn vorhanden, ist auch die gemeinsame Vergangenheit (unternehmensintern oder unternehmensextern, z.B. als ehemaliger Wettbewerber) besonders auf alte „offene Rechnungen" hin zu überprüfen. (Prozeßziel muß eine Versöhnung mit der Vergangenheit sein.)

In den nachfolgenden Abbildungen 52 und 53 (S. 162) sehen Sie einen vom Autor entwickelten Diagnoseansatz.

Nach der Diagnose und Einordnung der Gestaltungskriterien in die drei Zeitebenen kann eine gezielte, engpaßorientierte Dramaturgie des Integrations- und des Fusionsprozesses entwickelt werden.

Mit Hilfe dieser Vorgehensweise ist eine verträgliche Zusammenführung von zwei unterschiedlichen Unternehmenskulturen realisierbar. Die Wahrscheinlichkeit, die Synergieeffekte nutzen zu können, kann damit erheblich gesteigert werden.

## 6.7 Integrations-Grid für Fusionen

Abb. 52: Integrations-Grid für Fusionen

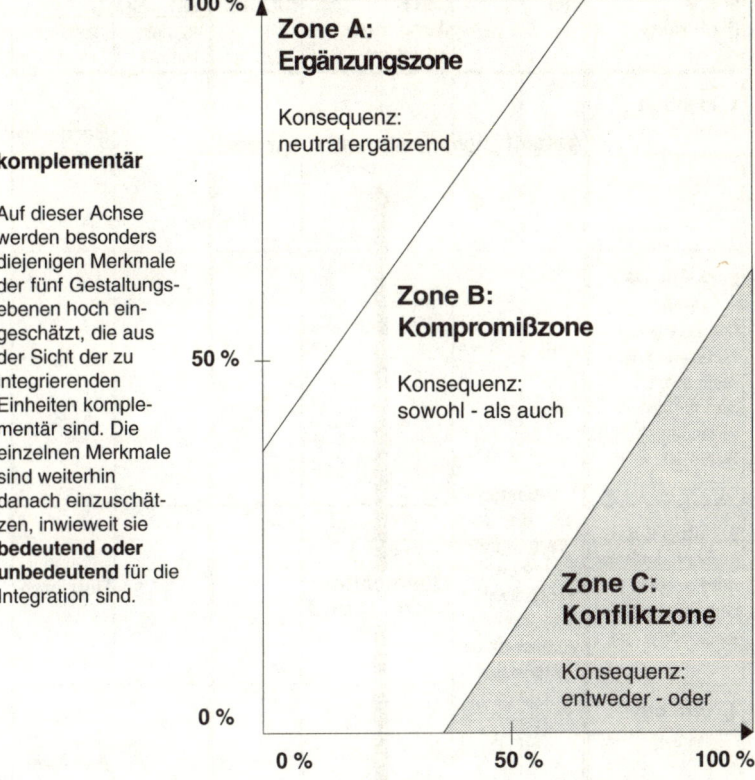

**komplementär**

Auf dieser Achse werden besonders diejenigen Merkmale der fünf Gestaltungsebenen hoch eingeschätzt, die aus der Sicht der zu integrierenden Einheiten komplementär sind. Die einzelnen Merkmale sind weiterhin danach einzuschätzen, inwieweit sie **bedeutend oder unbedeutend** für die Integration sind.

Auf dieser Achse werden besonders die Merkmale der fünf Gestaltungsebenen hoch eingeschätzt, die aus der Sicht der zu integrierenden Einheiten konkurrierend sind. Die einzelnen Merkmale sind weiterhin danach einzuschätzen, inwieweit sie **existentiell oder unbedeutend** sind.

6. Veränderungsmanagement bei Fusionen und Übernahmen

Abb. 53: Gestaltungskriterien für den Fusionsprozeß

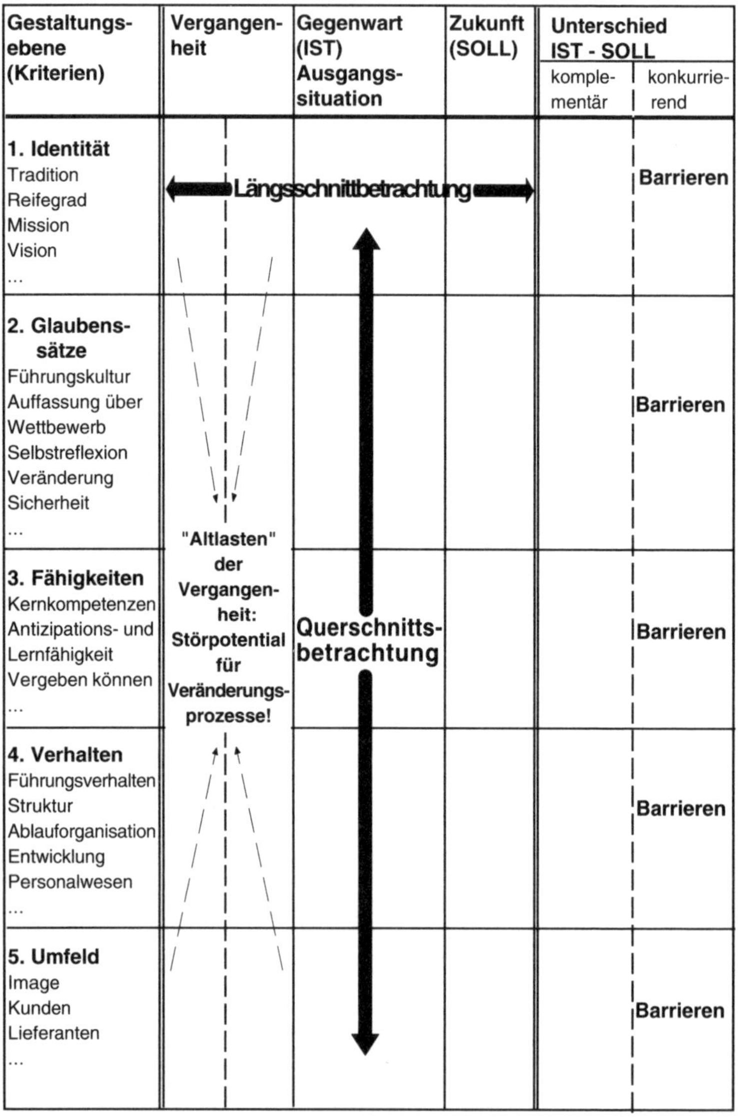

| Gestaltungs-ebene (Kriterien) | Vergangen-heit | Gegenwart (IST) Ausgangs-situation | Zukunft (SOLL) | Unterschied IST - SOLL komple-mentär | konkurrie-rend |
|---|---|---|---|---|---|
| 1. Identität<br>Tradition<br>Reifegrad<br>Mission<br>Vision<br>... | ←──── Längsschnittbetrachtung ────→ | | | Barrieren | |
| 2. Glaubens-sätze<br>Führungskultur<br>Auffassung über Wettbewerb<br>Selbstreflexion<br>Veränderung<br>Sicherheit<br>... | | "Altlasten" der Vergangen-heit:<br>Störpotential für Veränderungs-prozesse! | | Barrieren | |
| 3. Fähigkeiten<br>Kernkompetenzen<br>Antizipations- und Lernfähigkeit<br>Vergeben können<br>... | | | Querschnitts-betrachtung | Barrieren | |
| 4. Verhalten<br>Führungsverhalten<br>Struktur<br>Ablauforganisation<br>Entwicklung<br>Personalwesen<br>... | | | | Barrieren | |
| 5. Umfeld<br>Image<br>Kunden<br>Lieferanten<br>... | | | | Barrieren | |

# 7. Neue Akzente in der Führung

## 7.1 Erneuerung der Führungsphilosophie

Ausgelöst durch die neue Bedeutung der Unternehmenskultur ist eine Erneuerung der Führungsphilosophie nur dann möglich, wenn die neuen Ansätze aus dem Geist des Humanismus kommen. Dabei wird die entsprechend revidierte Führungsphilosophie noch tiefer in die Schichten des Unbewußten eindringen müssen. Sie wird gegenüber einem gesellschaftlichen/wirtschaftlichen Arrangement, das den Menschen zur Entfremdung und psychischen Deformation bringen kann, ihn also entstellt, sehr kritisch sein müssen. Letztendliches Ziel wird es sein müssen, durch mehr Lebensqualität im Berufsleben aufgrund interessanter und sinnvoller Herausforderungen die Denk- und Bezugsrahmen so zu verändern und zu modifizieren, daß ein verändertes, überlebenssicherndes Wertegefüge entsteht. Allerdings wird es in diesem Zusammenhang auch möglich sein müssen, gesunde Bedürfnisse der Mitarbeiter so ernst zu nehmen, daß zweckmäßige Veränderungen ausgelöst werden, die auch die Anpassung von Strukturen, Abläufen und der Kultur des Unternehmens an diese Bedürfnisse zulassen. Wenn wir feststellen, daß sehr viele Mitarbeiter unter der geringen Lebensqualität im Berufsleben leiden und dieses Defizit durch eine übertriebene Freizeitorientierung kompensieren, stellt sich die Schlüsselfrage, wie man erreichen kann, diese kostbaren Energien im Unternehmen wieder zur Wirkung zu bringen?

Damit keine Mißverständnisse aufkommen: Hochkarätige Leistungsfähigkeit der Unternehmen wird auch in Zukunft ausschlaggebend für Erfolg und Überleben sein. Die Frage für die Zukunft muß sein, unter welchen Bedingungen die Menschen bereit sind, die notwendigen Leistungen zu erbringen. Die Antwort auf diese Frage wird allein aus der Führungsphilosophie zu beantworten sein.

Ein Grundgesetz in der Evolutionstheorie besagt, daß es einen grundsätzlichen Entwicklungspfad unserer Existenz gibt, der vom Materiellen zum Geistigen hinführt. Aus der körperorientierten Medizin entwickelte sich die Psychologie, aus der Physik die Metaphysik, aus der mechanistisch orientierten Leitungsfunktion wurde eine mental-kulturell orientierte Führungslehre; es gibt genügend weitere Beispiele hierzu. Wenn diese Grundtheorie stimmt, wofür sehr vieles spricht, wird ein Haupterfolgsfaktor in der Zukunft darin liegen, inwieweit es den Top-Führungskräften gelingt, die Human Resources endlich und tatsächlich zu aktivieren.

## 7. Neue Akzente in der Führung

Dies wird allerdings nur gelingen, wenn die Führungskräfte die Bedeutung erkennen und die notwendige Anwendungskompetenz erlernen, um die mentalen und kulturellen Wirkzusammenhänge soweit zu verstehen, daß sie diese auch gestalten und verändern können.

Dieses revidierte Führungsverständnis hätte nicht nur überaus positive Rückwirkungen auf die gesellschaftliche Entwicklung, sondern würde mit Sicherheit zu einem Quantensprung in der Evolution unserer Industriegesellschaft führen.

Bevor die neuen Anforderungen an die Führung im Detail behandelt werden, wird zunächst auf einige Basiselemente der neuen Führungsphilosophie eingegangen.

Die humanistische Orientierung in der Führungslehre bedeutet, daß alle menschlichen Wesen grundsätzlich ein gleiches Wert-Potential haben. D.h., daß jeder Mensch in seinem Anders-Sein bedingungslos zu **respektieren** ist, was aber nicht heißt, daß er **akzeptiert** werden muß.

Essentiell für die Qualität von respektvollen Beziehungen ist die Beachtung der menschlichen Würde und Identität. Ein notwendiges Commitment müßte hier sein, daß sich kein Mensch anmaßen sollte, die Würde und Identität eines anderen Menschen zu bewerten, geschweige denn abzuwerten.

Diese Hybris führte in unserer Geschichte der Menschheit sehr oft zu militantem Rassimus, Glaubenskriegen, Fremdenhaß, Verzweiflungstaten von Minderheiten, zu Krieg und nicht zuletzt zum leider notwendigen Emanzipationsdruck der Frauen auf unsere Männergesellschaft.

Ein weiteres wesentliches Basiselement der neuen Führungslehre liegt im hebräischen Erkenntnisbegriff. Im Vordergrund steht hierbei der systemische Aspekt in Beziehungen, d.h. daß Gesprächspartner allein durch ihre Existenz (als teilnehmende Beobachter) das Beziehungssystem und damit alle Interaktionen beeinflussen. Im Gegensatz dazu verkörpert der Erkenntnisbegriff nach Aristoteles – der bis heute noch als Vorbild für unsere Naturwissenschaften gilt – im wesentlichen nur einen Abstraktionsvorgang, der unpersönlich ist und zu sogenannten objektiven Definitionen führt. Er berücksichtigt dabei keinerlei systemische Zusammenhänge. Aus dem hebräischen Erkenntnisbegriff entsteht die Forderung an die Führung, daß die wissenschaftliche Methode, Menschen zu begreifen und zu verstehen, diejenige ist, die aus dem aktiven und reflektierten Erleben von menschlichen Beziehungen zur Erkenntnis kommt.

Konsequenz daraus wird in Zukunft sein, daß Führungskräfte (Vorgesetzte) bei Störungen, Problemen, Fehlersituationen als erstes die Frage stellen: Welchen Anteil habe ich an diesem Problemkontext, und erst an zweiter Stelle nach rationalen Einflußgrößen suchen, die die Ursache für dieses Störsymptom sein könnten. Wenn Führung wortwörtlich zu ver-

## 7.1 Erneuerung der Führungsphilosophie

stehen sein soll, dann liegt der Primat des Einflusses nicht nur bei der Auftragserteilung, Entscheidungspriorität und Verantwortung für das Ergebnis, sondern auch darin, inwieweit die Ergebnisse bzw. auftretenden Störungen und Probleme ursächlich auf die Art und Weise der Führung zurückzuführen sind.

Ein wesentliches Basiselement für die Zukunft liegt im Wechsel von einem mechanistischen Materialismus, der im Unternehmen nur eine funktionierende Maschine sieht, hin zu einem prozeßorientierten, biologischen und kulturellen Denken, das dem wirklichen Anspruch des ganzheitlichen Denkens Rechnung trägt.

Ganzheitliches Denken umfaßt hier die vier wesentlichen Ebenen der universellen Existenz: Materie, Prozesse und Strukturen, Psyche und Geist.

Das ganzheitliche Denken impliziert, daß der Mensch keine isolierte, soziale Maschine, sondern ein auf die gesellschaftliche Umgebung hin bezogenes Wesen ist, dessen Leidenschaften und Strebungen in den Bedingungen seines Mensch-Seins wurzeln. Wer diese grundsätzliche Struktur des Menschen in der Führung ignoriert, wird nur begrenzt die Ressourcen aktivieren können, die in diesem Menschen liegen.

Ein weiteres wichtiges Basiselement ist die Auflösung des Konfliktes zwischen den konkurrierenden Interessen von Hierarchien, Institutionen, Politikern und Subkulturen, einerseits ihr Eigeninteresse zu verfolgen, andererseits aber auch ihren Mitarbeitern bei der erwünschten Entfaltung ihrer Bedürfnisse und Potentiale behilflich zu sein. Je höher der Aufklärungs- bzw. Informationsgrad und das Bewußtsein über den eigenen Lebenssinn, die eigenen Lebensvorstellungen und die eigene Persönlichkeitsentwicklung bei Menschen in Unternehmen bzw. in unserer Gesellschaft entwickelt sind, um so anspruchsvoller und rigoroser wird die Gestaltung von sozialen Systemen und Beziehungen angestrebt werden. Das wird zum einen bedeuten, daß in Zukunft immer mehr Menschen sich weigern werden, Ideologien, Philosophien, Ziele, Strategien, denen die Energie einer attraktiven Mission oder Vision fehlt, um ihrer selbst willen zu akzeptieren. Statt dessen wird man die Suche nach der Wahrheit und dem Lebens- und Unternehmenssinn als einen Prozeß verstehen, bei dem man sich von Illusionen/Trübungen, falschem Bewußtsein und von Ideologien und nicht akzeptablen Wertvorstellungen und Regeln/Richtlinien befreien muß.

Wenn wir unser Lebenssystem wirklich als ganzheitliches System verstehen wollen, wird das Überleben dieses Systems ganz wesentlich von der sinnvollen, ganzheitlich-nutzenorientierten, Lebensqualität stiftenden Lust am Leben und qualitätsfördernden Evolution abhängen.

Es wird in der Zukunft demnach eine der anspruchsvollsten neuen

Anforderungen an Führungskräfte sein, die Gestaltung und Führung von Unternehmen nicht nur auf der Basis von primär ökonomischen, sondern auch biologischen, sozialen und unerläßlichen mentalen/kulturellen Prinzipien durchzuführen.

Unter dem biologischen Prinzip ist dabei prozeßhaftes Denken und Handeln in Systemen zu verstehen, wobei Stoffwechsel-, Energieaustausch- und Informationstransferprozesse so zu gestalten sind, daß sich das Gesamtsystem in einer fließenden, biologisch verträglichen Balance entwickelt.

Dabei ermöglichen die Spezialsysteme, also die Primärfunktionen der Wertschöpfungskette (in Analogie zu den Organen im Körper), die durch Netzwerke verbunden sind, große Synergiepotentiale, da sichergestellt ist, daß es keine Bedeutungs- bzw. Wertgefälle in der Beziehung und Kommunikation der einzelnen Teilsysteme gibt, die die Zusammenarbeit behindern würden. Das biologische Prinzip ist erfüllt, wenn ein respektvolles Miteinander über eine sinnvolle und überlebensorientierte Arbeitsteilung die Vitalität und Evolution der Qualität des Unternehmens sichert.

## 7.2 Erfolgsprinzip der Führung in der Zukunft

Veränderte Umfeldbedingungen verbunden mit einem tiefgreifenden Wertewandel stellen gerade im Veränderungsprozeß höchste Anforderungen an die Führungskräfte. Die Themen „Motivation" und „Identifikation" sind in diesem Zusammenhang in aller Munde. Der Erfolg von Führungskräften wird zunehmend dadurch determiniert, inwieweit sie Mitarbeiter von neuen Ideen begeistern und Energien für Veränderungsprozesse freisetzen können. Da dies den zukünftigen Erfolg des Unternehmens bestimmt, ist somit implizit auch der Stellenwert von Führung für das Unternehmen deutlich gemacht. Was aber ist so schwierig im Zusammenhang mit Führung? Was sind die Ursachen für die auftretenden Probleme?

Die vielfältigen Informationen aus den Unternehmen deuten darauf hin, daß es mit Motivation und Identifikation bei den meisten Mitarbeitern nicht zum besten steht.

Es ist eine von Führungskräften häufig gehörte Klage, die Mitarbeiter seien heute wenig einsatzfreudig, keiner würde sich mehr mit Leidenschaft für seine Aufgabe engagieren etc. Die psychologische Forschung hat gezeigt, daß Menschen von ihrer Anlage her grundsätzlich bereit sind, Leistungen zu erbringen oder ein bestimmtes Leistungsverhalten zu zeigen. Um die Zusammenhänge von Führungserfolg und Identifikation

## 7.2 Erfolgsprinzip der Führung in der Zukunft

der Mitarbeiter herauszufiltern, ist es hilfreich, ein Modell des Autors näher zu betrachten: das Erfolgsprinzip der Führung.

Dieses Modell geht von der Grundvoraussetzung aus, daß die Führung von Mitarbeitern immer die Aktivierung ihrer **Leistungspotentiale** zum Ziel hat. Folgerichtig stellt sich die Frage, was Führung leisten muß, damit ein möglichst positiv ausgeprägtes Leistungsverhalten erzielt wird.

Um Menschen dazu zu bewegen, ein bestimmtes Leistungsverhalten zu zeigen, gibt es mehrere Wege; die meisten davon sind allerdings nur von kurzfristigem Erfolg gekrönt. Wenn Sie z.B. schwerpunktmäßig mit materiellen Anreizen das Leistungsverhalten eines Mitarbeiters zu stimulieren versuchen, wird dies nur solange anhalten, wie diese Anreize für den Mitarbeiter einen gewissen „Neuigkeitscharakter" haben. Denn heute weiß man sehr genau, daß nicht das gegenwärtige Einkommen die Motivation bestimmt, sondern die Aussicht auf ein zukünftiges, höheres Einkommen. Der Gewöhnungseffekt zehrt den Motivationsschub auf. Noch dazu wären Sie mit dem Problem ständig steigender Personalkosten konfrontiert.

Auch die Erhöhung des „Erfolgsdrucks" (quantitativ wie qualitativ) wird das Problem nur bedingt lösen, denn dies erfordert von der Führungskraft wesentlich mehr Zeit für Kapazitätsplanung, Steuerung und Kontrolle der Mitarbeiter. Darüber hinaus fördert ein solches Führungsverhalten nicht die Eigenverantwortung. Die Autonomie wäre eingeschränkt, Initiative würde sich nicht einstellen. Ganz abgesehen davon würden Mitarbeiter, die an einen solchen Führungsstil gewöhnt wären, jede Gelegenheit und jeden Freiraum konsequent ausnutzen, etwa nach dem Motto: „Ist die Katze aus dem Haus, tanzen die Mäuse auf den Tischen."

Ein dauerhaftes, engagiertes Leistungsverhalten entsteht nur dann, wenn sich Mitarbeiter mit der Aufgabe, dem Ziel, der Vision auch identifizieren. Denken Sie doch einmal über sich selbst nach! Wann werden Sie selbst bereit sein, ein wirklich optimales Leistungsverhalten zu zeigen, also Ihre Fähigkeiten und Fertigkeiten mit vollem Engagement einzusetzen?

Voraussetzung dafür ist in jedem Fall, daß Mitarbeiter das nötige „Können" und das erforderliche „Wissen" zur Bewältigung der Aufgabe mitbringen und die Erlaubnis (Dürfen) für ihr Tun haben. Im Falle von Defiziten in diesen Bereichen kann die Führungskraft den Mitarbeiter durch individuelle Förder- und Entwicklungsmaßnahmen je nach Bedarf unterstützen.

Entscheidend für die **Identifikation** ist das „Wollen" des Mitarbeiters. Aus vielen Untersuchungen wissen wir heute sehr genau, daß das Ausmaß der Identifikation davon abhängt, in welchem Maße der Mitarbeiter durch sein Tun im Unternehmen sein Selbstwertgefühl erhöhen kann. Nur was

7. Neue Akzente in der Führung

Abb. 54: Erfolgsprinzip der Führung

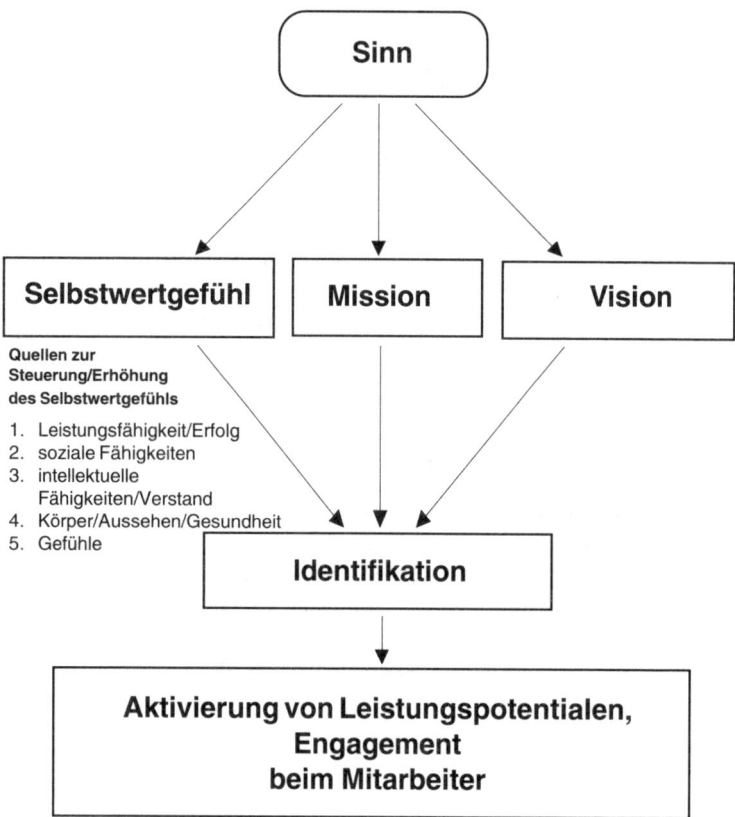

geeignet ist, das Selbstwertgefühl eines Menschen zu erhöhen, macht für ihn Sinn. Die Sinnvermittlung in Verbindung mit der Rückkopplung auf das Selbstwertgefühl des Mitarbeiters ist somit eine entscheidende Komponente für erfolgreiche Führung. Unter Selbstwertgefühl verstehen wir die Vorstellung von dem eigenen Wert, die jeder Mensch sich selbst gegenüber entwickelt und mit sich herumträgt, also seinen „Selbstwert" oder seine „Selbstachtung".

Ein positives Selbstwertgefühl hat wiederum positive Effekte auf das interaktive Verhalten, die soziale Integration und die Zusammenarbeit von Menschen. So haben z.B. Personen mit einem hohen Selbstwertgefühl mehr Vertrauen in die eigene Meinung, sind von den Meinungen und Urteilen anderer über sie nicht sklavisch abhängig, haben eine positive Wahrnehmung von ihrem Interaktionspartner, sind eher in der Lage, echte Gefühle zu zeigen und verhalten sich damit im Gespräch oder im Umgang mit anderen authentischer.

Ein **negatives Selbstwertgefühl** führt eher dazu, daß man geneigt ist, immer das Schlimmste zu erwarten, sich von Menschen hintergangen zu fühlen und – um sich zu schützen und zu verteidigen – sich hinter einer Wand von Mißtrauen zu verstecken. Ein niedriges Selbstwertgefühl hat also eine innere Distanz zu anderen Menschen zur Folge und verstärkt Minderwertigkeitsfantasien.

Durch ein solch negatives Selbstkonzept beziehungsweise durch die (oft unbewußten) Abwehrmechanismen, die eingesetzt werden, um dieses negative Selbstbild aufrechtzuerhalten, wird natürlich auch das Interaktionsverhalten beeinträchtigt.

Mit diesen Überlegungen wird deutlich, welchen Stellenwert das Selbstwertgefühl des Mitarbeiters im Zusammenhang mit Führung hat. Dieses Selbstwertgefühl ist nun nicht immer gleich, sondern es schwankt um einen Durchschnittswert.

Wir alle kennen Situationen und Phasen in unserem Leben, in denen wir uns gut fühlen, psychisch stabil und voller Energie sind. In diesen Phasen verfügen wir über ein hohes Selbstwertgefühl. Einem Modell von V. Satir zufolge läßt sich das Selbstwertgefühl als eine Art Topf charakterisieren, der – mit verschiedenen Zuleitungen (Quellen) ausgestattet – über wechselnde Pegelstände verfügt.

In einer Situation mit hohem Selbstwertgefühl wäre dieser Topf in einem gefüllten, energiereichen Zustand (**„high-pot"**).

In der Analogie des Topfes, der mit einer energiespeichernden Flüssigkeit gefüllt ist, kann man sich entsprechend einen **„low-pot"**-Zustand für ein niedriges Selbstwertgefühl leicht vorstellen.

Das Modell geht nun davon aus, daß jedes Handeln laufend Energie verzehrt, so daß es wichtig ist, über die erwähnten Zuleitungen ständig neu versorgt zu werden. Diese Quellen des Selbstwertgefühls sind:

1. Leistungsfähigkeit
2. soziale Fähigkeiten
3. intellektuelle Fähigkeiten
4. Körper/Aussehen/Gesundheit
5. Gefühle

In unserem gesellschaftlichen Kontext einer westlichen Industrienation ist es nicht überraschend, daß Zuwendung und Anerkennung in erster Linie für bestimmte Leistungen erfolgen. Diese Werte werden durch Familie und Gesellschaft schon früh in der Erziehung verankert. Nun sind aber nicht alle Menschen von ihren Werten und Überzeugungen her gleich. Der Wert „Karriere" als ein Beispiel aus dem Repertoire für

Leistungsfähigkeit mag für einen Teil der Menschen durchaus erstrebenswert sein, für einen anderen ist er es nicht. Manche Personen sehen Sinnerfüllung darin, sich aktiv in einer Umweltschutzorganisation für den Erhalt vom Aussterben bedrohter Pflanzen zu engagieren. Die Problematik beginnt dann, wenn kein Verständnis und keine Toleranz für unterschiedliche Auffassungen besteht, wenn die Werte anderer abgewertet und nicht respektiert werden.

Deshalb müssen alle Verhaltensweisen der Führungskräfte sich daran orientieren, ob durch ihre Führung das Selbstwertgefühl der Mitarbeiter positiv beeinflußt wird. Dies bedeutet im speziellen, einen respektvollen Umgang miteinander zu entwickeln und den Mitarbeiter die Wertschätzung und Beachtung durch die Führungskraft erfahren zu lassen.

Dies beinhaltet auch, daß der Mitarbeiter angemessene Anerkennung für seine Leistungen erhält. Es soll immer noch Führungskräfte geben, die nach dem Prinzip führen: „Das höchste Lob ist die Abwesenheit von Kritik!" Gerade bezüglich des Lobes gilt aber: Stillschweigen genügt nicht, die ehrliche und glaubwürdige Anerkennung von Leistungen und Verhaltensweisen ist die hohe Kunst der Menschenführung und Motivation.

## 7.3 Phasenmodell der Dramaturgie der inneren Kündigung

Die Steuerung und Bewältigung komplexer Veränderungsprozesse erfordern in zunehmendem Maße, bestimmte (Teil-)Projekte in Teamarbeit anzugehen, um das interdisziplinäre Leistungs- und Innovationspotential der einzelnen Mitarbeiter breit nutzen zu können. Eine solche Zusammenarbeit in meist völlig neu gebildeten Projektteams birgt jedoch nicht nur Vorteile, sondern auch Gefahren in sich.

So werden schwache, unbewußte Signale seitens der Mitarbeiter häufig ignoriert bzw. viel zu spät erkannt, so daß schließlich der Punkt erreicht wird, an dem der Mitarbeiter mental „aussteigt". Jede anschließende Reaktion kann dann nur noch die Symptome, aber nicht mehr die tieferen Ursachen bekämpfen.

In der erfolgreichen Führung von Projektteams erweist es sich als notwendig, die schwachen Signale der Mitarbeiter schon möglichst früh aufzufangen, sie zu deuten und entsprechende Maßnahmen einzuleiten. Voraussetzung dafür ist eine Unternehmens- und Führungsphilosophie, die nicht nur Aufgabenzuwendung, sondern auch Mitarbeiterorientierung postuliert.

Ein wesentlicher persönlicher Gesichtspunkt beim Problemfeld Motivation versus innere Kündigung eines Mitarbeiters ist das Ergründen seiner

Abb. 55: Die häufigsten Motivationskiller (Quelle: *Capital* 5/92)

```
*   Mangelndes Vertrauen in andere

*   Mangelnde Delegationsbereitschaft

*   Schwache Entscheidungsfreudigkeit

*   Zu starke Arbeitsbelastung

*   Zulassen von Intrigen

*   Unfähigkeit, eigene Fehler zuzugeben

*   Zeitmangel und kaum Interesse, anderen zuzuhören

*   Ungerechte Bezahlung

*   Übergehen der Mitarbeiter bei Beförderungen ohne
    Begründung

*   Bevorzugung bestimmter Mitarbeiter, die selten
    widersprechen

*   Öffentliche Demütigung von Sündenböcken und
    Unglücksraben

*   Überheblichkeit

*   Mangelnde Information

*   Kritisieren der Mitarbeiter vor anderen

*   Isolierung von Mitarbeitern oder Ignoranz

*   Zu wenig Anteilnahme an persönlichen Belangen der
    Mitarbeiter
```

Fähigkeit, sich zu binden und in dieser Bindung auch Frustrationen auszuhalten. Diese Persönlichkeitskomponente tritt dann in Wechselwirkung mit Faktoren des Betriebs- oder Projektklimas, der Leitung usw.

Die psychologischen Theorien von Bindung und Trennung besagen, daß jeder Mensch ein biologisches Bedürfnis hat, sich innerlich zu binden: an andere Menschen, an Orte, aber auch – sehr wichtig – an Ziele, Ideale, Arbeitsinhalte und dergleichen.

# 7. Neue Akzente in der Führung

Dementsprechend ist i.d.R. die grundsätzliche Bereitschaft eines Mitarbeiters, sich an ein Projekt zu binden, anfangs hoch; sie nimmt dann aber in Analogie zur „Ausstiegsdramaturgie" (Abb. 56) in allen Schichten des Bewußtseins (s. Abb. 57 bis 60, S. 174 ff.) sukzessive ab bis hin zur inneren Kündigung.

*Abb. 56:* Die Ausstiegsdramaturgie zur inneren Kündigung

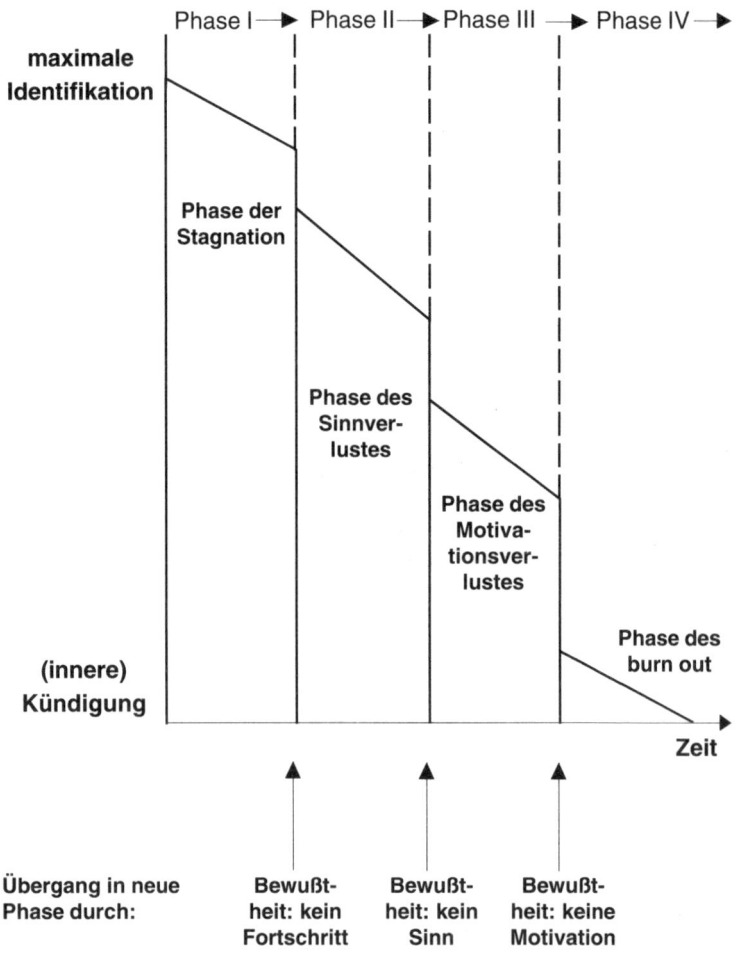

Die individuelle Fähigkeit eines Menschen, sich zu binden und eine Bindung auch über Frustrationen hinweg aufrechtzuerhalten, ist sehr unterschiedlich und hängt in vielem von lebensgeschichtlichen Erfahrungen ab.

## 7.3 Phasenmodell der Dramaturgie der inneren Kündigung

Im Rahmen der Strategien, die der Projektleitung vorgeschlagen werden (und denen mit individuellem Coaching ein wichtiger Stellenwert gegeben wird), muß deshalb ein wichtiger Fokus auf der Entwicklung der Fähigkeit eines Mitarbeiters liegen, sich innerlich zu binden.

Nun wird man sich fragen, welche Signale es sind, an denen man Aussteiger erkennt, und welche Ursachen dahinterstehen. Wie kann man schwache Signale für innere Kündigung bei Mitarbeitern frühzeitig erkennen?

Das im folgenden diskutierte Phasenmodell, das aus der Analyse vieler unserer Beratungsprojekte entstand, versucht, eine Antwort darauf zu finden. Bestimmte „kritische Ereignisse" in der subjektiven Bewußtheit bewirken den Übergang in die jeweils nächste Phase. Der gesamte Prozeß ist mit einer fortwährenden Abnahme der Identifikation z.b. mit einem Projekt verbunden. Dies repräsentiert den bewußten oder unbewußten Verzicht auf Engagement: Der Mitarbeiter hat sich lautlos verabschiedet.

**Phase I: Stagnation**

Zu Beginn der Arbeit eines Projektteams besteht hohe Faszination der Projektteilnehmer durch die Aufgabenstellung des Veränderungsprozesses. Die Stimmung im Team ist enthusiastisch. Die Projektmitarbeiter sind hochmotiviert, engagiert und voller Tatendrang: Sie haben Feuer gefangen. Sie sind bereit, sich unter hohem Zeitaufwand für die Projektaufgabe einzusetzen. Es wird mit voller Kraft an der Aufgabenstellung gearbeitet, und das Team ist vom Erfolg überzeugt.

Erste Probleme im Projekt treten i.d.R. auf, wenn es doch nicht so ideal – ohne Widerstände – läuft, wie man sich das in der ersten Euphorie erträumt hat.

Die ersten Enttäuschungen über andere, die geringe Projektakzeptanz im Umfeld etc. schleichen sich ein. Man landet nach dem idealisierten Höhenflug (Grandiosität) der Projekterfolgshoffnungen auf dem harten Boden der Unternehmensrealität, wo andere Interessen, Widerstände, Zweifel, Neid, mangelnde Einsicht etc. die Projektdynamik subtil stagnieren lassen.

An diesem Punkt führen häufig auf der unbewußten Ebene die ersten Enttäuschungen zu einer Tendenz, die innere, emotionale Bindung an das Projekt zu reduzieren. Es drängen erste Fantasien über Rückzugsmöglichkeiten als Planspiele in den Kopf.

Symptome in diesem Stadium sind fast nicht sichtbar, sondern eher auf einer emotionalen Ebene erfühlbar, weil die ersten kleinen Schritte zur inneren Ent-Bindung sehr subtil sind. An Führungskräfte sind an dieser Stelle hohe Anforderungen hinsichtlich Fingerspitzengefühl und Intuition gestellt.

Der Übergang zur nächsten Phase ist unausweichlich, wenn jetzt wesent-

Abb. 57: Phase I: Stagnation

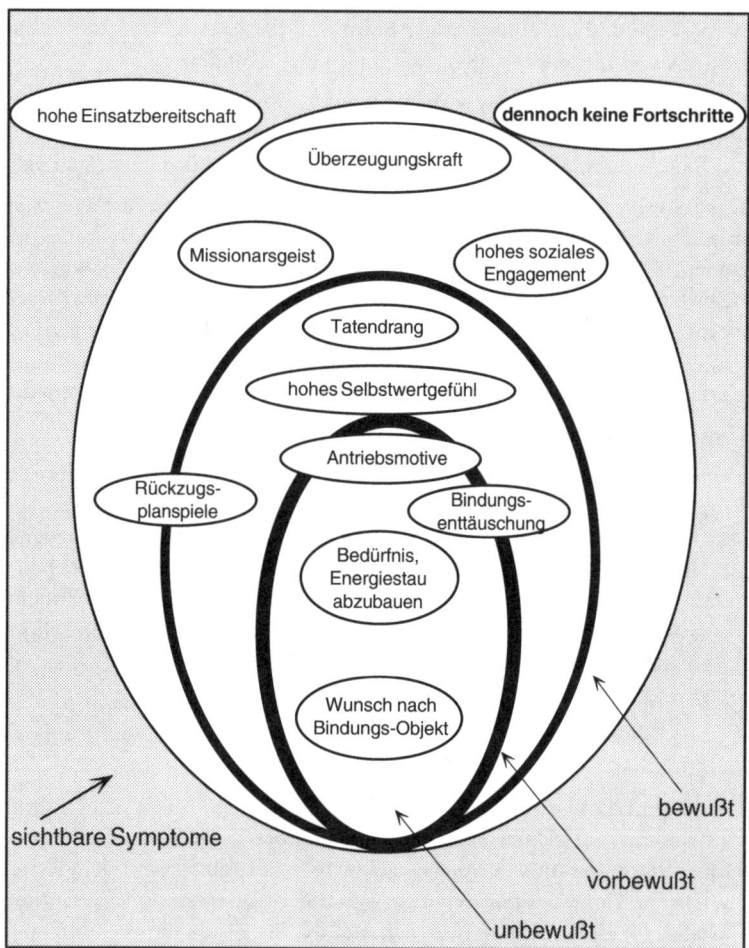

liche Symptome übersehen werden bzw. wenn unprofessionell interveniert wird. Die Prognose zur Wiederherstellung des alten Enthusiasmus ist in dieser Phase bei professioneller Interventionstechnik noch sehr günstig.

**Phase II: Sinnverlust**

Das Erlebnis, daß trotz hoher Einsatzbereitschaft keine Fortschritte erzielt werden, führt zu Konflikten, die zuerst im Inneren der betreffenden Person ablaufen. Mangelnde Anerkennung wegen des schleichenden Vorankommens steigert die Kritikempfindlichkeit. Zweifel am Sinn des gesamten Projektes tauchen auf, sind dem einzelnen jedoch noch nicht völlig bewußt.

## 7.3 Phasenmodell der Dramaturgie der inneren Kündigung

Abb. 58: Phase II: Sinnverlust

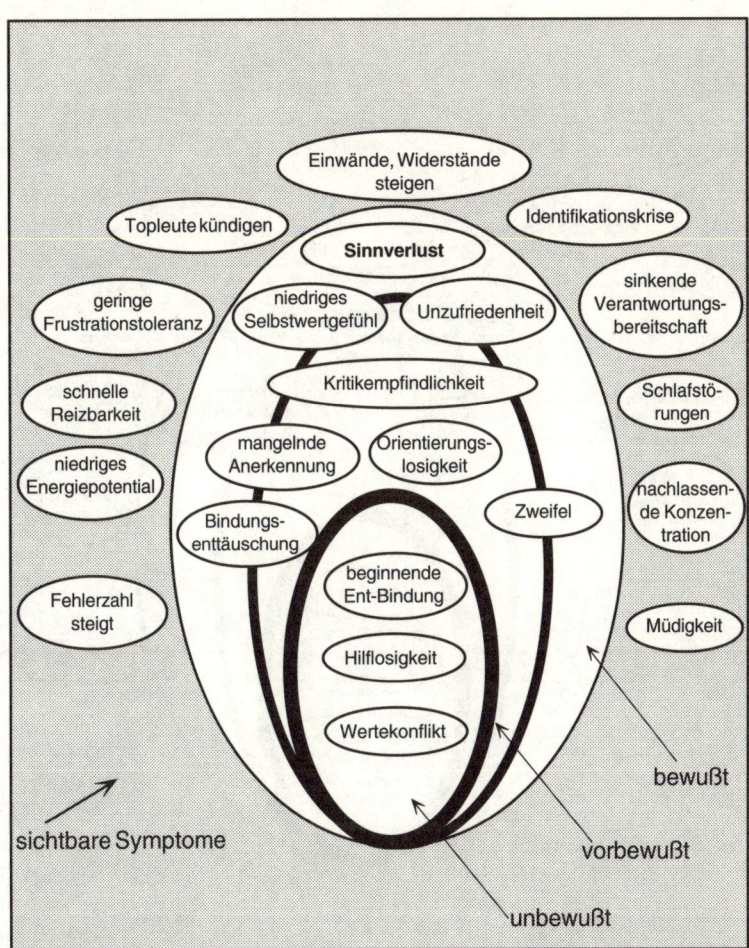

Bestimmte Situationen bestätigen die Zweifel und rufen zeitweise die Sinnlosigkeit des Vorgehens ins Bewußtsein. Das Gefühl der Sinnlosigkeit schleicht sich nun immer weiter in die Gedanken, bis es endgültig vom Bewußtsein Besitz ergreift und zusätzlich Streß hervorruft.

Im Unterbewußtsein des Mitarbeiters wird die Erinnerung an frühere Bindungsenttäuschungen seines Lebens wachgerufen; das führt dazu, daß er innerlich unmerklich beginnt, auf Distanz zu gehen – die Bindungsintensität an das Projekt läßt nach.

Sichtbare Symptome sind: eine sich ausbreitende Müdigkeit trotz objektivem Erholtsein und zunehmende Konzentrationslosigkeit.

Abb. 59: Phase III: Motivationsverlust

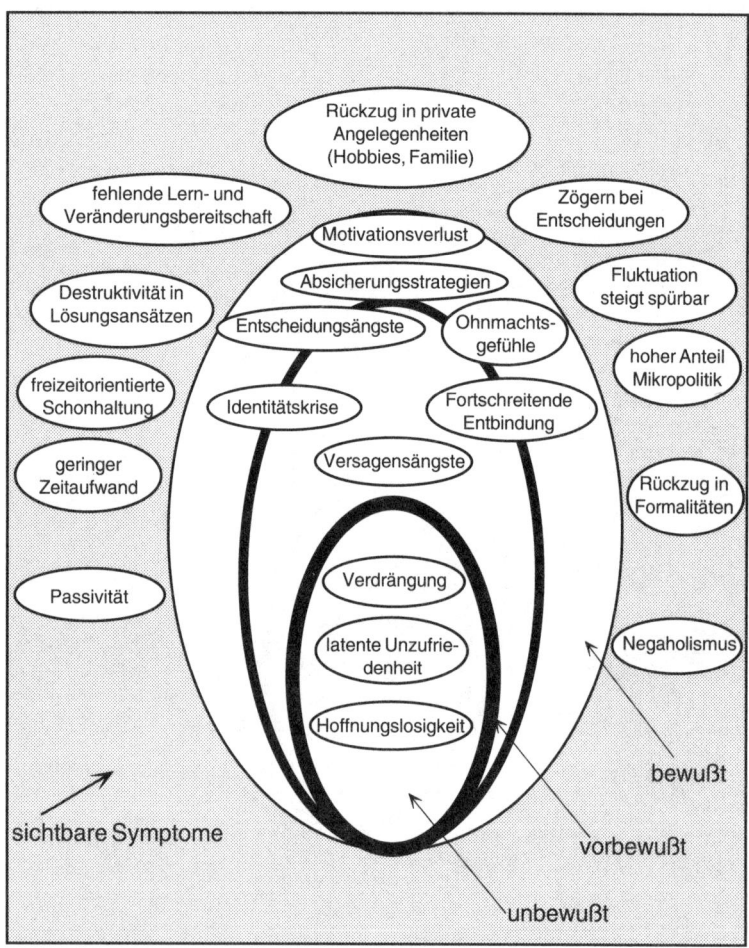

Ist diese Phase voll entfaltet, liegt der Ansatzpunkt professioneller Interventionen in der Sinnvermittlung und im Rahmen des individuellen Coaching in der Verbesserung der Bindungsfähigkeit, d.h. der Fähigkeit, mit Bindungsenttäuschungen konstruktiv umzugehen. Die Prognose gestaltet sich hier schon recht schwierig, jedoch liegt die Wahrscheinlichkeit des Erfolges noch deutlich über 50%. Werden auch hier die Signale übersehen, rutscht der Mitarbeiter zwangsläufig in die dritte Phase des allmählichen inneren Ausstiegs.

Phase III: Motivationsverlust

Zunächst werden noch vergebliche Versuche gestartet, die sich abzeich-

## 7.3 Phasenmodell der Dramaturgie der inneren Kündigung

nenden Probleme und Gefühle zu verdrängen. Doch die latent vorhandene Unzufriedenheit bewirkt das Auftauchen von Versagensängsten, die noch nicht ins Bewußtsein vorgedrungen sind. Ohnmachtsgefühle sind eine mögliche erlebbare Folge und machen sich in Form von Motivationsverlust bemerkbar.

Die Bindungsenttäuschung wird vorbewußt, d.h. Gedanken wie „Hier ist es auch nicht anders als sonstwo" machen sich breit.

Häufig zu registrieren sind Absicherungsstrategien, die dazu dienen, die eigene Haut zu retten bzw. das Gesicht zu wahren und sich möglichst vor neuerlicher Bindungsenttäuschung zu bewahren. Man ahnt, daß der Veränderungsprozeß insgesamt scheitern wird. Weiterhin typisch für diese Phase sind Entscheidungsängste, die sich in verschiedenenen Ablenkungsstrategien äußern. So symbolisiert ein Rückzug in Formalitäten ein Ausweichen in andere, unwesentlichere Dinge; wichtige und notwendige Entscheidungen werden auf diese Weise verzögert oder in ihrer Bedeutung abgewertet. Gleichzeitig findet ein Rückzug in andere Bereiche statt; die Familie zum Beispiel dient häufig als Ausrede für mangelndes Engagement in der Projektarbeit.

Wenn sich der Mitarbeiter voll in dieser Phase befindet, dann muß professionell interveniert werden, z.b. in Form eines individuellen Coaching. Der Anstoß muß von außerhalb des Systems „Projektgruppe" kommen, da andernfalls die Situation durch „ungeschickte" Gespräche weiter dramatisiert wird.

### Phase IV: Burn Out

Das zaudernde Verhalten bei Entscheidungen sowie der langsame Rückzug hinterlassen ein Gefühl der inneren Zerrissenheit und der Resignation. Die Versuche, sich selbst etwas vorzumachen und gleichzeitig nach einem Alibi bzw. nach Gelegenheiten zu suchen, die eigene Haut zu retten, werden zunächst weiter verstärkt. Schließlich wird dem Mitarbeiter die Ineffizienz der Arbeit vollständig bewußt und der Prozeß endet in einem „burn out", der in jedem Fall zunächst die innere Kündigung bewirkt.

Dem Mitarbeiter ist die Bindungsenttäuschung jetzt voll bewußt geworden (ohne allerdings einen möglichen eigenen Anteil daran zu bemerken). Er hat sich innerlich entbunden, also getrennt und ist nur mehr äußerlich Teil des Projektes. Innerlich gehört er bereits nicht mehr dazu.

Nach außen hin zeigt sich das Bedürfnis, andere anzustecken und schließlich ganz offen meist mikropolitische Einwände zu bringen bzw. Widerstand zu leisten. Oft tritt dieser Widerstand in generalisierter Form auf und richtet sich dann gegen die gesamte Abteilung bzw. das Unternehmen insgesamt; dies endet im Extremfall mit einer offenen Kündigung.

Die Burn-out-Phase kann auch – im Gegensatz dazu – mit dem vollstän-

Abb. 60: Phase IV: Burn out

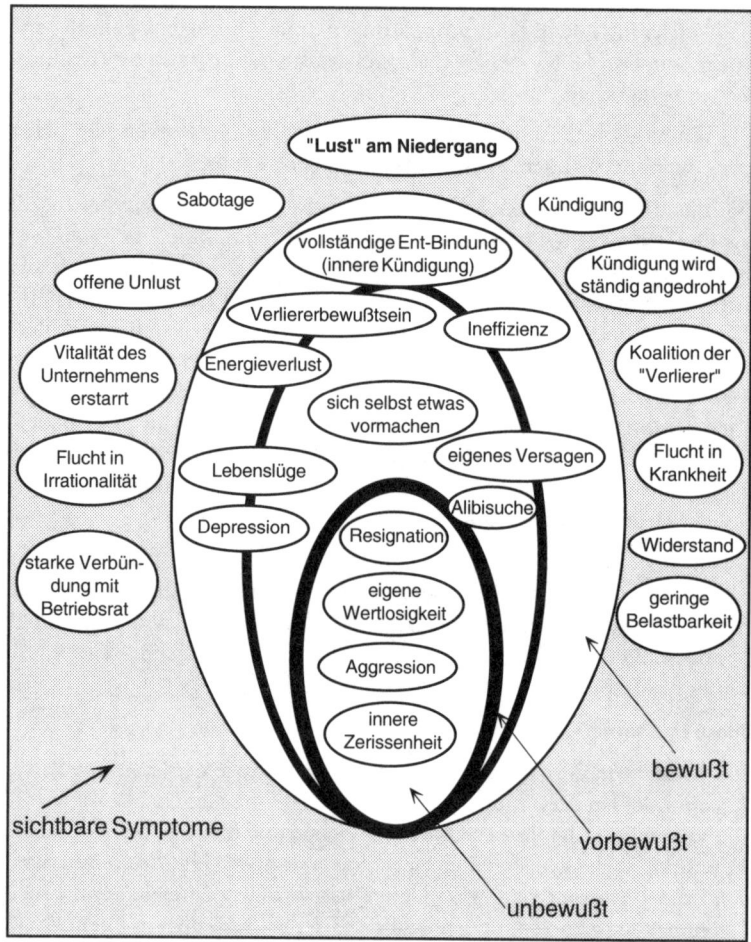

digen Energieverlust enden und sich in absoluter passiver Anpassung äußern. Andere wundern sich, was dieser Kollege sich alles gefallen läßt. Doch er hat sich längst entfremdet, um seine Ruhe zu haben. Typisch ist jetzt jede Art von Vermeidungsverhalten.

Wird diese Phase diagnostiziert, ist die Prognose schlecht. Häufig helfen nur noch harte Interventionen wie die Versetzung in eine neue Umgebung. Die Projektmitarbeit ist jetzt völlig sinnlos geworden. Hat der Mitarbeiter hohe formale oder informelle Macht, lohnt sich unter Umständen der Versuch eines intensiven Coaching.

## 7.4 Zukünftige Anforderungen an das Management

Die Hauptproblematik bei Veränderungsprozessen liegt darin, die Dynamik des Umfeldes synchron in eine interne Dynamik im Unternehmen umzusetzen, und zwar so, daß bei den Betroffenen eine Akzeptanz für diesen Prozeß entsteht. Die Sinnhaftigkeit des Veränderungsprozesses ist auch hier wieder die entscheidende Komponente, um mental-kulturell bedingte Widerstände und Barrieren zu beseitigen.

Die Realität zeigt aber, daß Veränderungen im Unternehmen nicht synchron zur Veränderung des Umfeldes erfolgen, sondern zeitlich verspätet, manchmal sogar zu spät, um die Wettbewerbsfähigkeit noch erhalten zu können. Veränderungen werden meist nur sehr ungern vollzogen. Fehlendes Know-how für ganzheitliche Systemdiagnosen, methodische Defizite bei der Entwicklung von Veränderungsstrategien (z.B. reduzierte Sichtweise auf die Ebene der harten Faktoren), massive Verlust- und Versagensängste und schlichtweg Bequemlichkeit (resultierend aus der Abneigung zur Übernahme von Verantwortung) sind hier nur einige der Gründe für die Passivität.

Man gewinnt leicht den Eindruck, die Unternehmen pendeln von einem extremen Zustand des **tendenziell grandiosen Grundoptimismus** zu einem anderen Extrem, dem **hektischen Aktionismus**, der ausschließlich rigorose Rationalisierungen zur Folge hat.

Der erste Zustand ist dadurch gekennzeichnet, daß die Unternehmen davon ausgehen, die Zukunft rational und meist nur durch Extrapolation der Vergangenheit prognostizieren und planen zu können. Problematisch ist dieser Teil, wenn von „oben" ohne Reflexion der Realität **normative Vorgaben** gemacht werden, die durch den Zwang von oben zwar bestätigt werden, wobei alle operativen Manager wissen, daß die abgegebenen Planzahlen nicht erreichbar sein werden. Aber keiner wagt, den Vorgaben zu widersprechen! Die mentale Belastung durch das schlechte Gewissen der Falschplanung vermindert meist sogar dann auch noch die Leistungsfähigkeit.

Auffällig ist dabei, daß eine Profitabilität des Unternehmens nur bei der Einbeziehung fester (Wachstums-)Größen möglich ist. Entsprechend starr und unflexibel sind alle Management-Vorgaben. So z. B. auch die Personalentwicklungsprogramme, die von der Mehrzahl des Linienmanagements deshalb abgelehnt werden, weil sie die kurzfristigen Geschäftsinteressen nicht berücksichtigen.

Dieser rein linear-mechanistische Führungsansatz (s. Typ 1: Funktionierende Maschine) führt mittel- bis langfristig zu einer ausgeprägten inneren Distanz der Mitarbeiter zu ihrem Unternehmen und einer spürbaren Mißtrauenskultur. Konsequenzen daraus sind abnehmende Identifika-

## 7. Neue Akzente in der Führung

Abb. 61: Unterschiedliche Ansätze für Veränderungen

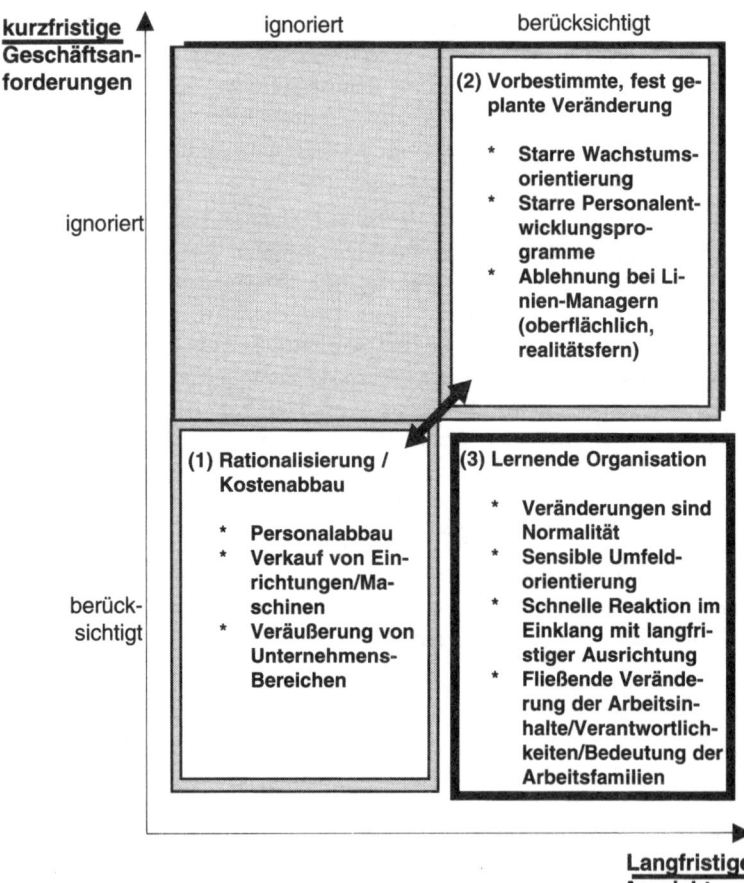

tion und Engagement, Zunahme des Anspruchsdenkens, Egozentriertheit (die eigenen Bedürfnisse und Ziele sind das wichtigste) in der Zusammenarbeit und Unlust an Führung, da diese wesentliche Teile der Lebensqualität (den Menschen) ausgrenzt.

Die Krise entsteht häufig dann, wenn das fest einkalkulierte Wachstum ausbleibt. Jetzt plötzlich sieht sich die Unternehmensleitung mit der Notwendigkeit einer Veränderung konfrontiert, die die kurzfristigen Geschäftsanforderungen, besser, billiger, schneller und flexibler zu werden, berücksichtigt. Die Kreativität bei diesen Veränderungsprozessen

## 7.4 Zukünftige Anforderungen an das Management

scheint allerdings sehr eingeschränkt zu sein. Rationalisierung heißt das Zauberwort der Stunde, und das wiederum heißt in erster Linie nur Personalabbau.

In diesen Situationen ist dann meist auch kein Bekenntnis der Unternehmensleitung zur langfristigen Genesungsstrategie mehr zu finden. Die Führungs- und Zusammenarbeitskultur, die Entwicklung hin zu einer lernenden Organisation, Personal- bzw. auch Führungskräfteentwicklung sind häufig widersinnigerweise die Positionen, die vernachlässigt bzw. ignoriert werden. Eine langfristige Existenzsicherung des Unternehmens wird damit nachhaltig vernachlässigt. Beispielsweise gehen Unternehmen sogar dazu über, ganze Jahrgänge von fertigen Auszubildenden nicht zu übernehmen. Nicht nur, daß damit die Zukunft des Unternehmens direkt betroffen ist, auch die langfristigen Folgen und das Image am Arbeitsmarkt wirken sich negativ aus.

Auch die von vielen propagierte Einführung von Lean Management führte in einigen Unternehmen dazu, daß im Rechenexempel schon vor dessen Umsetzung das Freistellungspotential im mittleren Management exakt bestimmt und offen im Unternehmen kommuniziert wurde. Da ist es nicht weiter verwunderlich, daß die Führungskräfte nicht sehr begeistert waren, diesen Veränderungsprozeß mit vollem Engagement anzugehen.

Diese beiden Extreme verdeutlichen, daß viele Unternehmen große Schwierigkeiten haben, **langfristige Unternehmenskonzeptionen** zu entwickeln und konsequent zu verfolgen sowie **gleichzeitig** auch einigermaßen systemverträglich die **kurzfristigen Geschäftsanforderungen** zu erfüllen. Der Schlüssel liegt sicherlich in einer angemessenen Balance zwischen einer ehrgeizigen Kostenreduktion, Qualitätsverbesserung, Beschleunigung der Geschäftsprozesse etc. einerseits und einer vorausschauenden Investition in eine langfristige Genesungsstrategie, die im Einklang mit der Vision steht und zum Ziel hat, eine lernende Organisation zu werden. Wichtig ist hierbei die Frage, ob lediglich repariert werden soll oder ob **parallel zur Reparaturphase** schon **der Genesungsprozeß** gestartet wird.

Im Gegensatz dazu birgt eine ausschließlich kurzfristige, nur an Reparatur der Symptome orientierte Denkstruktur bei Managern die Gefahr sehr schwerwiegender langfristiger Negativ-Konsequenzen. Eine solche nicht systemgerechte Fehlorientierung führt nämlich zwangsläufig zu einer Folge von Entscheidungen, die die Vitalität des Unternehmens strangulieren und einen kontinuierlichen Abstieg herbeiführen. Die zentralen Defizite einer derartigen Denkweise liegen darin, daß sie zum einen meist zu einer ausschließlichen **Innenorientierung** – statt Kundenorientierung – führt, und daß sie zum anderen eine fatale **Mißtrauenskultur** bedingt, in der unter enormem Zeit- und Sachdruck respektlose Verhaltensweisen praktiziert und nicht mehr als sinnvoll erlebbare Entscheidungen getrof-

Abb. 62: Unterschiede in der Führungsphilosophie bei Veränderungsprozessen

| Sanierung/Reparatur (curing) | Gesundung (healing) |
|---|---|
| **Ziel:** | **Ziel:** |
| θ Stoppen/Beheben von Störungen. | θ Erreichen eines Zielpunktes ist nicht das Ende der Aktion. |
| θ Zielpunkt anstreben, d.h. Funktionsfähigkeits-, Wirtschaftlichkeitszielvorgabe erreichen. | θ Genesung ist ein dauernder **Prozeß**, dessen Erfolg u.a. von der Qualität des Feedbacks abhängt. |

fen werden. Die Symptome dieser Reparaturkultur sind dann permanente gegenseitige Vorwürfe, öffentliche Schuldzuweisungen, wiederholtes „Durcheinanderwürfeln" der Organisation, kurzfristige Entlassungen und Aktionismus etc.

An dieser Stelle wird manch einer einwenden, daß im Überlebenskampf eines Unternehmens jedes Mittel erlaubt, wenn nicht sogar dringend indiziert ist, das die Überlebenschance potentiell zu steigern vermag.

Das stimmt leider nur theoretisch.

Die Crux ist, daß alle Mitarbeiter, die mit dem Unternehmen eine solche Reparaturphase „überlebt" haben, in ihrem Langzeitgedächtnis ihre Referenzerfahrungen mit der Art der erlebten Reparaturkultur fest verankern. Je negativer ihre Erlebnisse und Beobachtungen dabei waren, je mehr Verletzungen der persönlichen Würde sie bei sich und anderen konstatieren, desto größer wird die sich zwangsläufig entwickelnde innere Distanz zum Unternehmen. Welche Folgen für Engagement und Leidenschaft der Menschen sich hieraus ergeben, braucht nicht erläutert zu werden, wenngleich viele Manager offenbar diese Folgen erst hautnah erleben müssen, bevor sie – dann gezwungenermaßen – über ein anderes Führungsverhalten nachzudenken bereit sind.

In jedem Fall gehören die unter enormem Druck entstandenen wiederholten „Kulturschocks" zu den teuersten und langfristig schädlichsten Veränderungsdramaturgien, derer sich Unternehmen bedienen können.

Sozial harte Entscheidungen müssen unbestritten in jedem Überlebens-

## 7.4 Zukünftige Anforderungen an das Management

Abb. 63: Prinzip der Reparaturphilosophie

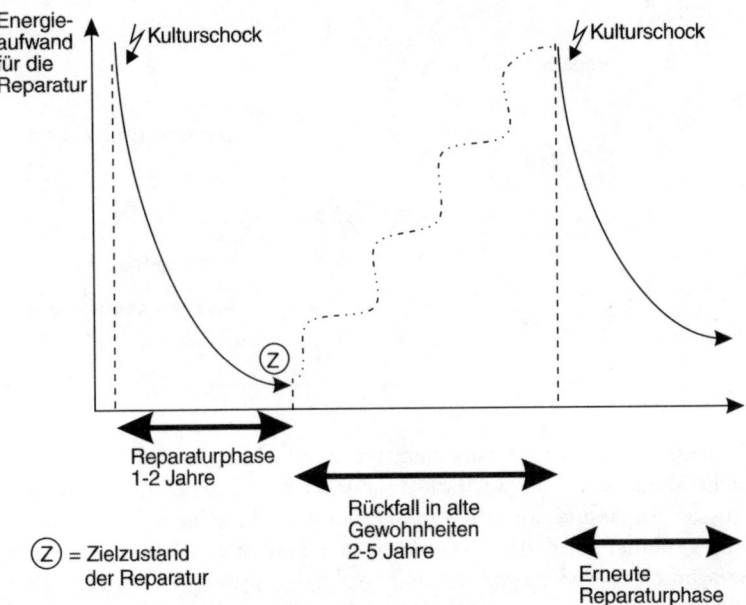

kampf getroffen werden. Diese sind notwendig und selbstverständlich legitim, aber nur, wenn sie sowohl sachlich gerechtfertigt als auch langfristig sinnvoll und kulturkompatibel sind; und wenn die „harte Phase" mit dem Erreichen eines Zielzustandes ihr Ende nimmt.

Um diese kurzfristigen und schnell greifenden Reparaturmaßnahmen (z.B. Lean Management, TQM, Speed Management, Spartenorganisation, Simultaneous Engineering etc.) sinnvoll und kulturverträglich zu gestalten, muß aber parallel zur Reparaturphase immer ein zweiter, für den nachhaltigen Veränderungserfolg existentiell wichtiger Prozeß initiiert werden, nämlich die Implementierung einer **Genesungsstrategie**.

Diese Genesungsstrategie beinhaltet die permanente, durch Abgleich von Ist- und Sollzustand gesteuerte Regulierung der mental-kulturellen Bedingungen im Unternehmen, um Ressourcen, Kernkompetenzen und Erfolgspotentiale so wirksam wie möglich werden zu lassen.

Zentraler Ansatz dieser Strategie ist es, bei allen Mitarbeitern eine „neue Denke" zu entwickeln bzw. entwickeln zu helfen, in der angstfreier und ziel- bzw. lösungsorientierter Umgang mit Konflikten, respektvolles Geben und Annehmen von Feedback und nicht zuletzt die dauernde Verpflichtung zum Lernen, Hinterfragen und zum Verbessern herausragende

## 7. Neue Akzente in der Führung

Abb. 64: Prinzip der Genesungsphilosophie

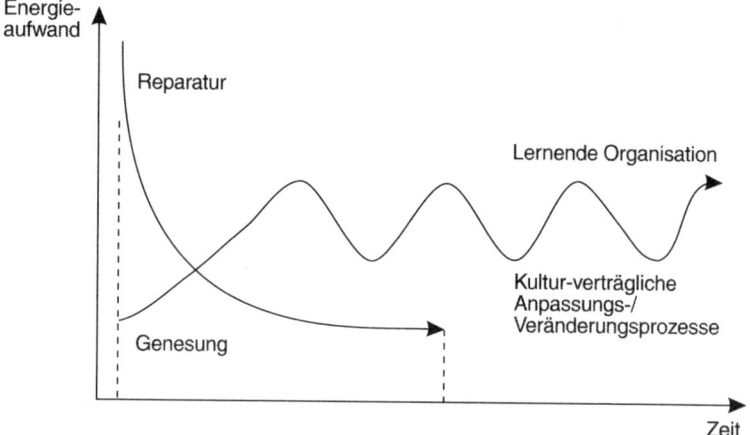

Bedeutung haben und pure Selbstverständlichkeiten sind. Wenn dies sichergestellt wird, ist auch die Triebfeder für eine laufende homöopathische Anpassung an sich verändernde Umfeldbedingungen aktiviert, und Veränderungsprozesse werden weniger rabiat und abrupt, dafür aber wesentlich kulturkompatibler und erfolgreicher ablaufen können.

Um diese Ziele zu erreichen, sind ständige Lernprozesse auf drei Ebenen nötig:

1) das Organisationslernen,
2) das Lernen in/von Gruppen,
3) das individuelle Lernen (Persönlichkeitsentwicklung).

Ein Unternehmen, in dem dies verwirklicht ist, ist eine **Lernende Organisation**. Diese zeichnet sich dadurch aus, daß feste, starre Strukturen aufgehoben werden zugunsten flexibler, ganzheitlicher Prozesse, sich selbst wieder in Frage stellen zu können, um permanent zu lernen, und bei denen Veränderung die Normalität ist.

In einer lernenden Organisation werden ständig die Arbeitsinhalte und Verantwortlichkeiten der einzelnen Arbeitsfamilien flexibel auf die Erfordernisse des Umfeldes hin homöopathisch angepaßt. Einmal geschaffene Strukturen haben keinen Ewigkeitscharakter. Wichtig ist, daß die Organisation schnell reagieren kann, weil sie „durchtrainiert" ist, und zwar unter Berücksichtigung der langfristigen Ausrichtung des Unternehmens an Szenarien.

Die als notwendig angesehene Veränderung findet dann zunächst noch keinen Niederschlag in „offiziellen" organisatorischen Umstrukturierungen, sondern informell in neu gebildeten Projektteams (Arbeitsfamilien),

## 7.4 Zukünftige Anforderungen an das Management

*Abb. 65:* Dramaturgie des Veränderungsprozesses

**informelle Aktivitäten**

**(1) Lernende Organisation**
* Veränderungen sind Normalität
* Sensible Umfeldorientierung
* Schnelle Reaktion im Einklang mit langfristiger Ausrichtung
* Fließende Veränderung der Arbeitsinhalte/Verantwortlichkeiten/ Bedeutung der Arbeitsfamilien

**(2) Verbesserung der Effizienz in den Arbeitsfamilien/Projektteams**
* Skills
* Arbeitsprozesse
* Teamentwicklung
* Selbststeuerungsfähigkeit
* Training / Coaching

**formelle Aktivitäten**

**(4) Organisatorische Konsequenzen**
* Veränderung der Organisations-Struktur
* Vergütungs-/Incentive-Systeme
* Informations-Systeme
* Maßnahmenplanung

**(3) Personelle Konsequenzen**
* Stellenplanung/-besetzung
* Freisetzung bzw. Einstellung von Personal
* Karriereplanung
* Festlegung der individuellen Erfolgsmaßstäbe
* Potentialeinschätzung

Abb. 66: Anforderungen an Leadership beim Veränderungsprozeß

---

(1) Beharrlicher Glaube, daß die angestrebte Veränderung der Schlüssel zur Wettbewerbsfähigkeit ist

(2) Fähigkeit, diese Überzeugung in einer glaubwürdigen und für die Führungskräfte/Mitarbeiter verlockenden Vision zu artikulieren

(3) Fähigkeit, die Vision durch ein konsistentes Muster an Worten und Taten überzeugend zu implementieren (Vorleben der Kultur)

---

die die geplanten Veränderungen simulieren (so tun, als ob), um frühzeitig, auf spielerische Art und Weise das Neue erleben, korrigieren, mitgestalten und auf alle Konsequenzen hin prüfen zu können. Negativ-Überraschungen für die Betroffenen werden in einem frühen Stadium der Vorgewöhnung gut verträglich abgefedert.

Diese Art von Prozeß hat auch zur Folge, daß die Effizienz in den neu geschaffenen Teams mit professioneller, externer Unterstützung (z.b. durch Teamentwicklung oder Coaching) während des Prozesses laufend verbessert werden muß. Dies reicht von den sachlichen (skills), bis zu den mental-kulturellen Aspekten (z.b. Identität, Gruppendynamik, Rollenverständnis, Wertesystem etc.). In dieser Phase hat jedes Mitglied die Möglichkeit, zu lernen und sich zu entwickeln. Das Bevorstehende ist konkret, alle möglichen fantasierten Befürchtungen werden entzaubert, es tritt eine Vorgewöhnung auf das Neue ein.

Erst jetzt erfolgen im Veränderungsprozeß personelle Konsequenzen, die sich als Ergebnis der Teamarbeit auf die zukünftige Stellenplanung

## 7.4 Zukünftige Anforderungen an das Management

*Abb. 67:* Thesen zu Führungsproblemen der 90er Jahre

---

* **Anforderungen an Führungskompetenz** ↑
  (vor dem Hintergrund des Wertewandels < -- > Rekrutierung/ Motivation)

* **Relative Bedeutung bezahlter Arbeit** ↓
  (vor dem Hintergrund alternativer Betätigungsmöglichkeiten in Familie/Gesellschaft, Wohlstandsniveau)

* **Sinn, Bedeutung der Arbeit, Eigenverantwortlichkeit** ↑

* **Traditionelle Motivatoren wie Bezahlung, Incentives, Status** ↓

* **Die Bedeutung von Lernen in der Organisation** ↑

---

und -besetzung niederschlagen. Sollte sich herausstellen, daß ein Mitglied des Teams (REVIT-Gruppe!) überwiegend destruktive Energie in den Veränderungsprozeß hineingetragen hat, so wird dies sicherlich Konsequenzen für seinen zukünftigen Werdegang im Unternehmen haben (im Extremfall muß man sich von diesem Mitarbeiter unweigerlich trennen).

Sollte sich die Tätigkeit der Arbeitsfamilie bewähren, so hätte dies im nächsten Schritt auch organisatorische Konsequenzen. Jetzt erfolgt eine „offizielle" Veränderung der Organisationsstruktur, werden Systeme installiert (z.B. Vergütung, Information) und weitere Maßnahmen geplant.

Gerade Unternehmen, die in der Vergangenheit erfolgreich waren, halten mit rigiden (veralteten) Strategien an ihrem Kurs fest. Die früheren Erfolge schlagen sich nieder in einer gewissen Arroganz und manchmal

## 7. Neue Akzente in der Führung

Abb. 68: Veränderte Bedeutung von Human Resources

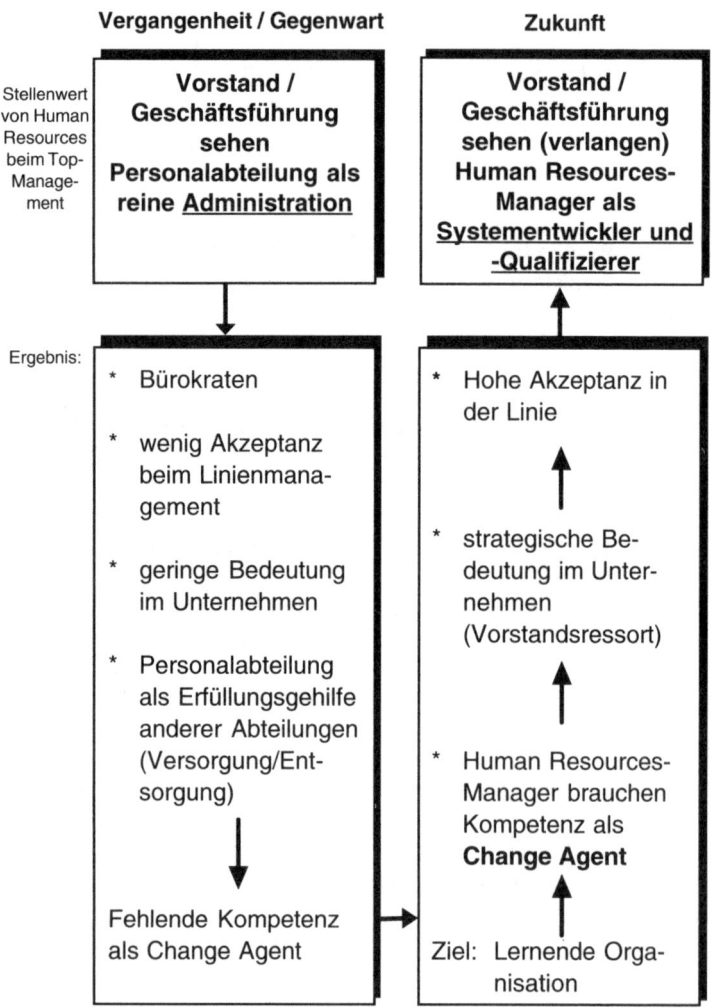

„Entrücktheit" für die gegenwärtigen Probleme und Anforderungen. Oftmals verspürt man auch eine Art Grandiosität, die eine Reflexion und kritische Analyse des eigenen Handelns regelrecht verbietet. Gleich einem Frosch sitzen die Manager im warmen Wasserglas des Unternehmens, nicht registrierend, daß die Flamme unter ihnen schon dreimal so heiß ist wie das Wasser selbst. Wenn sie es dann allerdings merken, ist es meist schon zu spät.

Entscheidend ist, daß diese Signale aus dem Umfeld sensibel wahrgenom-

### 7.4 Zukünftige Anforderungen an das Management

Abb. 69: Anteil von Personalverantwortlichen in der Geschäftsleitung; Quelle: *IFPM St. Gallen*, 1991

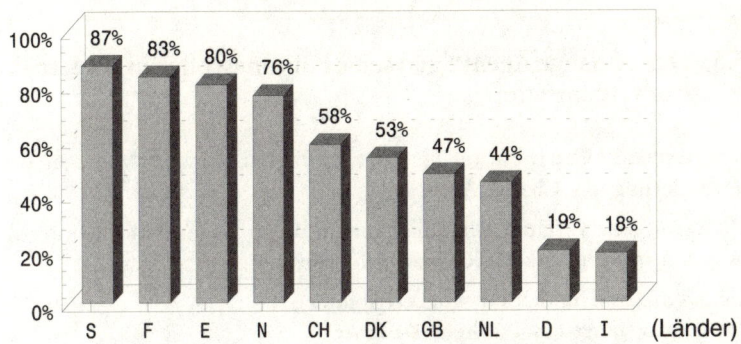

men werden (z.B. mit Hilfe von Frühwarnsystemen, abgeleitet aus Szenarien) und daß Krisen und Konflikte nicht ignoriert werden. Nur durch den Umgang mit und die Bewältigung von Konflikten kann die Organisation lernen. Das Lernen wird um so schneller, gründlicher, leichter und mit erweiterten Anwendungsmöglichkeiten erfolgen, je besser es gelingt, die Freude und das Vergnügen beim Lernen herauszustellen und zu stabilisieren. Auftretende Rückschläge, Schwierigkeiten und Enttäuschungen müssen durch Bewußtmachung der Ursachen (Diagnose) in ein konsequentes Chancendenken (Veränderung) bei den Mitarbeitern umgewandelt werden. Ziel ist ein Stärkenbewußtsein und nicht die Verstärkung des vorhandenen Schwächenbewußtseins.

Dies stellt vollkommen neue Anforderungen an die Führung.

Aus den in Abbildung 67 dargestellten Thesen kann man ablesen, welche Bedeutung die Entwicklung der mental-kulturellen Identität im Zusammenhang mit Veränderungsprozessen hat.

Die Fähigkeit zur Gestaltung der mental-kulturellen Identität setzt wiederum die intensive Auseinandersetzung mit der eigenen Persönlichkeit voraus, d.h. **Führungskräfteentwicklung** heißt in erster Linie **Persönlichkeitsentwicklung** der Vorgesetzten.

Diese Erkenntnis wiederum verdeutlicht ebenfalls die veränderte Bedeutung von Human Resources, d.h. nicht nur die Funktion der reinen

Administration, sondern auch die des Systementwicklers und -qualifizierers.

Dies hätte zur Folge, daß der Stellenwert von Human Resources deutlich aufgewertet würde (vgl. Abb. 68).

Vergleicht man allerdings einmal aufgrund statistischer Daten, wieviel Prozent der Personalverantwortlichen zugleich Mitglieder der Geschäftsleitung sind, so zeigt sich zumindest in Deutschland ein problematisches Bild. Abbildung 69 verdeutlicht diesen Sachverhalt.

## 7.5 Der „Change Agent" und seine Führungsrollen in der lernenden Organisation

Eine lernende Organisation benötigt Protagonisten und Manager der Veränderung, die **Change Agents**.

Diese Aufgabe verlangt Persönlichkeiten, die in wechselnder Komposition drei sich ergänzende Rollen verkörpern können:

die des analysierenden Forschers (**Explorer**),
des kreativen Systemgestalters (**Designer**)
und die des motivierenden und lernorientierten Vorbildes (**Leader**).

### 7.5.1 Explorer (Forscher)

- **Das Unternehmen als ganzheitliches System verstehen.**

Jedes Unternehmenssystem umfaßt vier Existenzebenen, die im Rahmen des neuen Ansatzes **Simultaneous Systems Management** (sisMa®) gestaltet werden.

In vielen Unternehmen wird beobachtet, daß steigende Ansprüche von Märkten, Kunden und Mitarbeitern sowie die Vernetzung und Dynamik in fast allen Lebensbereichen in komplexe Problemstellungen hineinführen, die mit traditionellen Management-, Organisations- und Entwicklungsansätzen kaum noch zu bewältigen sind. Die materielle Ebene ist mit Rationalisierungskonzepten, Gemeinkostenwertanalysen, klassischem (hard facts-orientiertem) Projektmanagement etc. weitgehend ausgereizt.

Mensch und Technik werden in Zukunft jedoch nur umfeldverträglich und somit überlebensfähig sein, wenn es gelingt, die herausgebildete wirtschaftlich-industrielle Organisationsform so weiterzuentwickeln, daß sie systemverträglich und im Sinne einer negativen Entropie, d.h. mit möglichst wenig Energieverlust, arbeitet.

Hierzu müßten sich sowohl der Mensch als auch die Technik synergetisch entwickeln. Zwei Bereiche treten dabei deutlich als Engpaß hervor: 1. der

## 7.5 Der „Change Agent" und seine Führungsrollen

Mensch in seiner Teamfähigkeit und 2. die Technik in ihrer Integrationsfähigkeit. Zur Entwicklung der Teamfähigkeit hat sich der Denkansatz „Arbeitsfamilie" als positiv erwiesen, zur Entwicklung komplexer Technik der Denkansatz „Arbeitssysteme". Beide Ansätze werden in dem neuen Denkansatz „Simultaneous Systems Management" (sisMa®) integriert, in dem das Zusammenwirken von Mensch und Technik für die industrielle Arbeitsgestaltung und die professionelle Unternehmensentwicklung behandelt werden.

Um die neue Dimension des Simultaneous Systems Management besser verstehen zu können, ist es zunächst wichtig zu sehen, daß unser Sein und unser Bewußtsein sich in einer Hierarchie von Ebenen abbildet, die sich von der untersten, dichtesten und konkretesten – der materiellen Ebene – bis zu dem höchsten, die menschliche Identität am stärksten repräsentierenden Bereich – der geistigen Ebene – bewegt.

Die verschiedenen Ebenen sind interdependent und durchdringen sich gegenseitig. Die höhere Ebene prägt dabei stets die niederere Ebene, die letztere erklärt sich aus der höheren und beeinflußt diese ebenfalls, wie die zugehörigen Wissenschaften zeigen. Anders gesagt: Auf den Ebenen von Materie und Prozeß (Körper) spiegelt sich die Qualität von Geist und Psyche.

Welche Konsequenzen ergeben sich aus dieser hierarchischen Struktur der Existenzebenen für das Thema „Systemmanagement"?

Die Prozeßdynamik, Arbeitsfamilien zu diagnostizieren, zu antizipieren oder sogar zu steuern, macht viele Führungskräfte (die sich häufig als Gestalter überwiegend auf der materiellen Ebene verstehen) unsicher; ganz zu schweigen von den mentalen und geistigen Prozessen bei Menschen, Gruppen und Organisationen.

Komplexe Probleme können jedoch auf der materiellen Ebene allein nicht dauerhaft gelöst werden. Eine echte qualitative Veränderung muß immer auch die nächsthöhere Ebene in einen Evolutionsprozeß mit einschließen. Einschränkende Denkrahmen auf der individuellen, mentalen Ebene oder negative Systemprägungen auf der unternehmenskulturellen Ebene werden qualitative Entwicklungen der Arbeitsfamilien stark beeinträchtigen, wenn nicht sogar unmöglich machen.

Es geht bei der Diagnose zuallererst darum, die vernetzten Wirkzusammenhänge zwischen diesen vier Ebenen zu identifizieren und sie bei der Gestaltung von Veränderungsprozessen zu berücksichtigen.

**Beispiel:**
Umwandlung einer funktional gegliederten Organisation in eine Spartenorganisation:
- Über die neue Standortverteilung für die neu definierte Arbeitsteilung

# 7. Neue Akzente in der Führung

Abb. 70: Das Unternehmen aus ganzheitlicher Sicht

| Ebenen der Existenz (Wissenschaftsbereiche) | | Gestaltungsbereiche im Unternehmen (Beispiele) | Steuerungsinstrumente (Beispiele) | |
|---|---|---|---|---|
| **geistige Ebene** | Religion<br>Ideologie<br>Paradigmen<br>Philosophie | Visionen<br>Identität<br>(Werte, Glaubenssätze)<br>Unternehmenskultur<br>Weltbilder<br>Menschenbilder<br>Lernende Organisation<br>Sinn des Unternehmens<br>(Mission) | > Wertedisput<br>> Unternehmensidentität/CI<br>> Unternehmensphilosophie<br>> Vorbild der Vorgesetzten<br>> Organisationsphilosophie | **unsichtbar** |
| **psychische Ebene** | Psychologie<br>Therapie<br>Systemprägung<br>Denkrahmen<br>Systems Engineering | Führungskultur<br>Teamkultur<br>Ganzheitliche Produkt-/<br>Systementwicklung<br>Strategien<br>Qualitätsbewußtsein<br>Beziehungen (außen/innen)<br>etc. | > Beziehungsmarketing<br>> SymbolischesManagement<br>> Führungskräfteentwicklung<br>> Teamentwicklung<br>> mentales Management<br>> Total Quality Management (TQM) | |
| **Körper** | **Prozeßebene** | Medizin<br>Biologie<br>Systemwissenschaften<br>(Wissen über Eigenschaften von gekoppelten Elementen)<br>Stoff-, Energie- und Signalwechsel | Wertschöpfungskette<br>Strukturen<br>Ablauforganisation<br>Know-how<br>Produktentwicklung/-ideen<br>Informationssysteme<br>Systeme und Verfahren<br>alle betrieblichen Funktionen<br>Qualität<br>Kommunikation/Besprechungen | > Produktivität<br>> Systemwissenschaften/Technik<br>> Management-Informations-Systeme/Szenarien<br>> Aus- und Weiterbildung<br>> Operations Research<br>> Prozeß-Kostenrechnung<br>> Logistik<br>> EDV-Netzwerke<br>> TQM | **sichtbar** |
| | **materielle Ebene** | Physik<br>Chemie<br>BWL<br>VWL<br>etc. | Grundstücke<br>Gebäude<br>Maschinen<br>Roh-, Hilfs- und Betriebsstoffe<br>Erzeugnissse/Produkte<br>Bilanz, Gewinn- und Verlustrechnung<br>Kostenrechnung | > Bilanzanalyse<br>> Operatives Controlling<br>> Marketing-Mix<br>> Unternehmensplanung<br>> Investitionsrechnungen | |

im Unternehmen ist rational aufgrund von Fakten meist schnell zu entscheiden (Ebenen 3+4, Materie, Prozesse, Strukturen).
- Wie schnell die betroffenen Mitarbeiter mit dieser Veränderung fertig werden, ist dagegen meist das Hauptproblem. Hauptfragen sind für sie dabei:
  - Welche Rolle, Bedeutung habe ich hinterher?

## 7.5 Der „Change Agent" und seine Führungsrollen

- Was verliere/gewinne ich? Werde ich das Neue schaffen?
- Wie werde ich mit evtl. neuen Kollegen/Vorgesetzten zurecht kommen?
- Wie werde ich meiner Frau und meinen Kindern ggf. den Statusverlust beibringen? (Ebene 2: Psyche)
- Wieviel Sinn macht das Neue?
- Wird sich der Aufwand lohnen?
- Ist die neue Struktur attraktiv und erfolgversprechend?
- Was ändert sich an der Philosophie des Unternehmens? (Ebene 1: Geist)

Statistiken und Erfahrungen zeigen, daß rund 80% der Reorganisationsprozesse mehr oder weniger deswegen scheitern, weil sie sich nur mechanistisch auf die „Körper-"Ebene beschränken.

Wenn man sich die aktuellen Versuche ansieht, Organisationen „lean" zu machen, ahnt man das Ergebnis: langfristig geringe Akzeptanz.

Worin liegt die Ursache?

**Organisation** ist, vom Ursprung her, Ausdruck einer subjektiven, mental gesteuerten Idee von sinnvoller Arbeitsteilung in Beziehungen, wobei die persönliche Rolle, Bedeutung und Akzeptanz herausragende Bedeutung besitzen.

Bisher begnügen wir uns statt dessen mit dem mechanistischen Rudiment von Organisation, dem „Kästchendenken". Insofern ist es nur logisch, daß jetzt erhebliche Probleme mit den fossilen, streng hierarchisch-orientierten Organisationsstrukturen entstanden sind: Es fehlt der mental-kulturelle und geistige Inhalt!

Bislang war das Verständnis von Organisation auf Strukturen und Prozesse, Arbeitsabläufe beschränkt. Organisation ist aber neben der Organisation von Funktionen, Handlungen, Erwartungen und Entwicklungen primär auch Ausdruck eines Bedürfnisses nach **Organisation von Beziehungen**. Es scheint, als müsse die konkrete Organisation als Ausdruck von mental-kulturellen und geistigen Interaktionen eines Netzwerkes wahrgenommen werden.

Dieses Verständnis impliziert damit auch, daß egoistische Machtspiele von einzelnen zu erheblichen Störfaktoren des Gesamtsystems werden, da sie produktive und sinnvolle Arbeitsteilung und Zusammenarbeit im System und damit die Energiebahnen der Organisation sowohl intern als auch in Richtung Markt blockieren bzw. verhindern.

Die gegenwärtigen Organisationsmuster sind ein Relikt aus Zeiten, da Militär und Kirche (das „Bodenpersonal") höchst wirkungsvolle Befehl/Dogma-Gehorsam-Strukturen entwickelt und mit großem Erfolg aufgebaut haben.

## 7. Neue Akzente in der Führung

Beim heutigen Aufklärungsstand der Menschen und der in einer Demokratie notwendigen Anforderung an Ethik und Eigenverantwortung, wird dieses traditionelle Verständnis von Organisation im Zuge unserer gesellschaftlichen Evolution vom Primat der mental-kulturellen und geistigen Notwendigkeiten überholt werden.

Die Komplexität unserer Wirtschafts- und Unternehmens-Welt erfordert neue Instrumente, Methoden und Fähigkeiten. Am Phänomen der Organisation wird der Quantensprung unseres Wirtschafts- und Gesellschaftssystems besonders deutlich: die Integration der höheren Ebenen (psychische/mentale/kulturelle und geistige Ebenen) in unser materiell/mechanistisches Weltbild.

Der Evolutionssprung unseres gesamten Lebenssystems wird systemgerechter Weise einen analogen Quantensprung im Management- und Führungsverständnis auslösen.

Die häufig zitierten Anforderungen wie selbststeuernde Arbeitsgruppen, Arbeit in Netzwerken, Bedeutungsverlust der Hierarchie; Mitarbeiter als Kunde, Demokratisierung von Informationen, Führen mit Visionen, Persönlichkeitsentwicklung, lernende Organisation, systemisches Denken und Handeln, mentale Modelle, Denken in Metapositionen usw. sind die Vorboten dieser (neuen) Epoche unserer Gesellschafts- und Wirtschaftsentwicklung.

- **Die mental-kulturelle Identität des Unternehmens diagnostizieren und bewußt entwickeln.**

Alle Erfahrungen aus der Umsetzung von Veränderungsideen (Ziele, Strategien, Reorganisation, Projektmanagement, Verbesserungsvorschläge etc.) zeigen, daß die Menschen der Schlüssel zum Erfolg sind. Maschinen, Tische, Kästchen des Organisationsplanes umzustellen, ist ein ziemlich einfaches technisches Problem.

Die **Denke** bei Menschen umzustellen von alt auf neu, ist eine der anspruchsvollsten Führungsaufgaben. Die mental-kulturelle Identität des Unternehmens könnte man als verdichtete Summe der Einzelcharaktere und -mentalitäten der Mitarbeiter definieren. Die Struktur dieser mental-kulturellen Identität ist entscheidend dafür, ob, wie schnell und unter welchen Bedingungen ein geplanter Veränderungsprozeß realisiert werden kann. Kernmerkmale dieser mental-kulturellen Identität sind Vertrauen, Autonomie, Initiative, Leistung, Ich-Identität/Zusammenarbeit und Identifikation.

- **Potentiale der Mitarbeiter entdecken und entwickeln.**

Es gehört zu den hervorragendsten und anspruchsvollsten Führungsaufgaben, schlummernde Talente und Fähigkeiten bei Mitarbeitern zur Entfaltung zu bringen. Voraussetzung ist allerdings, daß der Vorgesetzte

## 7.5 Der „Change Agent" und seine Führungsrollen

über eigene Referenzerfahrungen verfügt, wie Potentiale aufgespürt und wie (zarte) Pflänzchen hochzuziehen sind.

Die Hauptbarrieren dafür, daß Führungskräfte sich um Potentiale kümmern wollen, sind ihre einschränkenden oder negativen Glaubenssätze über Lernen, Entwickeln und Verändern.

Wenn so ein massiver Glaubenssatz als Wahrnehmungsfilter installiert ist, wird der Vorgesetzte selbst nur eine geringe Persönlichkeitsentwicklung hinter sich haben (typisch: Karriere durch ausschließliches Fachexpertentum), und die Mitarbeiter dürften dann rigide funktionsorientiert, aber nicht lernorientiert geführt werden. Die Organisationseinheit wird von anderen als veränderungsresistent eingeschätzt werden, der Ressortegoismus mit ständiger Verteidigungsanspannung wird stark spürbar sein und zu Verkrampfungen im System führen.

Die großen stillen Reserven in den Human Resources können damit nicht aktiviert werden. Es entsteht ein wertmäßig erheblicher Schaden für das Unternehmen mit langfristiger Wirkung.

- **Handlungsbedarf bei der eigenen Persönlichkeitsentwicklung und derjenigen der Mitarbeiter erkennen.**

Die Persönlichkeitsentwicklung ist synonym zu verstehen mit der Bewußtwerdung des Menschen über sein Selbst. Dies dürfte wohl das spannendste Forschungsprojekt überhaupt sein.

Die erste Stufe in diesem Prozeß ist die Erkenntnis, daß erlebte **Erfahrungen** nur subjektiven Charakter haben.

Menschliche Wahrnehmung der Realität ist niemals objektiv, sondern unterliegt komplexen Prozessen der Generalisierung, Verzerrung und Tilgung von Fakten, welche durch den Fundus aller früheren Erlebnisse und Erfahrungen des Betreffenden gesteuert werden; somit wird nicht die Realität wahrgenommen, sondern ein Abbild, eine persönliche Landkarte der Wirklichkeit, die sich die Person entsprechend ihrer einzigartigen Innenwelt angefertigt hat.

Der **Outcome,** also der Erfolg oder Mißerfolg jeglichen Verhaltens, ist demnach keine objektive Größe, sondern hat zutiefst subjektiven Inhalt und subjektive Bedeutung, Wenn beispielsweise ein pubertierender Jugendlicher und ein angesehener Universitätsprofessor auf vergleichbare Beleidigungen ähnlich gekonnt und wirkungsvoll, also mit demselben objektiven Erfolg, reagieren, so wird der Vierzehnjährige diesen Erfolg subjektiv bedeutend größer erleben als der abgeklärte und lebenserfahrene Mann.

An diesem Beispiel wird auch deutlich, daß Outcome (Erfolg, Mißerfolg) immer in einem Kausalzusammenhang zu einem vorangehenden **Verhalten** oder Handeln steht. Wer dies erkennt, wird sein Verhalten in Zukunft genauer beobachten und die Reaktionen des Umfelds als eine bewußte Erfahrung neugierig wahrnehmen und interessiert reflektieren: War mein Verhalten geeignet, um die erwünschte Reaktion auszulösen? Das Reaktions-Feedback vermittelt Fremdinformationen, die helfen, Verhalten umfeldverträglicher und wirkungsvoller zu gestalten. Aus der erlebten Spannung von Erfolg und Mißerfolg resultieren Lernimpulse und das Bedürfnis nach Vergrößerung und Verbesserung des Verhaltensrepertoires. Viele Menschen sind an dieser Stelle schnell frustiert, weil sie spüren, wie schwer Verhalten zu steuern bzw. zu verändern ist.

Entsprechende **Fähigkeiten** sind zwar unabdingbare Voraussetzung für ein bestimmtes Verhalten, umgekehrt garantiert das Vorhandensein der entsprechenden Fähigkeit aber keinesfalls, daß ein gewünschtes Verhalten auch tatsächlich zustande kommt. In einer gegebenen Situation wählt ein Mensch aus seinem Vorrat an Fähigkeiten immer nur wenige, eine oder gar keine aus, die er im Falle einer Auswahl dann auch in Verhalten umsetzt. Wird jemand beleidigt, so kann er seine Empörung darüber sachlich-ruhig, unbeherrscht, handgreiflich oder überhaupt nicht zum Ausdruck bringen.

Ob vorhandene Möglichkeiten genutzt werden oder nicht, wird meist nicht nur durch logisches Denken, sondern durch geheimnisvolle **Gefühle** und unbewußte **innere Entscheidungsprozesse** bestimmt, denen man sich häufig hilflos ausgeliefert fühlt. Die Erkenntnis nach einem kurzen Training aber ist, daß Entscheidungen (v.a. Werteentscheidungen) ungetrübt – d.h. ohne Tendenz zu Minderwertigkeit oder Grandiosität – unter vollem Realitätsbezug bewußt herbeigeführt werden können. Übertragen auf das oben erwähnte Beispiel der Beleidigung heißt dies: Wer sich ungetrübt verhält, wird sich sachlich zur Wehr setzen, wer sich für den Herrn der Welt hält, eher zurückbrüllen oder zuschlagen, wer meint, er sei unwichtig und klein, voraussichtlich schweigen und schlucken.

Es ist ein weit verbreiteter Irrglaube anzunehmen, daß Gefühle willkürlich über den Menschen herrschen. Wer vor der Aktivierung seiner Potentiale, bevor diese in ein situationsspezifisches Verhalten überführt werden, seinen Gefühlszustand überprüft, wird rasch merken, ob Ärger, Zorn, Enttäuschung, Angst oder Ohnmacht ihn beherrschen.

Ist das der Fall, so empfiehlt sich ein Break. Durch Erinnerung an vergangene Erfolgserlebnisse in vergleichbarer Lage, durch Nacherleben dieser gelungenen Referenzerfahrungen mit all ihren positiven Facetten, kann ein weitgehender Zugang zu all jenen Fähigkeiten geschaffen werden, die nötig sind, um die gegebene kritische Situation souverän zu meistern. Durch positive Referenzerfahrungen nämlich bessert sich der emotionale Zustand, verändern sich die selektive Wahrnehmung und damit auch die mentalen Deutungen und Entscheidungen in bezug auf

## 7.5 Der „Change Agent" und seine Führungsrollen

Abb. 71: Der Weg der Persönlichkeitsentwicklung

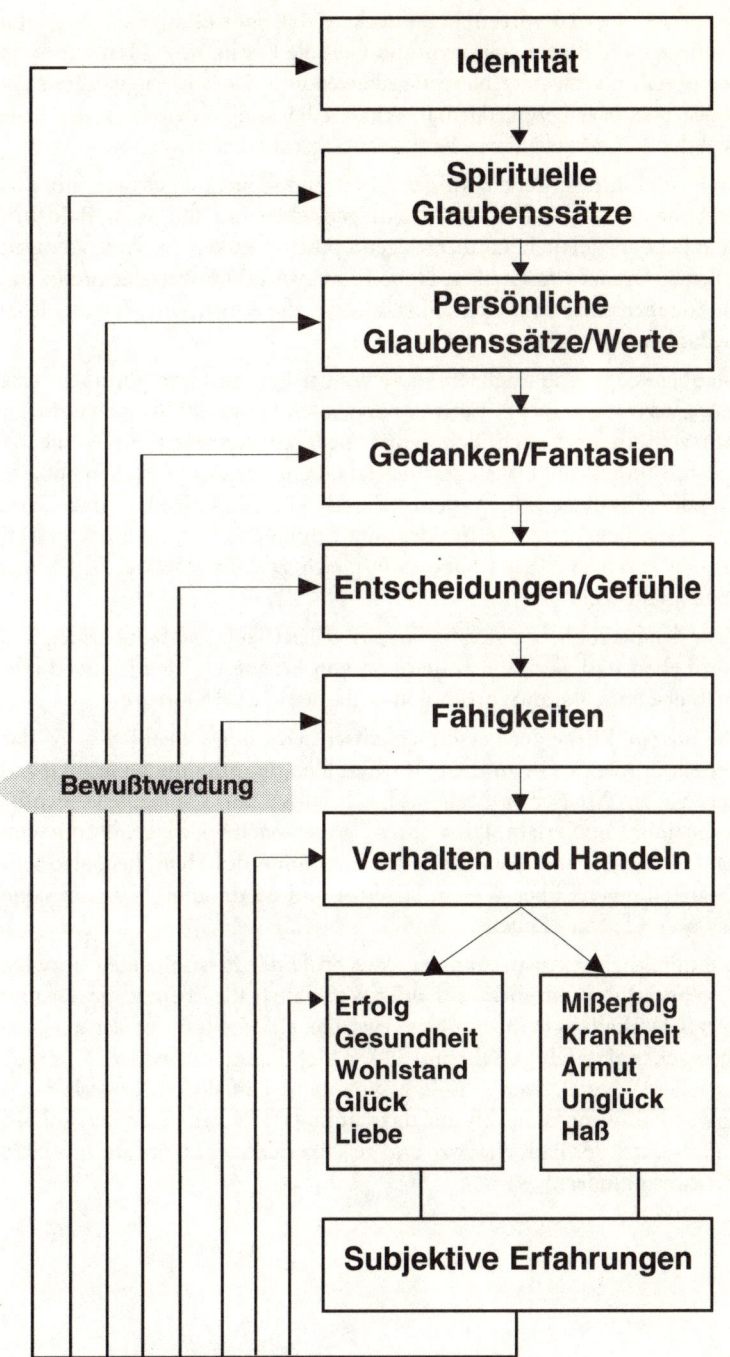

einen kritischen Kontext. Es gibt hierzu sehr wirkungsvolle Trainingsbausteine, die nach relativ kurzer Zeit zum Erfolg führen.

Bei diesem Prozeß wird man entdecken, daß spezifische Gedanken und Fantasien alle Entscheidungen und Gefühle bestimmen. Man wird jetzt bewußter und sensibler Negativ**gedanken** und -**fantasien** registrieren und dagegen intervenieren, da man erkannt hat, daß jedermann sich seine Welt bzw. Realität wie ein Regisseur selbst inszeniert.

Man ist an dieser Stelle häufig erstaunt und manchmal entsetzt über die jetzt bewußt erlebte Flut von Negativgedanken und -fantasien. Bald wird man bei den Versuchen, überwiegend positiv denken zu wollen, enttäuschende Grenzen feststellen. Neue Erkenntnis: Die **Wertehierarchie** und die **Glaubenssätze** über sich selbst, andere, die Arbeit, die Welt etc. lösen Gedanken und Fantasien aus.

Glaubenssätze sind zugleich auch Wahrnehmungsfilter. Ein Glaubenssatz „Vertraue keinem" führt dazu, in allen Lebenssituationen mißtrauisch zu sein und auch sich selbst nicht zu vertrauen! Im Sinne der Self-fulfilling Prophecy steuert der Glaubenssatz das Entstehen entsprechender Gedanken/Fantasien, Entscheidungen/Gefühle, das dann zwangsläufige Verhalten mit der zum Schluß den Glaubenssatz bestätigenden Erfahrung: „Ich habe es ja gleich gewußt, daß das Mißtrauen angebracht war!"

Über den persönlichen stehen die **spirituellen Glaubenssätze** über den Sinn von Leben und Tod, die Bedeutung von Freude und Leid, über Liebe, Partnerschaft, Verantwortung, über die Welt, über Gott etc.

Die oberste Ebene der Persönlichkeitsentwicklung schließlich wird dargestellt durch die Gesamtheit von Gefühlen, Empfindungen und Gedanken, die ein Mensch in bezug auf sich selbst, also seine eigene **Identität** wahrnimmt und erlebt. Diese ihrem Wesen nach vorwiegend unbewußten Inhalte determinieren das Selbstverständnis des Menschen, also seine „Vorstellungen" über Wesen, Struktur und Bestimmung/Mission seiner Person und seines Lebens.

Die inhaltlichen Ausprägungen jeder Stufe der Persönlichkeitsentwicklung beeinflussen in entscheidender Weise auch alle Ebenen, die darunter liegen. Deshalb ist es unsinnig zu erwarten, ein Mensch, der sich als klein, schwach und unfähig erlebt und dessen Lieblingsglaubenssatz „Nur nicht auffallen!" lautet, werde außergewöhnliche Fähigkeiten erwerben und anwenden, wenn man ihn nur dazu animiert. Er kann es nicht, solange anderslautende Glaubenssätze und gegengerichtetes Identitätsempfinden ihn daran hindern!

## 7.5 Der „Change Agent" und seine Führungsrollen

- Die internen und externen Einflußfaktoren, die Veränderungen auslösen und antreiben, erkennen und verstehen.

Erkennen und Verstehen setzt Wahrnehmung und Wissen bzw. Referenzerfahrungen voraus. Wie schon beschrieben, sind unsere mentalen Wahrnehmungsfilter Ursache für die eingeschränkte Informationsaufnahme. In Japan gibt es ein passendes Sprichwort hierzu: „Der Hirschjäger sieht die Berge nicht."

Die meisten Führungskräfte sind von ihrer Jagd nach täglichen Problemlösungen so fasziniert und abgelenkt, daß sie den Berg an Veränderungen, der sich durch externen Wandel und veränderte interne, vor allem soziale Bedürfnisse aufgebaut hat, gar nicht bemerken. Ein weiteres Erfordernis wäre, Wissen über die großen Entwicklungszyklen zu haben, um spontane aktuelle Phänomene in unserem Unternehmens-System einordnen zu können, beispielsweise das *SINIC*-Diagramm der zehn sozialen Entwicklungsstufen unserer Gesellschaft (s. Abb. 72, S. 200).

Ein weiteres Lernfeld liegt hier darin, die Unterscheidung zwischen Symptom und Ursache einer Störung zu erkennen. Zu wissen, daß die gegenwärtigen Probleme aus den vergangenen/gestrigen Problemlösungen entstanden sind. Zu wissen, daß das System um so härter zurückschlägt, je härter wir es jetzt treten und antreiben. Zu wissen, daß die Lösung eines Problems eine negativere Wirkung haben kann als die ursprüngliche Störung. Zu wissen, daß die leichtesten Auswege meist wieder durch die Hintertür in dieselbe Problemsituation hineinführen. Wie *Watzlawick* richtig festgestellt hat, erhöhen wir, wenn wir nicht erfolgreich sind, die Dosis des untauglichen Lösungsansatzes – weil dies die naheliegendste und mental einfachste Vorgehensweise ist –, bis wir endgültig in der Sackgasse festsitzen.

- **Rapport zum Unternehmen aufnehmen.**

Systemisch denken heißt auch, in einem permanenten inneren, mentalen und gefühlmäßigen Kontakt zum System des Unternehmens zu stehen (Rapport). Dieser Kontakt stimuliert unsere Feinwahrnehmung und Intuition bezüglich der Entwicklungschancen und -gefahren, der notwendigen Handlungsweisen und Problemlösungen.

- **Mentale Modelle und Metaphern des Systemprinzips im Unternehmen finden und zur Orientierung bei Veränderungsprozessen einsetzen.**

Die Komplexität eines Unternehmens ist zumindest gegenwärtig bei weitem noch nicht definier- und rechenbar. Deshalb sind wir gezwungen, und das kann der Mensch als einziges Lebewesen, unsere mentalen Fähigkeiten einzusetzen. Das bedeutet hier z.B., über Analogien entsprechend symbolhafte Bilder oder neue Bedeutungszusammenhänge, Metaphern, zu finden, die einem bei der Lösung des komplexen Problems helfen können.

## 7. Neue Akzente in der Führung

Abb. 72: SINIC-Diagramm der zehn sozialen Entwicklungsstufen

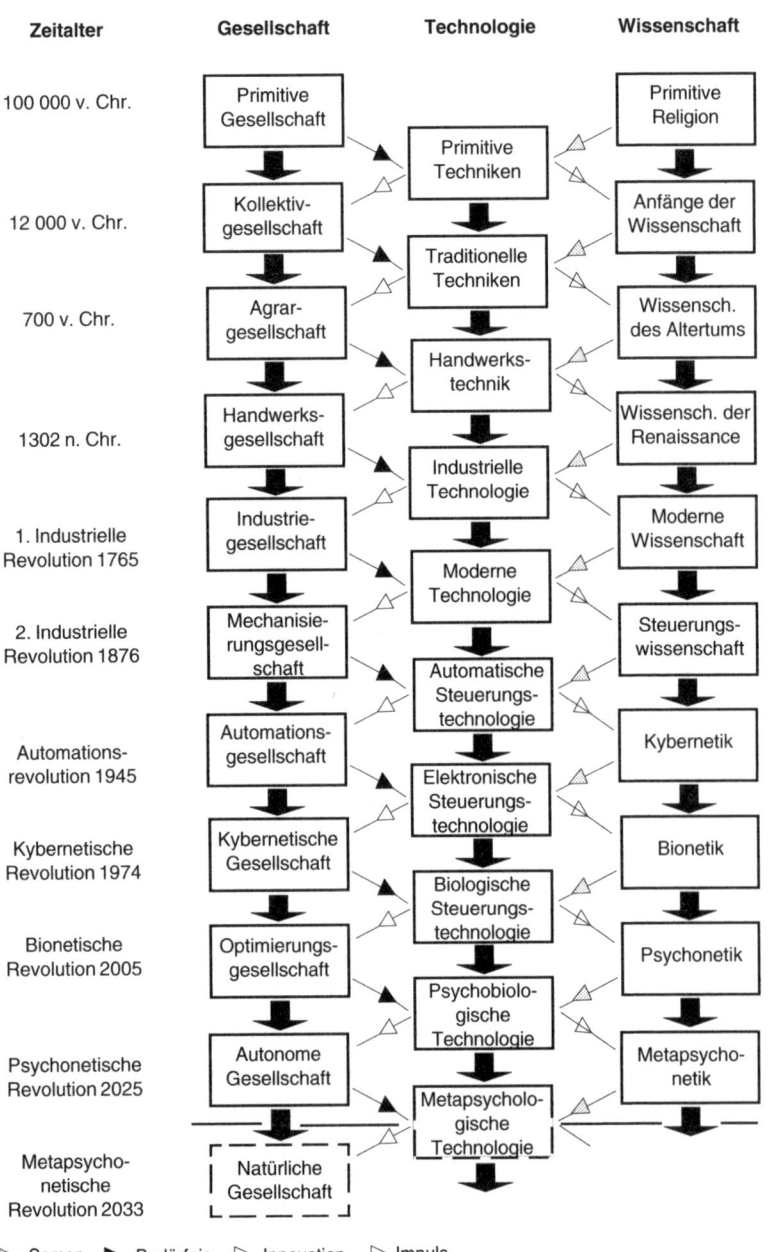

Beispiel:

Eine sehr rigide, hierarchisch gegliederte Organisation, die sehr richtlinienorientiert ist, in der keine Handlungsspielräume mehr gegeben sind, soll revitalisiert werden.

mögliche Metapher: erstarrt zur Salzsäule
Veränderungsmöglichkeit: in Wasser auflösen und Salzlösung flüssig erhalten

- **Schmerzen aufspüren, und Krankheitsherde frühzeitig und schnell erkennen.**

Schmerzen haben die Aufgabe, auf Störungen im Körper aufmerksam zu machen und das Immunsystem zu aktivieren, um eine Genesung herbeizuführen.

Eine Genesung (im Gegensatz zur Reparatur) tritt allerdings erst ein, wenn das Gesamtsystem des Körpers (inkl. Psyche und Geist) wieder in Balance kommt und als Prozeß gestaltet in der Balance bleibt. Ähnlich funktioniert der Unternehmenskörper.

Es gibt jeden Tag viele Schmerzsignale: Der Außendienst meldet Gefahr von der Front, die Fertigung meldet Konstruktionsfehler usw. Je komplexer eine Organisation ist, um so eher entwickelt sich das Konzernsyndrom (vgl. Kap. 7.5.2). Das bedeutet, die Schmerzsignale (Informationen) gelangen nicht zur Steuerzentrale, um das Immunsystem aktivieren zu können. Konsequenz ist, daß sich dann chronische Krankheitsherde entwickeln, die erst offensichtlich werden, wenn sie sich wie ein bösartiger Krebs ausgebreitet haben.

Krankheiten, die sich am Anfang schmerzlos entwickeln und im Endstadium unerträglichen Schmerz verursachen, sind bekanntlich die gefährlichsten. Einer der schlimmsten mentalen Infekte ist, wenn Führungskräfte im Falle unangenehmer Informationen und von Fehler- bzw. Störungsmeldungen mit Tragweite, wo sie selbst über die Kritik angesprochen und aufgefordert sind, etwas zu tun, lieber die Verharmlosung oder Abwertung der Nachricht oder des Nachrichtenüberbringers vorziehen, anstatt sich der Situation verantwortungsbewußt zu stellen. Der Irrglaube, sich damit schützen zu können, wenn dem eigenen Vorgesetzten diese existentiellen Informationen vorenthalten werden, ist weit verbreitet. Die Zeitbombe tickt trotzdem, aber dann für viele!

Erkenntnisfrage: Wie können die Top-Führungskräfte sicherstellen, zum einen die Schmerz-Sensibilität im Unternehmen hoch zu halten und zum anderen die wesentlichen Schmerzsignale frühzeitig und schnell empfangen zu können?

Die nächste Frage ist, ob das Immunsystem (Führungs-, Zusammenarbeitskultur) funktioniert bzw. aktiviert werden kann.

## 7.5.2 Designer (Systemgestalter)

- **Leitideen (Mission) entwerfen und andere davon begeistern.**

Die Mission eines Unternehmens gibt die Antwort auf die Fragen von Mitarbeitern: Wofür arbeiten wir? Was ist unser Zweck? Warum gibt es uns?

Der eine wird sagen, um zu essen oder um meiner Familie ein gutes Leben zu bieten, ein anderer, um dieses Produkt herzustellen, ein dritter, um für eine Verbesserung der Welt zu arbeiten. Die Unterschiede in den Aussagen zeigen den Unterschied in den Lebenskonzepten. Wie wir im zweiten Kapitel festgestellt haben, sucht ein sich entwickelnder Mensch – wenn die physische Sicherheit gegeben ist –, nach einem Hingabeobjekt, das ihm ermöglicht, seine irdische Existenz zu überschreiten, zu transzendieren.

Die Kräfte, die hierbei aktiviert werden, gehen in der Regel weit über das hinaus, wozu Menschen üblicherweise bereit sind. Die wesentlichen Inhalte der Mission sind: Unternehmenszweck, Werte, Strategie, Kernkompetenzen, Standards und Verhalten.

- **Systemstrukturen entwerfen, die Lernen, Erfolg und Wachstum des Unternehmens unterstützen bzw. zur Folge haben.**

Konservative, traditionelle Strukturen pflegen einen Denkansatz, der meritokratisch, also aufgrund von Verdiensten *(Kazuma Tateisi)* geprägt ist. Von einer Elitegruppe wird erwartet, daß sie die gewünschten Ergebnisse erzielt. Dies ist heute eine meines Erachtens falsch konstruierte Struktur. In linear strukturierten Strategiesystemen der Anfangszeit der Managementlehre, z.B. Unternehmen – Kunde, Unternehmen – Technik, hat es ausgereicht, so zu agieren.

In komplexen internen und externen Vernetzungen des Unternehmens mit seinem (internationalen) Umfeld wäre dieses Denken ein schwerer Führungsfehler. Denn in komplexen Systemen kommt es auf alle Führungskräfte aller Ebenen an, um eine laufende Systemoptimierung anzustreben. Das bedeutet, daß entsprechende Persönlichkeiten gefragt sind, die, wie früher die Firmengründer, ihre täglichen Herausforderungen annehmen und mit Verantwortungsstolz und Herzblut zu ihrer Sache stehen.

- **Der Entwicklung eines Konzernsyndroms entgegensteuern.**

Die Erosion der Reaktionsfähigkeit eines Unternehmens ruiniert das Effizienzdenken, das dieses Unternehmen früher einmal erfolgreich gemacht hat. Das sogenannte **Konzernsyndrom** erkennt man sofort an übertriebener Bürokratie; Routinevorgänge füllen dicke Ordner, Probleme werden zum Jo-Jo-Spiel zwischen den Abteilungen. Um ja keine Verantwortung übernehmen zu müssen, werden Entscheidungen – na-

## 7.5 Der „Change Agent" und seine Führungsrollen

türlich plausibel begründet – solange vertagt, bis die meisten den Glauben oder das Interesse daran verloren haben. Die Mangelsituationen im Unternehmenssystem werden durch starke Kommunikationsfilter der Mikropolitiker verschleiert.

Eine schier endlose Zahl von sinn- und nutzlosen Protokollen und Aktennotizen (mit Katastrophenverteiler) rauben den letzten Mut und kostbare Zeit, um das Unternehmenssystem überlebensfähig zu machen.

Erkenntnis: Wenn das Unternehmen von Vitalität durchdrungen sein soll, müssen kleine Einheiten gebildet werden, die in einer für alle sinnvollen Arbeitsteilung mit Frontkontakt bei minimaler Administration zusammenarbeiten wollen.

- **Lern- und Veränderungsprozesse gestalten und coachen.**

Wenn wir ganzheitliches Denken und Handeln als eine wesentliche Anforderung an Führungskräfte postulieren, dann stellt sich die Frage, wie die dazu notwendigen Lernprozesse gestaltet werden können?

Auf der materiellen Ebene des Managements könnte es bedeuten, die internen Kunden-Lieferanten-Beziehungen als Wertschöpfungsnetzwerk zu begreifen und die gegenseitigen Abhängigkeiten in diesem Netzwerk hinsichtlich Leistung, Qualität, Kosten und Schnelligkeit einschätzen und gestalten zu lernen. Dabei wird schnell bei Stör-, Fehler- und Mißerfolgsdiagnosen die entscheidende Bedeutung der mental-kulturellen Ebene der Führung und der Zusammenarbeitskultur auffallen und zwangsläufig einen entsprechenden längerfristigen Lern- und Veränderungsproze0 zur Entwicklung der „Neuen Denke" und von neuen Fähigkeiten auslösen.

Zielsetzung im Hintergrund sollte dabei sein, die Mitarbeiter über permanente kleine, homöopathisch dosierte Veränderungen im Lernprozeß zu halten.

Es muß zum vergnüglichen Anspruch der Führungskräfte an sich selbst werden, sich selbst und das, was die Mitarbeiter sind und tun, immer wieder in Frage zu stellen. Aber nicht um sich und andere fertig zu machen, sondern spielerisch nach Optimierungen des (Unternehmens-) Systems zu suchen!

**Beispiel:**
Wenn Kinder einen Damm zu bauen versuchen, um ein Bächlein zu stauen, können Sie schnell erkennen, mit wieviel Hingabe, Lust, hoher Aufmerksamkeit und Engagement sie arbeiten und ständig ihre Technik verbessern, um das Ziel zu erreichen. Wenn das Ziel erreicht ist, sehen Sie, wie Stolz und Selbstbewußtsein diese Gruppe von Kindern erfaßt und beschwingt.

Persönlichkeitsentwicklung ist häufig ein Anspruch bei Führungskräften, der weiter unten in der Bedeutung steht als er sollte. Obwohl wir alle wissen, daß das sichtbare Verhalten von Führungskräften Ausdruck ihrer persönlichen Vision, Mission, ihrer Werte, Glaubenssätze etc. ist, die damit als Ursachen der Hauptprobleme im Unternehmen feststehen, haben Unternehmen alle Mühe, sich auf die Unterstützung der Persönlichkeitsentwicklung einzulassen. Inkonsistenzen im Denken der Führungskräfte zu entdecken, wäre der sicherere Weg, die Störursachen beheben zu können, und nicht wie viele Manager ihre Aufgabe verstehen: die Welt draußen, das Unternehmenssystem nach Fehlerursachen zu durchforschen. Hier finden wir in den meisten wichtigen Fällen aber nur die Symptome.

Eine zentrale Frage bei der Gestaltung von Lern- und Veränderungsprozessen ist: Mit wem beginnen wir?

Starten wir mit den Protagonisten, die schon warten und große Bereitschaft und kleinstes Widerstandspotential signalisieren? Häufig findet man aufgeschlossene, fleißige Mitarbeiter, die bereit sind zu lernen, wenn sie die Notwendigkeit des Lernens bezogen auf spezifische Problemlösungen oder persönliche Defizite erkennen können. Wenn es hier aber Widerstand gibt, setzen die meisten Führungskräfte Druck ein oder sie warten ab, bis sie woanders genügend Schwungkraft aufgebaut haben. Im allgemeinen ist Druck bzw. Drohung kein geeignetes Instrument, um Lernprozesse nachhaltig erfolgreich zu gestalten. Es ist meist empfehlenswerter, die Widerstandsursachen zu prüfen, wie z.B. Versagensängste, fehlende Kenntnis über die Bedeutung, Zweifel über das Neue, Wahrnehmungsfilter/Trübungen etc.

Da in unserer Lernerfahrung vom Kindergarten, Elternhaus bis zur Berufsausbildung die Referenzerfahrung über Lernprozesse meist negativ belegt ist, ist heute die Abneigung gegen Lernen ein Kulturbestandteil in unserer Wirtschaft! Dies ist ein existentiell bedrohlicher internationaler Wettbewerbsnachteil.

Erkenntnis:

Menschen lernen das, worin sie für sich einen Sinn bzw. eine Notwendigkeit sehen. Sie lernen aber nicht, was andere glauben, das sie lernen sollten!

Eine weitere wichtige Erkenntnis ist, daß Menschen vor allem durch Feedforward und Feedback lernen.

**Feedforward** heißt, Simulationen über geplante Entscheidungen zu erstellen, um frühzeitig Konsequenzen für das Gesamtsystem zu erkennen und damit die Sensibilität des Systems kennenzulernen.

**Feedback** als wesentliches Lerninstrument setzt eine respektvolle, lernorientierte Beziehung zwischen Vorgesetztem und Mitarbeiter oder zwischen den Kollegen voraus. Wenn Beziehungen nur auf Nützlichkeit ausgerichtet sind, fehlen emotionale Bindung und innere positive Erwartungshaltung. Die Konsequenz ist eine Störung der Lernbereitschaft.

## 7.5 Der „Change Agent" und seine Führungsrollen

Die **Referenzerfahrungen** des Menschen bilden u.a. eine wesentliche Bewertungsinstanz für neue Erfahrungen. Um lernen zu können, ist das Reflektieren der Erfahrungen vor dem Deutungs- und Bedeutungshintergrund der Referenzerfahrungen ein Schlüssel zum Erfolg.

Erst wenn Führungskräfte den Entwicklungsprozeß ihrer eigenen Persönlichkeit wollen und anstreben, werden sie ausreichend Verständnis für die Notwendigkeit und ein inneres Modellbeispiel für die Gestaltung eines Entwicklungsprozesses bei Mitarbeitern oder im Unternehmen haben.

- **Möglichkeiten und Zeit zum Lernen und Verändern schaffen.**

Wir finden in der Praxis häufig die paradoxe Situation vor, daß von Mitarbeitern gleichzeitig verlangt wird, Lern- bzw. Veränderungsprozesse durchzuführen und bei hoher Belastungsquote ihre Tagesleistungen zu erbringen.

Häufig stehen dabei einschränkende Glaubenssätze der Vorgesetzten einer realistischen Führung im Wege.

Typische Glaubenssätze über Mitarbeiter sind z.B.:

- Die haben noch genügend Luft!
- Das Gejammere kennen wir schon, organisieren Sie sich richtig, dann wird es schon gehen!
- Nur wenn man zuviel verlangt, bekommt man eine halbwegs akzeptable Leistung!
- Diejenigen, die jetzt jammern, hatten wohl bis jetzt noch nicht genügend zu tun!
- Wie Sie das machen, ist Ihr Problem!
- Nur wenn man hart bleibt, zwingt man die Mitarbeiter zur Kreativität!

Sie kennen sicher noch beliebig viele solcher typischen Denkhaltungen, die vielleicht auf manchen negativen Erfahrungen beruhen mögen. Doch Generalisierungen sind meist falsch: Die Vorgesetzten machen es sich hier meist zu leicht.

Wir erleben es in unzähligen Fällen z.B. in der Führungskräfteentwicklung, daß, obwohl vereinbart, individuelle Entwicklungsmaßnahmen nicht durchgeführt werden können. Entweder haben die Paten keine Zeit, oder sie haben immer gerade so wichtige Projekte, daß keine Gelegenheit für spezielle Entwicklungsmaßnahmen bleibt. „Uns fehlen die Freiräume!" Ein Armutszeugnis der Führung!

Wie sollen Persönlichkeiten entstehen, wenn ihre Entwicklung eine so geringe Priorität aufweist?

Auch hier gilt: Nur wer die eigene Persönlichkeitsentwicklung ernst nimmt, weiß um ihre Bedeutung – auch für den langfristigen Unternehmenserfolg – und wird mit einem inneren Bedürfnis der Genugtuung seine

„Pflänzlein" zur Blüte und Reife bringen. Die ethische Verantwortung, die aus dem inneren Wissen über Verpflichtung und aus Dank über die eigenen Talente erwächst, entspricht vornehmlich dem spirituellen Anspruch des Menschen an seine berufliche Rolle und weniger vordergründigen Nützlichkeitsüberlegungen.

- **Entlohnungssysteme für Arbeitsergebnisse und für Lern- und Veränderungserfolge entwickeln.**

Bei den absehbaren rasanten Umfeldveränderungen wird sich in den Unternehmen nicht nur die Hardware (Strukturen, Prozesse, Methoden) ändern, sondern es muß auch zu einem Umdenken kommen, wie Mitarbeiter durch ein neu orientiertes, fair empfundenes Entlohnungssystem finanzielle Impulse für eine neue Verhaltensrichtung erhalten könnten.

Der Entlohnung werden neue Kriterien der Leistungsbeurteilung zugrunde liegen müssen, z.B.:

- Belohnung von Führungskräften, die Mitarbeiter mit hohem Potential freigeben, damit diese bessere Entwicklungschancen wahrnehmen können
- Leistungsbewertung durch Kollegen aus den Arbeitsfamilien v.a. in den Bereichen Beziehungs- und Teamfähigkeit, Persönlichkeitsentwicklung und Wahrnehmen von Umfeld-Kunden-Bedürfnissen sowie Lern- und Veränderungsbereitschaft
- persönliche Lernfähigkeit und Unterstützung der lernenden Organisation
- Verantwortungsvolles Eintreten für die gemeinsamen Wertvorstellungen
- Team- und Kundenloyalität
- Entwicklung/Coaching der eigenen Mitarbeiter, Kollegen und ggf. Vorgesetzten: Lern-Partnerschaften.

### 7.5.3 Leader (Vorbild)

Nachdem viele Eigenschaften eines Leaders in den vorhergehenden Kapiteln immer wieder diskutiert wurden, möchte ich an dieser Stelle nur noch einmal auf folgende Aspekte hinweisen:

Meines Erachtens zeichnen einen Leader auf der „sichtbaren" Ebene neben seinen fachlichen Qualifikationen (**Skills**) und dem uneingeschränkten Bekenntnis zum Veränderungsprozeß (**Commitment**) vor allem seine Koordinations- und Steuerungsfähigkeit aus (**Coordination**). Damit diese Aspekte aber auch voll zur Wirkung kommen können, braucht der Leader zusätzlich die nötige Energie, eine natürliche Autorität und das entsprechende Durchsetzungsvermögen (**Power bzw. Potency**); er muß seinen Mitarbeitern die Erlaubnis und die Freiräume geben bei der Gestaltung des Veränderungsprozesses (**Permission**) und vor allem Rückendeckung und Schutz (**Protection**) in den Phasen der Unsicherheit und von Gegenreaktionen des internen Umfeldes.

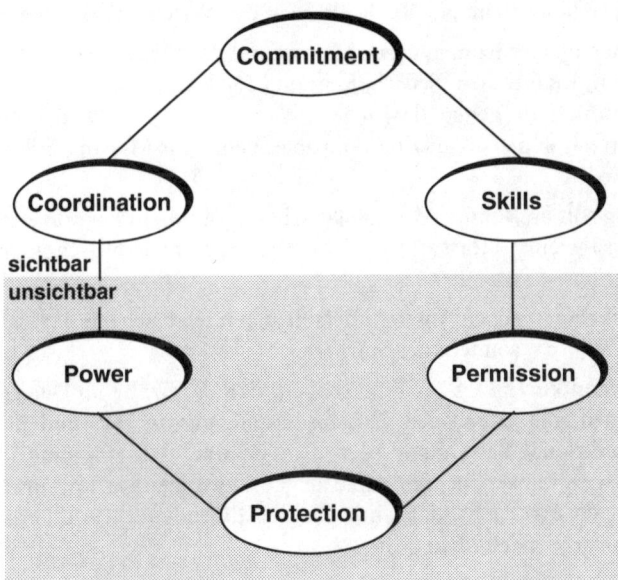

Abb. 73: Notwendige Führungskompetenzen beim Veränderungsprozeß

- Sich zu Topleistungen verpflichtet fühlen.

Wer sich in seinem Selbstanspruch mit Mittelmäßigkeit abgefunden hat und diese als Komfortzone des eigenen Leistungsdenkens fixiert hat, wird kaum die eigene Schwerkraft überwinden wollen und können, um zu Spitzenleistungen zu kommen.

Wir stellen leider immer häufiger fest, daß durch die Verwöhnung in unserer Wohlstands-Narkose und die damit verbundene, scheinbare Überlebensgarantie der Antrieb zur Spitzenleistung (den „inneren Schweinehund" zu überwinden) immer schwächer wird. Uns muß aber klar werden, daß das Erfolgserlebnis aus Spitzenleistungen zum einen das Selbstbewußtsein erheblich stärkt und zum anderen über die Attraktivität des Idols eine wichtige Leistungsmotivation für den Nachwuchs entsteht.

Im Sport hat sich z.B. klar gezeigt, daß diejenigen Sportarten den stärksten Nachwuchseffekt erreicht haben, die mit Spitzenleistungen aufgefallen sind.

Daß unsere Reputation und der Respekt vor unserem Unternehmen durch Erfolge im Wettbewerbskampf nachhaltig beeinflußt werden, wissen wir, aber wir handeln nicht oft genug danach.

Zu guter Letzt brauchen wir allerdings auch ein Gesellschaftsklima, wo Spitzenleistung erwünscht und entsprechend gefördert und belohnt wird.

- **Leidenschaftlich gern gewinnen wollen, der Beste im Wettbewerb sein wollen (aber nicht, um überheblich auf den Verlierer herabzublicken!).**

In großen Unternehmen herrscht aufgrund der Vielzahl von (Macht-)Interessen, Koalitionen (Seilschaften) und Entscheidungskulturen viel Mikropolitik (wir gehen davon aus, daß ca. 30 – 40% der täglichen Arbeitszeit in den ersten drei Führungsebenen für Mikropolitik verwendet wird!).

Häufig tritt im Rahmen der dialektischen Kämpfe ein Phänomen auf, das langfristig eine katastrophale Konsequenz zeigt bzw. schon teilweise gezeigt hat:

Bei mikropolitischen Auseinandersetzungen setzt sich nämlich selten der Bessere durch, sondern der Stärkere.

Dies kann kurzfristig zur Folge haben, daß die Kräfte im Unternehmen erlahmen, die „nur" den Ehrgeiz hatten, gut zu sein und der fachlich/funktional Beste zu werden. Der Glaube, daß eine gute Leistung allein schon ausreicht, um aufzusteigen, wird meist in Enttäuschungen enden, da man sieht, daß andere ohne die entsprechende Leistung an einem vorbei nach oben ziehen.

Je mehr Bürokratiekultur in einem Unternehmen vorherrscht, um so weniger wird ein Siegeswille beim einzelnen mobilisiert werden können.

Ein weiterer Aspekt, der gerade in Deutschland nicht zu unterschätzen ist (i. Vgl. zu USA und Japan), ist der Neid auf den Sieger. Anstatt zu feiern und dem Sieger seine Anerkennung zu schenken, denken wir lieber darüber nach, mit welchen Tricks und auf wessen Kosten der Sieger wohl „zufällig" – aber nicht verdient – gewonnen haben könnte.

Laßt uns die Sieger feiern und laßt uns ernsthaft lernen von diesen Erfolgsmodellen!

- **Vorbild im Denken und Tun sein, sich zum Lernen und Verändern verpflichten (Integrität, Konsistenz).**

Was wir von anderen erwarten, sollten wir auch von uns selbst erwarten.

Wie können wir Persönlichkeitsentwicklung, Lernbereitschaft, Eigenverantwortung usw. von den Mitarbeitern verlangen, wenn wir uns selbst davor drücken?

Fragen an Sie:

- Was haben Sie während der letzten 3 Jahre gelernt oder verändert?

## 7.5 Der „Change Agent" und seine Führungsrollen

- Was würden Ihre Mitarbeiter dazu antworten?
- Wie würde Ihre Familie über Sie urteilen?

Hinzu kommt, daß bei Führungsaufgaben, die direkt mit der Person des Mitarbeiters zu tun haben (Coaching), eigene Referenzerfahrungen nötig sind, um ein inneres Orientierungsmodell zu haben für die mentalen (Veränderungs-)Prozesse, die im Kopf des Mitarbeiters ablaufen.

- **Die Führungs-, Zusammenarbeitskultur schaffen, die zur erfolgreichen Zielerreichung führt.**

Langsam ist wohl die Endzeit der sogenannten Führungsmechaniker gekommen, die eine Organisation nur als funktionierende Maschine betrachten.

Die Komplexität unserer Probleme wird nur beherrschbar, wenn wir ganzheitlich vorgehen. D.h., daß Körper, Geist und Psyche sowohl bei Diagnosen als auch bei Strategien berücksichtigt werden.

Im materiellen „Körper"-Bereich (s. Abb. 70, S. 192) sind die meisten Manager Profis. Doch die zunehmende Erfolglosigkeit vieler Unternehmen zeigt drastisch, daß das Denk- und Handlungsrepertoire der Manager in den Bereichen Psyche und Geist unterbelichtet ist. Woher sollte es auch kommen!? Unsere Ausbildungsinstitutionen versäumen bis heute, diese erfolgsentscheidenden Inhalte als einen in die Fachdisziplin integrierten Ansatz anzubieten.

Lust auf Leistung und Identifikation entsteht dann, wenn die Mitarbeiter in ihrem Mensch-Sein **ganzheitlich** im Unternehmen **da sein** dürfen.

Leider breitet sich der Irrglaube immer weiter aus, daß die Mitarbeiter heute eigentlich nur noch private Interessen verfolgen und keinen Wert legen auf Geborgenheit und Zugehörigkeit zu einer Arbeitsgemeinschaft.

Irrtum! Die Flucht aus den Unternehmen in die Privatwelt („freizeitorientierte Schonhaltung") ist ein Symptom. Die Ursachen liegen u.a. in den Mißtrauenskulturen der Unternehmen!

- **Die Balance zwischen den Prioritäten des Unternehmens und den Bedürfnissen der Mitarbeiter schaffen.**

Für eine Partnerschaft ohne Nullsummenspiel (einer bereichert sich auf Kosten und zum Schaden des andern) sind Fairneß und gegenseitiger Respekt die Grundvoraussetzungen.

Je mehr die Unternehmenssysteme dezentralisiert werden (d.h. es werden Entscheidungskompetenzen und Verantwortungen stärker in die operativen Einheiten verlegt), um so mehr ist partnerschaftliches, vertrauensvolles Miteinander erforderlich. Insofern wird die Balance zwischen den Bedürfnissen des Unternehmens und denen der Mitarbeiter im Sinne der selbstregulierenden Teilsysteme eine zentrale Führungsaufgabe. Diese

# 7. Neue Akzente in der Führung

wird langfristig die machtpolitischen Ambitionen der Gewerkschaften stark beeinträchtigen.

- **Bei Unsicherheiten und Risiken Verantwortung übernehmen.**

Veränderung heißt, Vertrautes zu verlassen und Neuland zu betreten. Erste natürliche Reaktion darauf ist Unsicherheit oder sogar Angst beim Menschen. Je mehr die Veränderung die persönliche Existenz real oder auch nur in der Fantasie berührt, um so größer wird die Unsicherheit oder Angst und dementsprechend hoch ist der Widerstand.

D.h., Unsicherheit ist eine natürliche und gesunde Reaktion. Sie verleitet uns dazu, uns mit der unsicheren Situation solange zu befassen, bis wir ein sicheres Gefühl haben.

Bei Veränderungsprozessen ist es deshalb besonders wichtig, daß die Vorgesetzten der von der Veränderung betroffenen Mitarbeiter sich persönlich dieser Unsicherheit und Ängste annehmen und sie gemeinsam mit den Mitarbeitern reflektieren, um Handlungsweisen und Strategien zu entwickeln, die – trotz der unsicheren Situation – ein Gefühl der Geborgenheit und Aussicht auf Sicherheit erzeugen.

Darüber hinaus sollten wir aber auch akzeptieren, daß Leben stets Unsicherheit bedeutet. Unternehmerische Führungskräfte sind im zunehmenden Wettbewerbskampf deshalb erfolgreich, weil sie den Mut zu Entscheidungen mit unsicherem Ausgang hatten und zur Übernahme von Risiko bereit waren.

Ich meine, es müßte in den Unternehmen wieder mehr Verantwortung gezielt an engagierte Führungskräfte übertragen werden, denn Verantwortung schärft das Bewußtsein darüber, wichtig zu sein und eine ernst zu nehmende Rolle zu spielen.

Dieses Gefühl bindet Führungskräfte emotional an das Unternehmen und schafft Identifikation. Im anderen Fall fühlt man sich unwichtig, abgewertet, nicht vertrauenswürdig, überflüssig. Daß in dieser Kultur eine „Null-Bock"-Mentalität entsteht, ist verständlich!

- **Offenes Feedback respektvoll geben und dankbar annehmen.**

Lernen ist nur möglich über Feedback.

Wenn wir wissen, daß wir jedem anderen Feedback geben dürfen, sofern vorher eine Vereinbarung über die Legitimation getroffen wurde, und nur die Frage nach dem **Wie**, nicht nach dem **Ob** zu klären ist, dann werden Beziehungen hoch effizient und erfreulich. Entscheidend ist nur, daß Feedbacks respektvoll gegeben werden, gegenseitig zulässig sind (keine Einbahnstraße: Top-Down!) und lernorientiert gestaltet werden.

## 7.5 Der „Change Agent" und seine Führungsrollen

- Mitarbeiter im Lernen und Verstehen der systemischen Entwicklung des Unternehmens als Lehrer unterstützen und betreuen.

Der beste Weg des Lernens ist Lehren.

Festgefahrene Trübungen (= mangelnder Realitätsbezug) und Vorurteile der Vorgesetzten z.b. auch über die eigenen Lern- und Veränderungsnotwendigkeiten kommen in der Regel durch charmante und homöopatisch dosierte Feedbacks der „Schüler" (Mitarbeiter vieler Ebenen) an den Lehrer ins Wanken. Lehrsituationen sind deshalb unverzichtbar, wenn immer es darum geht, die eigenen Antennen für die diskreten Signale aus dem Umfeld zu sensibilisieren. Wenn die Signale aufmerksam, nicht besserwisserisch bzw. abwertend, sondern neugierig und wertschätzend reflektiert werden, sind sie eine unerschöpfliche Quelle für Optimierungsideen im Unternehmen und die Basis für eine lustvolle und hoch-erfolgreiche Lern- und Veränderungskultur in Unternehmen.

## 8. Schlußgedanken und Perspektiven

Wie wir gesehen haben, hängt die zukünftige Überlebenschance wesentlich davon ab, ob Unternehmen auch die Entwicklung ihrer Unternehmenskultur bewußt, planmäßig und verantwortungsvoll gestalten. Dabei ist es wichtig zu akzeptieren, daß es um einen langfristigen, kontinuierlichen (Evolutions-)Prozeß geht. Analog hierzu gilt auch für die Mitarbeiter, daß sie eine klare Eigenverantwortung haben für ihre eigene Persönlichkeitsentwicklung.

Diese Eigenverantwortung entspricht übrigens den Kernaussagen der Esoterik bzw. christlichen Hermetik. In der Bibel steht, daß Gott alle Wesen geschaffen hat. Der wesentliche Sinn dieser Aussage liegt darin, daß Gott allen Wesen, den geistigen wie den körperlichen, die Freiheit bzw. die Existenz gegeben hat. Gott nimmt aber eine einmal gegebene Freiheit, sprich Existenz, nicht wieder zurück. Darum sind alle Wesen unsterblich. Freiheit (numinale Abhängigkeit) ist demnach nichts anderes als die wirkliche und vollständige Existenz eines von Gott geschaffenen Wesens. Freisein und Existieren sind synonym auch unter moralischen und geistigen Gesichtspunkten zu verstehen.

Denn die Moral existiert nicht ohne Freiheit. Gleiches gilt für die spirituelle Wesenheit – Seele und Geist – : Sie könnte ohne Freiheit auch nicht existieren. Sie wäre ansonsten nur ein Teil einer anderen geistigen Wesenheit, die frei ist und damit wirklich existiert. Freiheit ist die geistige, vollständige Existenz der Wesen.

Der vollständige Tod – nicht die Trennung vom Körper, sondern der **wirkliche** Tod – würde die absolute Beraubung der Freiheit sein, das heißt der völlige Verlust der von Gott gegebenen Existenz. Wer oder was aber kann einem Wesen die göttliche Gabe der Freiheit, das göttliche Geschenk der Existenz nehmen? Freiheit, Existenz ist unveräußerlich, und deshalb sind die Wesen letztendlich unsterblich.

Die Aussage, Freiheit oder Existenz sei unveräußerlich, kann entweder als höchster und größter vorstellbarer Wert verstanden werden – dies wäre der Vorgeschmack auf das Paradies – oder aber als Verdammung zu immerwährender Existenz – und dies wäre der Vorgeschmack auf die Hölle. Niemand schickt uns irgendwohin, wo die Freiheit nicht wirklich, also nur eine Theaterfreiheit ist. Wir selbst treffen die Wahl. Lieben Sie die Existenz und Sie haben den Himmel gewählt, hassen Sie sie, die Hölle!

Wir haben die Freiheit, die sinnvolle Entwicklung der eigenen Person, der Mitarbeiter, der Familie, des Unternehmens, der Gesellschaft unseres Planeten bewußt in die Hand zu nehmen oder es zu lassen. Die Eigenverantwortung, die damit verbunden ist, kann uns keiner abnehmen.

Wofür entscheiden Sie sich?

Der umfassende und radikale Paradigmenwechsel, den wir alle gerade erleben, zielt auf die versöhnliche Integration von Körper, Seele und Geist.

Die Trennung dieser Dreiheit, d.h. der Verzicht auf Seele/Geistinhalte, wurde den Wissenschaften früher, unter Androhung der Todesstrafe bei Nichteinhaltung, von Kirche und Staat abgezwungen. *Giordano Bruno*, zum Beispiel, verlor deswegen seinen Kopf, *Galileo Galilei* beugte sich klugerweise.

In der Tradition der Wissenschaft, die die Basis unseres heutigen Welt- und Lebensverständisses darstellt, war Bewußtsein höchstens kognitiv zulässig. Deshalb entwickelten die Wissenschaften ein nahezu geistfreies mechanistisches Konstrukt als Weltmodell.

Inzwischen – vor allem dank der Physik – hat sich die materiell-mechanistische Orientierung der Wissenschaft verändert. Heute herrscht relative Einigkeit über die Erkenntnis, daß Materie (Körper) die schwächere Kraft des Universums darstellt (wenig Bewußtsein) und Seele und Geist als die stärkere Kraft (viel Bewußtsein) identifiziert ist.

Der Mensch ist mit seinem singulären ICH-Verständnis (Ich bin...) die höchste Form der Evolution der Materie. Eine mentale, geistige Entwicklung des Menschen, die eine Vielheit seiner ICHs voraussetzt (Multiphrenie), ist auch Ziel und Programm des Paradigmenwechsels.

Die westlichen Industrienationen fühlen sich nach dem Zerfall des Warschauer Paktes in der Richtigkeit der Idee ihres Gesellschafts- und Wirtschaftssystems – manchmal sogar mit Überlegenheitsgefühl – bestätigt. Darin könnte eine verhängnisvolle Fehleinschätzung liegen.

Denn unser westliches System ist ähnlich endlich wie das kommunistische System, da beide nur unterschiedliche Spielarten desselben Paradigmas – des mechanistischen Weltbildes – sind.

Das Veränderungstempo des Wandels wird noch zunehmen. Der Druck zur Wandlung in unserem Wirtschaftssystem hat erst begonnen und unser Gesellschaftssystem erst marginal tangiert. Der zu erwartende radikale Veränderungsprozeß in den westlichen Gesellschaftssystemen, der u.a. unser Parteiensystem ändern wird, der auch zu einer anderen Form kommunaler, regionaler Verantwortung führen und mehr Eigenverantwortung des einzelnen erzwingen wird, könnte unserem Wirtschaftssystem eine vollkommen neue Gestalt geben. Wenn wir den menschlichen Körper **als Metapher** bzw. Grundmodell zugrunde legen, könnte es

## 8. Schlußgedanken und Perspektiven

bedeuten, daß die Wirtschaft als mensch- und umweltverträgliches Ver- und Entsorgungssystem zu einer neuen Weise der Arbeitsteilung und Verantwortung in Netzwerken kommt.

Der wirtschaftliche Erfolg wird dann nicht mehr allein materiell unternehmensindividuell (ICH) gemessen (Haben-Werte!). Vielmehr wird auch der Beitrag zur ökologischen und gesellschaftlichen Entwicklung (Sein-Werte) mitbewertet.

Wenn Menschen in Zukunft, aufgrund stark veränderter Einsichten, in ihrer spirituellen Entwicklung eine dringende Notwendigkeit sehen, werden Führungskräfte gefordert sein, sich nicht nur an den materiell orientierten Erfolgskriterien ihrer Leistung messen zu lassen, sondern auch daran, inwieweit sie in ihrem Tun geistige Gesetze verletzt oder geachtet haben.

Führung bedeutet dann Verantwortung für materielle **und** geistige Leistung bzw. Ergebnisse!

Für viele mag das wie ein Auszug aus einem Science-Fiction-Roman klingen, der hoffentlich nicht Wirklichkeit werden möge.

Die Summe der weichen Signale weltweit und in allen Fachbereichen weist mehr als deutlich auf diese Entwicklung hin.

Wer darauf vorbereitet ist, wird dann eine führende Rolle mit neuer Qualität einnehmen können.

Ich wünsche Ihnen, daß Sie es sind.

# Statt eines Nachwortes

## Eine Begegnung

Verlor gestern B. gegenüber, als ich ihn nach Hause begleitete, ein paar nervöse Worte über meinen miserablen Job. „Da sind Sie bei mir am falschen Schalter", sagte er abweisend. Und als ich ihn erstaunt anblickte: „Dafür habe ich nicht das mindeste Verständnis." Und dann legte er los: „Wer die richtige Frau nimmt, der verspielt die Chance der Erfahrung. Wer 'seinen' Beruf findet, der bleibt nur bei sich selbst. Wer nur auf Klaviaturen spielt, die ihm nach Maß gearbeitet sind, dessen Finger lernen nichts mehr." - „Aber?" – „Jawohl aber!" rief er. „Denn nur, was nicht paßt, nur was nicht für Sie gemacht ist, nur was hier **zu kurz** ist oder dort **zu lang**, nur **das Falsche** ist **das Richtige**! Nur das macht erfahren, nur das ist die Welt!". Er sah nicht ironisch dabei aus. „Wirklich", fuhr er fort, „Sie haben Ihr Leben entsetzlich falsch in die Hand genommen. Denn wonach haben Sie gejagt? Immer nur nach dem Richtigen. Immer nur nach dem Passenden. Immer nur nach der Erfüllung. Und dann und wann hatten Sie sogar das Pech, daß Ihnen das gelang, daß Sie die Erfüllung zufällig fanden. In dieser Frau. In diesem Freund. In dieser Sache. In dieser Arbeit. Aber wenn Sie mich fragen, mein Lieber, diese Episoden waren die allerunwichtigsten Stücke in Ihrem Leben. Wichtig allein waren nur die Durststrecken dazwischen. Die Jahre, die mit Zufällen angefüllt waren. Die Berufe, die Sie verflucht haben. Wenn Sie ein Minimum von Erfahrung erworben haben sollten, zu danken hätten Sie das ausschließlich diesen Zeiten des angeblichen Zeitverlustes."

*Günther Anders, Tagebucheintragung vom 4. April 1941*

# Literaturverzeichnis

G. *Anders*, Die Schrift an der Wand, Tagebücher, C.H. Beck, München 1967

R. *Assagiolo*, Psychosynthese, Junfermann, Paderborn 1992

G. *Bateson*, Ökologie des Geistes, Suhrkamp, Frankfurt a.M. 1988

E. *Berne*, Was sagen Sie, nachdem Sie guten Tag gesagt haben?, Fischer, Frankfurt a.M. 1983

P. *Conzen*, Erik H. Erikson und die Psychoanalyse, Asanger, Heidelberg 1990

F.v.*Cube*, D.*Alshuth*, Fordern statt verwöhnen, Piper, München 1987

R. *Dilts*, Identität, Glaubenssysteme und Gesundheit, Junfermann, Paderborn 1991

J. *Eccles, D. Robinson*, Das Wunder des Menschseins - Gehirn und Geist, Piper, München 1985

E.H. *Erikson*, Kindheit und Gesellschaft, Klett-Cotta, Stuttgart 1979

V. *Frankl*, Der Wille zum Sinn, Hans Huber Verlag, Bern 1982

E. *Fromm*, Anatomie der menschlichen Destruktivität, rororo, Reinbek 1977

E. *Fromm*, Die Entdeckung des gesellschaftlichen Unbewußten, Beltz-Verlag, Weinheim 1990

Ch. *Hampden-Turner*, Modelle des Menschen, Beltz-Verlag, Weinheim 1982

J. *Holler*, Das neue Gehirn, Verlag Bruno Martin, Süderfellersen 1989

R. M. *Kanter, B. A. Stein, T. D. Jick*, The Challenge of Organizational Change, The Free Press, New York 1992

A. *Koestler*, The Ghost in the Machine, Mecullian, New York 1968

R.M. *Restak*, Geist, Gehirn und Psyche, Umschau Verlag, Frankfurt 1979

R. *Riedl*, Die Spaltung des Weltbildes, P.Parey-Verlag, Berlin 1985

R. H. *Rosen, L. Berger*, The Healthy Company, The Putnam Publishing Group, New York 1991

R. W. *Schirm*, Strukturen der Persönlichkeit, Marketing Consultant & Verlagsges.AG, Glarus, 1979

*Kazuma Tateisi*, Unternehmensevolution, Econ, Düsseldorf 1987

P.M. *Senge*, The Fifth Discipline, Currency and Doubleday, New York 1990

K. *Wilber*, Das Spektrum des Bewußtseins, Scherz, Bern/München/Wien 1987

Wagner/Zander/Hauke (Hrsg.)

# Handbuch der Personalleitung

Funktionen und Konzeptionen der Personalarbeit im Unternehmen

Herausgegeben von Prof. Dr. Dieter Wagner, Universität Potsdam, Prof. Dr. Ernst Zander, Universität Hamburg, und Dipl.-oec. Christoph Hauke, Deutsche Gesellschaft für Personalführung mbH, Düsseldorf
1992. X, 1054 Seiten. Gebunden DM 198,-
ISBN 3-406-35084-4

Die Personalleitung im Unternehmen jeglicher Größe sieht sich tagtäglich mit rechtlichen Problemen konfrontiert. Ständig neu stellen sich Fragen der Personalgewinnung, der Aus- und Weiterbildung, der Entlohnung sowie auch des Personalabbaus in Krisensituationen.

In diesem umfassenden Kompendium bieten zahlreiche Fachleute aus Personalpraxis und -wissenschaft fundiertes Führungs- und Verwaltungs-Know-how an.

## Der Inhalt:

- **Rahmenbedingungen der Personalarbeit** (Personalpolitik, -organisation, -führung, Mitbestimmung, Soziale Sicherheit, Arbeitszeit)
- **Personen- und arbeitsplatzbezogene Leistungen** (Entgelt, Betriebliche Sozialeinrichtungen und -maßnahmen, Betriebliche Altersversorgung, Neben-/Sozialleistungen, Arbeitssicherheit und -gestaltung)
- **Phasen der Personalarbeit** (Personalanpassung, -planung, -marketing, Einführung neuer Mitarbeiter, Personaleinsatz, -abbau)
- **Einschätzung und Bewertung** (Personalauswahl, Mitarbeiterbeurteilung, -gespräch, Arbeitszeugnis)
- **Qualifikation und Entwicklung** (Personalaus- und -weiterbildung, Personalentwicklung für Fach- und Führungskräfte, Organisationsentwicklung, Auslandseinsatz)
- **Administration** (Personalverwaltung, -abrechnung, -Controlling, -information)
- **Entwicklungstendenzen** (EG-Binnenmarkt, umweltbewußtes Personalmanagement)

## Verlag C. H. Beck, 80791 München

# MANAGEMENT. MADE IN GERMANY.

1990. VII, 248 Seiten. In Leinen DM 48,- ISBN 3-406-34651-0

### DAS ECHO:

„Die Leitidee des Buches ist schlichtweg faszinierend zu nennen."
*Prof Dr. Michael Gaitanides. Uni d.B. Hamburg.*

„Zunächst finde ich es sympathisch, daß offen gesagt wird, daß Human Resource Management nicht aus karitativen Erwägungen, sondern zur Leistungssteigerung, zur nachhaltigen Stärkung der Ertragskraft notwendig ist. Sehr erfrischend ist die Kritik an Kostensenkungsprogrammen, wie z.B. Gemeinkostenwertanalyse."
*Prof. Dr. Wolfgang H. Staehle, FU Berlin, Institut für Management*

„Das Vergnügen kommt von der nicht professoralen Darstellung und der gefälligen Sprache. Der Gewinn besteht nicht nur im Kennenlernen der Methoden, sondern auch in der Revue der Managementtheorien. Alles in allem halte ich dies für ein gelungenes Werk, das mich sehr beeindruckt hat. Chapeau!"
*Dr. G. Rust, Mitglied der GF NORDSEE Deutsche Hochseefischerei GmbH*

„Es ist schon eine Freude, aus berufenem Munde eine so scharfsinnige Abrechnung mit den 'Rationalisierungsprogrammen' amerikanischen Zuschnitts zu vernehmen."
*Prof. Dr. Andreas Remer. Uni Bayreuth. Lehrstuhl für Betriebswirtschaft und Organisation.*

## VERLAG C. H. BECK, 80791 MÜNCHEN